新时代乡村振兴路径研究书系

乡村振兴背景下
农产品供给侧结构性改革绩效评价研究
——以四川柑橘产业为例

何宇／著

西南财经大学出版社
中国·成都

图书在版编目(CIP)数据

乡村振兴背景下农产品供给侧结构性改革绩效评价研究:以四川柑橘产业为例/何宇著.--成都:西南财经大学出版社,2024.11.--ISBN 978-7-5504-6310-3

Ⅰ.F326.13

中国国家版本馆 CIP 数据核字第 2024BT3515 号

乡村振兴背景下农产品供给侧结构性改革绩效评价研究：
以四川柑橘产业为例
XIANGCUN ZHENXING BEIJINGXIA NONGCHANPIN GONGJICE JIEGOUXING GAIGE JIXIAO PINGJIA YANJIU：
YI SICHUAN GANJU CHANYE WEILI

何　宇　著

策划编辑:王　琳
责任编辑:王　琳　刘佳庆
责任校对:廖　韧
封面设计:墨创文化　张姗姗
责任印制:朱曼丽

出版发行	西南财经大学出版社(四川省成都市光华村街55号)
网　　址	http://cbs.swufe.edu.cn
电子邮件	bookcj@swufe.edu.cn
邮政编码	610074
电　　话	028-87353785
照　　排	四川胜翔数码印务设计有限公司
印　　刷	成都市火炬印务有限公司
成品尺寸	170 mm×240 mm
印　　张	13.5
字　　数	244 千字
版　　次	2024 年 11 月第 1 版
印　　次	2024 年 11 月第 1 次印刷
书　　号	ISBN 978-7-5504-6310-3
定　　价	79.80 元

前　言

　　产业兴旺是乡村振兴的重要基础，是解决农村一切问题的前提。提高农业产业供给质量、调好调顺调优农业结构是产业兴旺的关键支撑。柑橘产业作为四川第一大水果产业，被列入四川现代农业"10+3"产业体系重点支持的十大优势特色产业，"四川晚熟柑橘产业集群"列入全国首批50个优势特色产业集群。为了提高农业综合效益和产业竞争力，2016年以来，四川全面实施柑橘产业供给侧结构性改革，以改革推动产业发展，由依赖资源消耗、主要满足量的需求向追求绿色生态可持续、更注重满足优质特色的需求转变，以期实现产品提质、产业增效、农民增收。然而，随着柑橘种植规模的不断扩大、产量的不断提高，四川柑橘价格逐年下跌，橘农收益不断下降，小生产大市场矛盾日益突出，改革面临新挑战。基于此，笔者对四川柑橘展开研究，形成本书。

　　本书是2022年度共青团中央课题（项目编号：22JH043）的研究成果。前期，笔者收集整理了大量文献资料，并设计了调查问卷，先后深入四川20个柑橘种植市州、32个乡镇进行实地走访调研，获取了第一手资料。

　　在研究过程中，笔者以习近平新时代中国特色社会主义思想为指导，坚持理论联系实际的原则，以准确研判四川柑橘产业供需匹配状况为出发点，定性与定量分析相结合，客观评价四川柑橘产业供给侧结构性改革绩效，探讨改革政策。本书采用实证计量的方法评价四川柑橘产业供给侧结构性改革绩效，涉及4个核心内容：①四川柑橘产业供给与需求的适配性；②四川柑橘全要素生产率的测算；③在既定的产出水平下调整投入要素，从而使生产达到最优状态；④农业供给侧结构性改革对四川柑橘全要素生产率的提升所产生的影响。

　　本书应用的主要计量方法为柑橘产业供需结构偏离度模型、资源禀赋

1

系数、规模比较优势指数、效率比较优势指数、区位商、数据包络分析法DEA-Malmquist 指数模型、DEA 投入法、双重差分法（DID）等，严格遵循决策单元（DMU）与投入、产出指标数量比例、样本量与政策实施年份数量等要求，从效率和效应两个层面综合评价四川柑橘产业供给侧结构性改革绩效，并呈现以下特点：

第一，从研究对象来看，本书充分考虑了产业及区域异质性。首先，本书聚焦柑橘产业实施农业供给侧结构性改革政策的绩效，丰富了农业供给侧结构性改革领域的研究视角。其次，本书选取四川为研究区域，通过四川与全国其余 8 个柑橘主产区的比较、四川 20 个柑橘种植市州的比较，揭示四川柑橘产业的特性问题，为四川柑橘产业供给侧结构性改革的推进提供实证参考。

第二，从研究内容来看，本书侧重于定量分析四川柑橘产业发展现状及供给侧结构性改革绩效。首先，本书提出了柑橘产业供给侧结构性改革绩效评价的概念，评价指标不再局限于区域比较优势层面，突破了以往仅进行柑橘产业发展评价或竞争力评价的局限，对照农业供给侧结构性改革目标，将效率、结构、质量等多个维度的指标拓展为不同维度、不同方面的综合绩效评价体系，确保了柑橘产业供给侧结构性改革绩效评价的全面性、系统性和科学性。其次，本书对柑橘产业结构性供需缺口进行了定量分析。本书在全面剖析柑橘产业供需种类与特点的基础上，构建了柑橘供需偏离度模型，并利用 2010—2020 年的面板数据实证检验了全国柑橘供需匹配状况，重点分析了四川柑橘产业供需结构性矛盾的表现。再次，本书探究了柑橘产业供给侧结构性改革绩效评价的逻辑层次。第一个层次是效率评价，侧重于投入与产出的关系，找到最优配置；第二个层次是效应评价，侧重于政策实施过程变化，评价农业供给侧结构性改革政策对柑橘全要素生产率的影响效应，突破了以往按照层次分析法对不同逻辑层次的指标进行混合加权计分并形成绩效值方式的局限。最后，在产出既定条件下，本书对柑橘生产要素投入调整进行了定量分析，对 2020 年四川各市州在柑橘生产要素投入方面为达到最优状态应予调整的具体数值进行了 DEA 投入分析，通过比较找到了各市州柑橘生产中存在的具体问题，增强了改进路径建议的科学性和针对性。

第三，从研究方法来看，本书采用多种计量方法对四川柑橘产业供给侧结构性改革绩效进行综合研判。首先，本书构建了柑橘产业供需结构偏离度模型，找到了柑橘供需总量缺口、鲜食和加工比例、内销与出口比例，弥补了柑橘产业供需适配性研究缺乏实证分析的不足。其次，在效率评价过程中，本书利用 DEA-Malmquist 指数模型评价指标覆盖的各生产要素，得出更准确的效率值；在产出既定条件下采用 DEA 投入法调整投入要素，使柑橘生产达到最优状态，利用双重差分模型（DID），采用严格的统计分析排除政策效用外的干扰，力求准确测算政策的实际效果。上述计量方法对评价具体农业产业供给侧结构性改革绩效具有创新性，提升了评价的系统性和科学性。

在研究过程中，笔者得到了陈文宽教授、潘光堂教授、龚荣高教授、潘杰教授、蓝红星教授、傅新红教授、李冬梅教授、杨锦秀教授、王芳教授、张社梅教授的悉心指导与帮助，在此表示衷心感谢。

笔者水平有限，书中难免有不足之处，欢迎各位读者批评指正。

何　宇

2024 年 1 月

目 录

1　绪　论

1.1　研究背景与研究意义

1.1.1　研究背景

2015 年 11 月，在中央财经领导小组第十一次会议上，习近平总书记首次提出了供给侧结构性改革。随后，2015 年 12 月召开的中央农村工作会议作出推进"农业供给侧结构性改革"的决定。2016 年的中央一号文件再次明确了这一任务。2017 年的中央一号文件对农业供给侧结构性改革进行了更为详细的规划和指导。随着中国特色社会主义进入新时代，农业的主要矛盾已经由总量不足转变为结构性矛盾，突出表现为阶段性供过于求和供给不足并存。农产品产量过剩，库存积压严重，必然导致价格下跌。面对农业的新形势新变化，习近平总书记指出，"必须下决心对农业生产结构和生产力布局进行大的调整，尽快实现农业由总量扩张到质量提升的转变。这是农业供给侧结构性改革最为紧迫的任务"①。因此，深入推进农业供给侧结构性改革是解决我国农业主要矛盾的必由之路。

柑橘是世界第一大类水果，联合国粮农组织（FAO）统计，截至 2020 年年底，已有 135 个国家或地区种植柑橘，种植面积 1 007 万公顷，总产量 1.58 亿吨，占世界水果总产量的 17.88%。

中国是世界第一大柑橘生产国，《中国农村统计年鉴》数据显示，2020 年中国柑橘种植面积占世界柑橘种植总面积的比重为 28.12%，产量占世界柑橘总产量的比重为 32.42%，均为世界第一。2010—2020 年，中国柑

---

① 习近平. 论三农工作 [M]. 北京：中央文献出版社，2020：248.

橘种植面积从 221.10 万公顷增长至 283.15 万公顷,总产量从 2 645.24 万吨增长至 5 121.87 万吨,产值从 547.50 亿元增长至 1 690.30 亿元。2020年全国柑橘种植面积占全国园林水果种植面积的比重为 22.39%,产量占全国水果总产量的比重为 17.85%,产值占全国水果(坚果、饮料、香料作物)总产值的比重为 11.20%。2008 年,中华人民共和国农业部颁布《全国优势农产品区域布局规划(2008—2015 年)》,提出全力打造优质、高产、高效的现代柑橘优势产业带。2020 年,中华人民共和国农业农村部、财政部公布的"全国优势特色产业集群"(首批)名单中,水果类入选 10 个,其中 5 个为柑橘类产业,柑橘产业已成为促进农民增收、农业增效、农村富裕的支柱产业。农业供给侧结构性改革实施以来,我国柑橘生产布局向优势区域集中,产业向西部转移,其中,浙江、福建、江西、湖北、湖南、广东、广西、重庆、四川 9 个省(自治区、直辖市)为全国柑橘主产区。目前,结合当地生态条件,全国主要柑橘优势区域注重早、中、晚熟品种的差异化调整种植,基本实现了我国柑橘鲜果的周年供应。

柑橘是四川传统果品之一,柑橘产业现为四川第一大水果产业。《四川统计年鉴》显示,2020 年,全省柑橘种植面积 338.67 千公顷,产量 489万吨,均居全国第五位。其中晚熟柑橘种植面积 153.41 千公顷,产量 210万吨,均居全国第一位,已建成全国内陆最大的晚熟柑橘产区[①],形成了"丹棱桔橙""安岳柠檬""蒲江杂柑"等 27 个全国柑橘地理标志产品。四川现已形成金沙江河谷鲜食柑橘产业带、宜宾南充鲜食加工兼用型柑橘生产加工产业带、安岳川中柠檬产业带以及金堂川西宽皮橘产业带四条特色产业带。实施农业供给侧结构性改革以来,四川柑橘产业采取"双晚"策略,即大力发展晚熟品种和推广中熟品种留树晚采技术;同时,通过低产果园改造、高接换种等手段,加大品种改造力度,全省晚熟柑橘主要集中于 2 月至 5 月上市,部分品种还可以通过技术手段留树至当年 8 月。基于口感好、易剥皮、外形美观等优点,四川晚熟柑橘普遍具有较高的市场价格。尤其是 2017—2018 年,全省晚熟柑橘平均售价在 10 元/千克以上,平均每亩(1 亩约等于 0.067 公顷,下同)产值在 2 万元以上,果农增收效益明显。2011 年以来,四川柑橘产业产值稳居全国第一位。2020 年,农业农村部、财政部批准四川晚熟柑橘产业集群成为全国首批 50 个优势特色

---

① 徐莉莎. 我省建成中国内陆最大的晚熟柑橘产区[EB/OL].(2021-03-22)[2023-12-30]. https://www.sc.gov.cn/10462/12771/2021/3/23/25222909e04946c6ac3408141493fe1b.shtml.

产业集群之一，柑橘产业已成为四川促进农民增收致富和乡村振兴的主导产业。

农业是提供食物的行业，解决好吃饭问题是第一大事，为了保证产量，全国果树种植"上山、下滩"成为发展共识。但近年来，多地受柑橘种植收益高的利益驱使，叠加政策性任务压力，一些农民占用大量耕地种植柑橘，罔顾果树"上山""下滩"的可持续发展原则，与"果树种植不与粮油争地"的基本要求背道而驰①。而当前国内依靠单产增长基本能满足柑橘产品需求增长的需要，现有柑橘种植面积在无大灾年份基本能够满足国内需求，过多增加种植面积将导致柑橘产品季节性、区域性过剩，容易造成市场价格大起大落。在"规模扩张"的发展思路引导下，四川柑橘产业已经凸显供需失衡、产销脱节、加工滞后、市州间同质化竞争激烈等现实矛盾，由此导致柑橘价格及橘农收益下降。同时，四川作为党中央要求的全国粮食"产销平衡区"，其以柑橘种植为代表的经济作物大量占用耕地，出现"非粮化"现象，对四川"粮食安全"造成了实质威胁。随着刚性执行"遏制耕地非粮化"，四川"退橘还粮"力度加大，柑橘产业发展高度依赖种植面积快速增加的老路不可持续。

农业供给侧结构性改革实施以来，四川省人民政府出台了推进四川柑橘产业供给侧结构性改革的专项政策，四川省农业农村厅划定 11 个市州为全省柑橘优势产区，予以重点扶持，各级财政投入大量资金用以支持柑橘产业改革发展。如此大规模的投入是否获得了相匹配的产出效果，实现了农业供给侧结构性改革目标？全省 11 个柑橘优势产区是否取得了显著的改革绩效？评价依据是什么？评价适用方法是什么？只有有效解决这些问题，四川柑橘产业供给侧结构性改革才能深入推进，才能保证四川柑橘产业持续健康发展。

当前对于农业供给侧结构性改革绩效的评价，从理论到实践层面大多采用定性分析方法，明显缺乏定量研究。部分研究虽然定量分析了农业供给侧结构性改革的影响效应，但大多是将政策实施前后相关数据直接进行比较分析，无法排除其他因素的影响。对全要素生产率的研究日益增多，但显著缺少从某一具体农业产业全要素生产率视角评价农业供给侧结构性改革政策实施效果的研究，这就为本书的研究提供了较大的空间。

---

① 邓秀新. 中国水果产业供给侧改革发展与发展趋势 [J]. 现代农业装备，2018（4）：13-16.

1.1.2 研究意义

公共政策绩效评价是对制定政策行为和执行政策结果的有效的反馈体系，有助于完善政策的制定者即政府的决策和管理，提高政府工作的有效性。农业供给侧结构性改革属于公共政策，改革的深化与推进，不仅需要政府财政的大力支持，还必须提高改革绩效。若农业供给侧结构性改革无效或效果不佳，必然造成公共资源浪费，最终影响农业产业发展和农民收入。提升农业供给侧结构性改革绩效是农业供给侧结构性改革的必然要求。改革绩效评价是以结果为导向的公共管理工具，政府可以借此衡量和评价改革政策执行成效，进而将评价信息反馈给正在实施的管理和决策主体，促进改革政策执行问责。

四川省人民政府于 2016 年制定并公布了柑橘产业供给侧结构性改革目标，此后陆续出台了一系列推进柑橘产业供给侧结构性改革的政策，经过 5 年的实施，有必要对改革政策执行效果进行科学评价，正确认识四川柑橘产业发展现状及地位，发现柑橘产业供给侧结构性改革政策执行偏差，采取有针对性的措施提升改革绩效，深入推进四川柑橘产业供给侧结构性改革。

1.1.2.1 理论意义

本书的理论意义如下：

（1）实证研究了柑橘供需结构性失衡问题。本书借鉴结构偏离度系数的基本构造思想，结合柑橘国内外需求种类特点，建构省级（直辖市、自治区）层面适用的柑橘产业供需结构偏离度模型，定量分析了农业供给侧结构性改革实施以来全国及四川柑橘的供需吻合程度。上述模型可为柑橘产业及其他水果产业测算供需吻合程度提供有益的参考。

（2）丰富了柑橘产业供给侧结构性改革绩效基本概念和研究理论。本书提出了柑橘产业供给侧结构性改革绩效评价基本概念，拓展了以往仅限于柑橘产业发展评价的研究内容，从效率性和有效性双重维度构建不同于产业发展评价的柑橘产业供给侧结构性改革绩效评价体系。第一个层次是效率评价，有针对性分析投入与产出之间的关系，分析比较政策实施前后不同区域柑橘全要素生产率。第二个层次是效应评价，体现政策与绩效之间的因果关系，基于效率评价的结果，对政策有效性及政策执行情况进行评价，并分析影响政策有效性的主要因素。本书综合两个逻辑层次的评价结论，以效率评价计算使生产达到最优状态下的投入要素调整值，以效应评价计算政策效应的可信度。

（3）丰富了柑橘产业供给侧结构性改革绩效数据和评价指标体系。一是笔者针对四川柑橘生产多项关键数据未公开的现状，向四川省农业农村厅和 20 个柑橘种植市州的农业农村局申请公开了 2010—2020 年区域柑橘生产的相关数据并进行实地调研验证，在此基础上进行了数据的处理和转换，实现了相对完整、合理和准确的柑橘产业供给侧结构性改革绩效数据整理。二是笔者针对柑橘产业供给侧结构性改革绩效评价研究的核心问题，合理设计实证计量模型。本书围绕效率评价、效应评价，通过构建不同维度的指标体系、组合数据，对比改革现状与既定改革目标之间的关系，分析政策实施的效果和缺陷。三是考虑到目前国内关于农业供给侧结构性改革绩效评价方面的研究成果罕见且并未聚焦某一具体农业产业的现状，本书选取四川为研究区域，对 2010—2020 年全省及 20 个柑橘种植市州柑橘产业供给侧结构性改革情况进行了分类整理和绩效研究。

（4）丰富了柑橘产业供给侧结构性改革绩效评价方法。目前针对柑橘产业供给侧结构性改革绩效评价的相关研究罕见，前期研究重点多为柑橘产业发展评价及农业供给侧结构性改革效果的定性分析，难以全面体现柑橘产业供给侧结构性改革绩效。本书综合运用 DEA-Malmquist 指数法、DEA 投入法、双重差分法等定量方法进行绩效评价，分析维度综合了政策效率和效应，指标的选取充分考虑了科学性和准确性，以效率评价结果作为效应评价的基础，形成了柑橘产业供给侧结构性改革绩效理论研究的完整闭环，对于丰富具体农业产业供给侧结构性改革绩效评价理论研究具有探索意义。

1.1.2.2 实践意义

本书的实践意义如下：

（1）系统总结四川柑橘产业供给侧结构性改革现状，为完善改革政策提供现实依据。四川出台了一系列推进柑橘产业供给侧结构性改革的文件，但由于各市州种植面积及产值等关键数据未公布，我们无法衡量改革绩效。本书系统梳理全省及 20 个柑橘种植市州柑橘产业供给侧结构性改革现状，推动构建至少精确到市州层面的柑橘产业供给侧结构性改革绩效评价数据库，探索建立柑橘产业供给侧结构性改革绩效评价技术平台，为四川柑橘产业供给侧结构性改革绩效评价和推进四川柑橘产业供给侧结构性改革提供意见参考。

（2）深入分析四川柑橘产业供给侧结构性改革政策作用，找准当前政策实践存在的问题与不足，有针对性地提出政策建议。本书以 2010—2020 年四川及 20 个柑橘种植市州柑橘产业改革发展为基础，对柑橘产业供给侧结构性改革的效率和经济社会效应进行评价，分析改革政策是否达到预期目标，找出改革存在的现实问题，找准未来四川柑橘生产投入的具体调整标准，明确四川柑橘产业供给侧结构性改革的推进方向。本书通过系统科学的制度构建、政策实施、绩效评价共同推动四川各级政府科学制定并完善柑橘产业改革发展政策，深化柑橘产业供给侧结构性改革。

1.2 研究综述

1.2.1 关于农业供给侧结构性改革的相关研究

农业供给侧结构性改革是我国农业农村工作的主线，是"三农"领域的一场深刻变革。为何而改？改什么？怎样改？政界和学界普遍聚焦农业供给侧结构性改革的理论与现实问题，围绕农业供给侧结构性改革的结构性问题、主要类型、重点领域以及对策建议等展开研究。

1.2.1.1 农业供给侧结构性改革的内涵

江维国在研究中指出，农业供给侧结构性改革内涵最终体现在 4 个方面：一是对农业生产要素进行重组和优化，实现其配置的最优化；二是进一步优化农业生产及其产品供给结构；三是进一步增强农产品的有效供给能力；四是不断提高农民收入水平，即优化配置各类农业生产要素，切实提高农业供给体系的质量和效率，使农产品供给数量充足，品种和质量契合消费者需要，构建起结构合理、保障有力的农产品供给生态体系[1]。孔祥智指出，当前农业领域的供给侧结构性改革应关注 3 个重点：一是要围绕土地制度进行改革，形成适应市场经济要求的、生机勃勃的新型农业经营主体；二是要调整农业经营结构，要通过改革形成高效率的新型农业经营主体和新型农业社会化服务体系等，促进三次产业融合互动；三是通过粮食价格体制和补贴制度改革，形成具有国际竞争力的粮食产业，理顺粮

---

① 江维国. 我国农业供给侧结构性改革研究 [J]. 现代经济探讨，2016 (4)：15-19.

食价格机制，设计粮食补贴政策，树立全新的粮食安全观①。赵宇指出，农业供给侧结构性改革的主攻方向是提高供给体系质量和效率，增强供给结构对需求变化的适应性和灵活性；重点是抓好"三去一降一补"五大任务；重要手段是优化要素配置和提高全要素生产率；根本目的是使供给能力更好满足人民日益增长的物质文化需要；本质属性和根本途径是改革，基础动力在创新②。韩一军等认为，我国农业供给侧结构性改革要通过减少供给约束来完善农业制度和政策供给，领会中央精神，全面把握社会形势的变化，保障粮食安全，增加农民收入，增强农业发展活力，提高农业全要素生产率③。张社梅等针对农业供给侧结构性改革的内涵进行了深入分析，他们认为要素生产率不高以及配置结构不合理严重影响农业供给，应围绕着市场主体进行改革，即对农产品或农产品服务等进行一系列改革，使其适应市场经济体制的要求，建立起新的生产经营制度，实现农业生产要素最优配置，从而让农业更好地适应市场变化，灵活机动地满足市场需求，实现农业的有效发展④。万忠、马华明等认为，目标体制机制和科技创新是我国当前农业供给侧结构性改革的具体路径，此方面改革的目标集中体现在3个方面：一是实现全要素生产效率的提升；二是实现产业竞争力的提升；三是不断提升农业质量，实现农业的绿色发展⑤。

1.2.1.2　农业供给侧结构性改革的内容

农业供给侧结构性改革不同于以往的农业结构调整，这是学者们的共识，不能简单理解为某些农作物多种或少种的问题，或是追求数量及总量平衡的问题。黄祖辉等回顾与评价了我国改革开放以来农业供给侧结构的三次重大调整与改革，在阐述农业供给侧的基本特点的基础上，指出当前我国农业供给侧结构性改革的3个重点：推进农业调控体制改革，优化农业供给侧治理结构；推进农业经营制度改革，提高农业供给侧经营水平；

---

① 孔祥智.农业供给侧结构性改革的基本内涵与政策建议 [J].改革，2016 (2)：104-115.

② 赵宇.供给侧结构性改革的科学内涵和实践要求 [J].党的文献，2017 (1)：50-57.

③ 韩一军，姜楠，赵霞，等.我国农业供给侧结构性改革的内涵、理论架构及实现路径 [J].新疆师范大学学报 (哲学社会科学版)，2017，38 (5)：34-40.

④ 张社梅，李冬梅.农业供给侧结构性改革的内在逻辑及推进路径 [J].农业经济问题，2017，38 (8)：59-65.

⑤ 万忠，马华明，方伟.农业供给侧结构性改革的逻辑解析 [J].广东社会科学，2017 (5)：30-34.

推进农业要素制度改革，提高农业供给侧配置效率①。姜长云以反向思维提出了农业供给侧结构性改革不应以简单农业结构调整、以政府工作部署裁剪农业供给侧结构性改革、轻视体制机制改革和创新驱动等为主要内容和侧重点②。陈锡文认为农业供给侧结构性改革应注重6个方面的问题：良种、节本、降耗、确保农产品的质量和食品安全、实现可持续发展的目标、让农民有积极性③。孔祥智指出，供给侧结构性改革应集中在农业土地制度的改革、农业结构调整以及粮食价格体制和补贴制度改革三大方面。张社梅、李冬梅认为，推进农业供给侧结构性改革，一方面要以提升要素质量、促进要素流动、实现要素有效配置为核心，着力完善土地、劳动力、资本、技术等要素供给；另一方面要以农业生产经营体制机制创新和农业经营业态创新为核心，着力推进制度完善和高效供给。祝卫东指出，农业供给侧结构性改革核心是优化生产经营结构，应着力优化产品结构、区域结构、业态结构、经营体系结构。

1.2.1.3 推进农业供给侧结构性改革的路径和对策

为推进农业供给侧结构性改革，学者们提供了较为丰富的路径参考。黄季焜（2018）认为，农业供给侧结构性问题产生的根本原因是政府对市场的过度干预、对市场失灵问题关注不够、对农业公共物品与服务供给不足，因此改革需要市场与政府各自发挥其无法替代的作用，并应更加关注高产值、绿色、特色、多功能等农产品或农业服务业的发展④。祁春节基于农业供给侧结构性改革不仅是结构性改革，还是功能性改革和组织性改革的认识，指出农业供给侧结构性改革决策的一个核心是思维创新，两个关键是科技创新和制度创新⑤。陈锡文认为应从改革价格形成机制，推进科技创新，推进农业经营体系创新，发展农村新产业、新业态4个方面寻

① 黄祖辉，傅琳琳，李海涛.我国农业供给侧结构调整：历史回顾、问题实质与改革重点[J].南京农业大学学报（社会科学版），2016，16（6）：1-5.
② 姜长云.关于推进农业供给侧结构性改革的思考[J].南京农业大学学报（社会科学版），2017，17（1）：1-10.
③ 陈锡文.论农业供给侧结构性改革[J].中国农业大学学报（社会科学版），2017，34（2）：5-13.
④ 黄季焜.农业供给侧结构性改革的关键问题：政府职能和市场作用[J].中国农村经济，2018（2）：2-14.
⑤ 祁春节.农业供给侧结构性改革：理论逻辑和决策思路[J].华中农业大学学报，2018（4）：89-98.

求新的突破①。江维国则从制度创新、技术创新、提升劳动力素质、完善土地流转机制、扩大农村金融增量与盘活存量 5 个方面提出了具体的对策建议②。刘守英指出，农业供给侧结构性改革路径应包括提高要素配置效率和组合匹配度、构建中国特色的现代农业经济组织、建立现代农业技术创新体系、实行提升农业要素组合效率的政策组合等方面③。翁鸣在其他学者研究的基础上，主张把产业链、价值链、生态链等现代产业组织方式和绿色发展理念引入农业，积极探索"一接二连三"的互动型、融合型发展模式，并加强农业国际合作，将共建"一带一路"倡议与农业供给侧结构性改革实践有机结合，形成资源互补、区域合作和贸易发展的新格局④。

1.2.1.4　农业供给侧结构性改革成效评价

关于农业供给侧结构性改革成效评价，国外没有针对性的研究，而是更多地把研究视角投向农业可持续发展评价，并着重研究评价指标对于农业可持续发展的指导作用。

一些国际组织公布了农业可持续发展评价指标体系并用于实践。联合国粮食及农业组织（FAO）在联合国可持续发展委员会提出，在"压力-状态-响应（PSR）框架"下，以对粮食供应能力和资源利用效率的衡量为重点，制定了包含 27 个评价指标的农业可持续发展评价指标体系，评价结果致力于消除饥饿和极端贫困。经济合作与发展组织（OECD）提出了 15 项指标，侧重评价对农业资源、环境和生态的保护程度，衡量农业生产的指标较少。欧盟则重视资源节约与环境保护，选取人均耕地占有量、土地利用变化量、农业能源用量、化肥施用量、农药施用量 5 个指标对农业可持续发展状况进行监测⑤。

中国学者则从全国或省域选取整个农业或某一具体产业，通过动态因子分析、熵权法、灰色关联分析法等构建多维度、多指标的评价体系并进

① 黄季焜. 农业供给侧结构性改革的关键问题：政府职能和市场作用 [J]. 中国农村经济，2018（2）：2-14.

② 江维国. 我国农业供给侧结构性改革研究 [J]. 现代经济探讨，2016（4）：15-19.

③ 刘守英，王宝锦，程果. 农业要素组合与农业供给侧结构性改革 [J]. 社会科学战线，2021（10）：56-63.

④ 翁鸣. 农业供给侧结构性改革理论与实践探索：深入推进农业供给侧结构性改革研讨会综述 [J]. 中国农村经济，2017（8）：91-96.

⑤ STEVENSON M, LEE H. Indicators of sustainability as a tool in agricultural development: partitioning scientific and participatory processes [J]. International Journal of Sustainable Development and World Ecology, 2001, 8（1）：57-65.

行测度。

从整体性研究来看，早在 2009 年，黄祖辉等就以劳动生产率、土地产出率、资源利用率为核心，选取土地、劳动力、水、物资、技术资源 5 个维度共 28 个指标构建了基于资源利用效率的现代农业评价指标体系，并以浙江省高效生态现代农业为例对指标库进行应用，分别构建了基于经济、生态、社会效益 3 个维度 10 个指标的县（市）域层次和基于设施栽培、生态养殖、立体种养、休闲农业、种养加一体化、有机农业模式 6 个维度 20 个指标的农户（场）层次的高效生态现代农业评价指标体系①。王平、王琴梅构建了农业要素配置和供给能力评价的逻辑分析框架，通过与发达国家对比，对我国"六要素"相对应的"六能力"进行了客观评价，明确我国农业供给侧结构性改革的基本方向应是国家战略层面的"两轮驱动"、制度层面的"三权分置"、系统化特别是"三位一体"的要素配置以及东、中、西部地区分别实施"精细化""规模化""多元化"生产②。李娟伟等从驱动因素、结构优化以及人民福祉三大准则层面出发，筛选 37 项指标，构建省域供给侧结构性改革绩效评价体系，使用动态因子分析法对 2012—2017 年中国省域供给侧结构性改革绩效进行了评价，指出创新驱动能力薄弱、供给侧结构优化滞后抑制了西部省份供给侧结构性改革绩效的提高③。邸菲、胡志全致力于农业现代化水平评价，构建包括产业体系建设、生产体系建设、经营体系建设、支持保护水平、质量效益水平、绿色发展水平 6 个方面 23 项具体指标的中国农业现代化水平评价指标体系，利用层次分析法和专家打分法相结合的方式确定各指标权重，提出加快调整农业产业结构，建设现代农业产业体系，强化设施装备科技支撑，完善现代农业生产体系，创新发展适度规模经营，健全现代农业经营体系的路径选择④。

针对各省的研究中，刘英等基于供给过程视域，从生产、加工、流通、销售环节选取 14 个指标构建农业供给体系和供给质量评价指标体系，

① 黄祖辉，林本喜. 基于资源利用效率的现代农业评价体系研究：兼论浙江高效生态现代农业评价指标构建 [J]. 农业经济问题，2009（11）：20-27.

② 王平，王琴梅. 农业"悖论"下供给侧改革能力评价 [J]. 经济体制改革，2018（1）：81-86.

③ 李娟伟，刚翠翠. 新时代中国省域供给侧结构性改革绩效评价与影响因素研究 [J]. 财经理论研究，2021（1）：24-37.

④ 邸菲，胡志全. 我国农业现代化评价指标体系的构建与应用 [J]. 中国农业资源与区划，2020，41（6）：46-56.

对湖南省农业供给质量进行测度①。徐海燕基于农业供给主体、农业供给侧结构性改革制度和相关保障、农村自然资源禀赋和生态环境、农业现代化以及农村资金融通能力5个维度，从中选取了17个指标，构建了农业供给侧结构性改革成效评价指标体系，并运用改进的熵值法对2010—2016年江苏省扬州市农业供给侧结构性改革成效进行度量，指出优化农业现代化产业体系、落实农业保障机制、创新农业融资模式和深化农业风险分担机制是扬州市农业供给侧结构性改革的重点②。曹玲玲、姜丽丽等基于农户主体特征、农业供给主体能力、农产品创造能力及竞争能力、农村自然禀赋及生态环境、农业信息和现代化、农村金融服务能力以及相关制度保障7个维度构建江苏省农业供给侧结构性改革效用的综合评价指标体系，结合模糊综合评价的方法，测度江苏省13个省辖市的农业供给侧结构性改革成效，提出完善农业现代化生产体系、经营体系和产业体系，深化农业信贷和农业风险分担机制的改革，实现农业资源协调发展、优势互补，缩小苏南与苏北农业供给侧结构性改革效用的差异等对策③。鲁春阳等以2007—2016年的河南省数据为样本，构建包括农业投入水平、农业信息化水平、农业产出水平、农业产业化水平和农业可持续发展水平5个维度21个指标的综合评价指标体系，采用改进TOPSIS法进行农业现代化发展水平测度④。张蕾从效率增加、结构升级、市场导向、经济效益、绿色环保5个方面选取了16个指标建立评价指标体系，采用熵权法和灰色关联分析法对1988—2008年每隔5年、2008—2017年每隔1年的数据进行实证分析，提出调整生产结构、引导资本合理流入、提高生产者管理技术水平、推动绿色发展、发挥地域优势、推动农业产业化经营等促进吉林省农业产业发展的对策建议⑤。

聚焦具体农业产业供给侧结构性改革绩效的研究中，秦茂倩、范成方

---

① 刘英等. 基于供给过程视角的湖南省农业供给体系供给质量评价 [J]. 天津农业科学，2017，23 (9)：59-77.

② 徐海燕. 扬州市农业供给侧结构性改革成效分析 [J]. 中国农业资源与区划，2018，39 (4)：162-199.

③ 曹玲玲，姜丽丽，刘彬斌. 江苏省农业供给侧结构性改革效用评价及优化机制 [J]. 江苏农业科学，2017，45 (19)：103-107.

④ 鲁春阳，文枫，张宏敏，等. 基于改进TOPSIS法的河南省农业现代化发展水平评价 [J]. 中国农业资源与区划，2020，41 (1)：92-97.

⑤ 张蕾. 供给侧改革背景下吉林省农业产业结构评价 [D]. 长春：吉林大学，2019.

以粮食产业为对象，依据 2013—2018 年的相关数据，构建山东粮食产业供给侧结构性改革能力评价体系，并运用熵值法及模糊综合评价模型对其进行综合评价，认为提升人力驱动要素，增强创新驱动要素，完善粮食产业体系结构，发挥政府的支持作用是山东粮食产业供给侧结构性改革达成降成本、提效率、增效益的目标的途径[①]。

地域限定为四川省的研究中，符华平选择生产要素视角，从经营主体、土地资源、科学技术、涉农资本、营销结构、治理结构等层面提出具体举措[②]。蔡文春、沈兴菊以农业供给侧结构性改革为着眼点，结合农业生产属性，利用因子分析法从生产条件、投入水平、产出水平 3 个方面构建指标体系，从时空两维上对四川省农业现代化水平进行了综合评价，并提出改善农业生产条件、合理规划农业生产结构、促进三产有效融合、适度规模化经营等促进农业供给侧结构性改革、提升农业现代化水平的对策建议[③]。

综上所述，学者们的研究多关注整体农业、中东部省域的农业供给侧结构性改革成效，把四川省作为研究地域的较少，这既为本书的研究提供了较丰富的参考，又增加了研究的针对性和创新性。

1.2.2 关于绩效评价的相关研究

对政府或政策进行绩效评价关系到一个国家或社会的长远的制度性建设，受到学术界的长期关注。国内外学者运用不同的方法，针对项目、政府、公共政策等不同类型的绩效评价进行了诸多研究和探索，取得了有益的成果。

1.2.2.1 绩效评价的内涵

绩效评价自 20 世纪 90 年代在世界范围兴起。威廉恩·邓（William N. Dunn，2002）在《公共政策分析导论》中指出评价提供政策运行所带来的价值方面的信息，某项政策确有价值，是因为它对既定目标或目的的实现

---

① 秦茂倩，范成方. 山东粮食产业供给侧结构性改革能力评价研究 [J]. 当代经济，2021（4）：96-104.

② 符华平. 基于生产要素视角的四川农业供给侧结构性改革研究 [D]. 成都：四川师范大学，2018.

③ 蔡文春，沈兴菊. 基于供给侧结构性改革的四川省农业现代化水平综合评价 [J]. 安徽农业科学，2017，45（26）：234-239.

起了作用①。尼古拉斯·亨利（Nicholas Heny，2011）认为绩效评价是一种定期进行的独立而系统的研究，是检验项目运行效果的一种专门评估②。2002 年，经济合作与发展组织发展援助委员会开发的《评价与结果导向管理的术语表》将绩效评价定义为"评判一项活动、政策或计划的价值或重要性的过程，对计划的、进行中的或是已完成的干预活动的（尽可能）系统客观的评价"③。2008 年我国财政部发布《国际金融组织贷款项目绩效评价管理暂行办法》，其中对绩效评价做出了以下定义：绩效评价是指运用一定的评价准则、评价指标和评价方法，对项目或政策的相关性、效率、效果、影响以及项目可持续性等进行的客观、科学公正的评价。蔡立辉指出，在依法执政、民主执政、科学执政的前提下，从公共利益扩展出发，绩效评价就是检验政府各部门为公众办事的效率和效果④。王爱学（2008）认为绩效评价就是对投入产出效率和效果进行评价⑤。

1.2.2.2　绩效评价的标准

绩效评价标准主要有"3E"标准、"4E"标准、"5C"标准等。"3E"标准由美国审计署（GAO）于 20 世纪 60 年代提出，即对评价对象的经济性（economy）、效率性（effieieney）和有效性（effectiveness）进行评估，代表资源与投入、投入与产出、产出与效果三种关系⑥，作为普遍认同的标准，"3E"已被广泛应用于各国政府绩效管理与评价实践中。"4E"标准，即在"3E"标准上加入公平性（equity），由经济学家福林于 1997 年提出⑦。"5C"标准则由经济合作与发展组织发展援助委员会于 20 世纪 90 年代初提出，包括相关性、效果性、效率性、影响和可持续性 5 个方面⑧。以上标准本质上都包括效率与效果，我国学者夏书章亦认为绩效评价的核

① WILLIAM N DUNN. 公共政策分析导论［M］. 谢明，等译. 2 版. 北京：中国人民大学出版社，2002：13.

② NICHOLAS HENY. Public Administration and Public Affairs［M］. 10th. 北京：中国人民大学出版社，2002：52.

③ 施青军. 政府绩效评价概念、方法与结果运用［M］. 北京：北京大学出版社，2016：6.

④ 蔡立辉. 政府绩效评估［M］. 北京：中国人民大学出版社，2012：33.

⑤ 王爱学. 公共产品政府供给绩效评估理论与实证分析［D］. 合肥：中国科学技术大学，2008：17.

⑥ 周志忍. 政府管理的行与知［M］. 北京：北京大学出版社，2008：17.

⑦ AIDEMARK L G. The meaning of balanced scorecards health care organization［J］. Financial Accountability & Management，2001，17（1）：23-40.

⑧ 施青军. 政府绩效评价概念、方法与结果运用［M］. 北京：北京大学出版社，2016：19.

心应是效率和效能（效果）①。

1.2.2.3 绩效评价的方法

国内外学者进行公共政策评价时使用的方法众多，较常见的包括成本效益分析法、最低成本法、标杆管理（基准）法、平衡记分卡法、生产函数法、模糊综合评估法等。例如，博利斯特（Poister，2003）在对公营部门进行绩效评价时使用了1970年美国国际开发署为私营部门绩效评估开发的逻辑模型②；付航、杨倩文运用AHP层次分析法对广西非物质文化遗产助力精准扶贫绩效③、政府购买机构养老服务绩效进行了评价④；张广钦采用平衡记分卡法进行了公共文化机构绩效评价⑤；顾效瑜、彭湘君通过生产函数法分别对高校科技绩效⑥、中国信息化发展绩效⑦进行了评价。

近年来，在对经济政策绩效进行评价时，双重差分法（DID）和断点回归方法（RDD）得到了广泛的应用。

双重差分的思想最早由物理学家约翰·斯诺（John Snow）在研究19世纪中期伦敦霍乱传染问题时提出。齐良书、赵俊超在研究中国发展基金会启动的"贫困地区寄宿制小学学生营养改造项目"时⑧，郑新业、王晗、赵益卓在研究省直管县是否能够促进经济增长问题时⑨，肖建华、陈楠以江西省为例研究省直管县的政策效应时⑩，张成、周波、吕慕彦、刘小峰

---

① 夏书章. 行政管理学［M］. 4版. 北京：高等教育出版社，2008：102.

② POISTER T H. Measuring performance in public and nonprofit organizations［M］. San Francisco：Jossey-bass，2003：55.

③ 付航，文冬妮. 广西非物质文化遗产助力精准扶贫绩效评价指标体系构建［J］. 产业创新研究，2021（24）：85-87.

④ 杨倩文，杨硕，王家合. 政府购买机构养老服务绩效评价指标体系构建与实证应用［J］. 社会保障研究，2021（5）：60-71.

⑤ 张广钦，李剑. 基于平衡记分卡的公共文化机构绩效评价统一指标体系研究［J］. 图书馆建设，2021（9）：26-31.

⑥ 顾效瑜，朱学义. 基于高校财务绩效视角的科技绩效评价研究［J］. 会计之友，2021（23）：112-118.

⑦ 彭湘君，曾国平，李娅. 中国信息化发展绩效评价及其区域发展阶段测算［J］. 经济地理，2016，36（10）：102-109.

⑧ 齐良书，赵俊超. 营养干预与贫困地区寄宿生人力资本发展：基于对照实验项目的研究［J］. 管理世界，2012（2）：52-61.

⑨ 郑新业，王晗，赵益卓. "省直管县"能促进经济增长吗：双重差分方法［J］. 管理世界，2011（8）：34-44，65.

⑩ 肖建华，陈楠. 基于双重差分法的"省直管县"政策的效应分析：以江西省为例［J］. 财经理论与实践，2017（5）：97-103.

对西部大开发战略进行随机性研究时[1]，朱晓俊、丁家鹏以内蒙古为样本评价兴边富民行动20年政策效果时[2]，吕岩威、戈亚慧、耿涌研究水资源税改革是否提升了水资源绿色效率时[3]，均使用了双重差分方法。

断点回归方法最早由美国西北大学心理学家坎贝尔（Campbell）在1958年设计提出。刘生龙、周绍杰、胡鞍钢在研究1986年开始实施的义务教育法对个体受教育年限及教育回报率的影响时[4]，席建成、孙早在检验《中华人民共和国劳动合同法》的实施对劳动力成本上升的影响时[5]，邹红、喻开志在研究退休对于各类消费的影响时[6]，李江一、李涵在研究新农保养老金对劳动参与率的影响时[7]，黄新飞、陈珊珊、李腾在研究省际边界和价格之间的差异时[8]，童锦治、温馨、邱荣富在研究环境保护税的开征能否有效治理空气污染时[9]，张满银、卞小艺在评估京津冀区域协同发展政策临界效应时[10]，均使用了断点回归模型。

近年来，学者们在进行公共政策评价时不仅关注产出及效果，还开始注重政府为之付出的经费、资源和其他代价的成本，因此，处理基于输入和输出的数据包络分析法（DEA）被广泛应用于将政府看作将投入转化为政策产出进而产生效果的复杂系统的绩效评价中。数据包络分析法的创建

① 张成，周波，吕慕彦，等.西部大开发是否导致了"污染避难所"？[J].中国人口·资源与环境，2017（4）：95-101.

② 朱晓俊，丁家鹏.兴边富民行动20年政策效果评价及展望：以内蒙古样本为例[J].黑龙江民族丛刊，2021，4（183）：75-84.

③ 吕岩威，戈亚慧，耿涌.水资源税改革是否提升了水资源绿色效率？[J].干旱区资源与环境，2022，36（8）：77-83.

④ 刘生龙，周绍杰，胡鞍钢.义务教育法与中国城镇教育回报率：基于断点回归设计[J].经济研究，2016（2）：154-167.

⑤ 席建成，孙早.劳动力成本上升是否推动了产业升级：基于中国工业断点回归设计的经验证据[J].山西财经大学学报，2017（5）：39-53.

⑥ 邹红，喻开志.退休与城镇家庭消费：基于断点回归设计的经验证据[J].经济研究，2015（1）：124-139.

⑦ 李江一，李涵.新型农村社会养老保险对老年人劳动参与的影响：来自断点回归的经验证据[J].经济学动态，2017（3）：62-73.

⑧ 黄新飞，陈珊珊，李腾.价格差异、市场分割与边界效应：基于长三角15个城市的实证研究[J].经济研究，2014（12）：18-32.

⑨ 童锦治，温馨，邱荣富.环境保护税的开征能否有效治理空气污染吗？[J].税务研究，2022（8）：94-100.

⑩ 张满银，卞小艺.基于断点回归的京津冀区域协同发展政策临界效应评估及政策建议[J].区域经济评论，2022（4）：45-52.

者是美国著名的运筹学家查尔斯（A. Charnes）和库伯（W. W. Cooper）[1]。1978 年至今，DEA 被广泛应用于各个领域的绩效评价，其中大多数研究都是将 DEA 与不同前沿的 Malmquist 指数结合，形成完整且成熟的 DEA-Malmquist 研究范式。宁安（Nin A）使用序列的 DEA-Malmquist 模型重新估计了 20 个发展中国家 1961—1994 年的农业生产率[2]，库里（Coeli）使用当期的 DEA-Malmquist 模型研究 1980—2000 年全球 93 个主要国家的农业生产率[3]，苏哈瑞阳特（Suhariyanto）使用序列前沿的 DEA-Malmquist 模型测算了 18 个亚洲国家 1965—1996 年农业全要素生产率及其收敛性[4]，艾琳（Alene）分别使用当期和序列的 DEA-Malmquist 模型对非洲农业全要素生产率增长进行了测量和比较[5]。DEA 在我国教育、科技和财政支出的绩效评价中运用广泛，唐德才、李志江在研究可持续发展评价时[6]，东梅等在研究陕西、青海、宁夏 21 个贫困县精准扶贫绩效评价时[7]，王岚、李聪在研究农村集体资产产权制度改革试点绩效评价时[8]，李秋、崔元锋在研究辽宁省财政支农绩效[9]、财政支农资金绩效[10]评价时，均采用了 DEA 方法。

---

① CHARNES A, COOPER W, RHODES E. Measuring the efficiency of decision making units [J]. European Journal of Operational Research, 2 (6): 429-444.

② NIN A, ARNDT C, PRECKEL P V, et al. Is agricultural productivity in developing countries really shrinking? New evidence using a modified nonparametric approach [J]. Journal of Development Economics, 2003, 71 (2): 395-415.

③ COELLI T, RAO D S. Total factor productivity growth in agriculture: a Malmquist index analysis of 93 countries, 1980—2000 [J]. Agricultural Economics, 2005, 32 (1): 115-134.

④ SUHARIYANTO K, THIRTLE C. Asian agricultural productivity and convergence [J]. Journal of Agriculture Economics, 2009, 52 (3): 96-110.

⑤ ALENE A D. Productivity growth and the effects of R&D in Afican agriculture [J]. Agricultural Economics, 2010, 41 (3-4): 223-238.

⑥ 唐德才，李志江. DEA 方法在可持续发展评价中的应用综述 [J]. 生态经济, 2019, 35 (7): 56-62.

⑦ 东梅，王满旺，马荣，等. 陕青宁六盘山集中连片特困地区精准扶贫绩效评价及其影响因素研究 [J]. 软科学, 2020, 34 (9): 72-78.

⑧ 王岚，李聪. 基于 DEA 模型的农村集体资产产权制度改革试点绩效研究 [J]. 经济问题探索, 2020 (6): 43-52.

⑨ 李秋. 辽宁省财政支农绩效：评价、影响因素及提升对策研究 [M]. 北京：中国石化出版社, 2019: 37.

⑩ 崔元锋，严立冬. 基于 DEA 的财政农业支出资金绩效评价 [J]. 会计之友, 2012 (9): 37-40.

1.2.2.4　农业政策绩效评价

学者从不同的角度对农业政策绩效进行了研究。张美诚从农业上市公司出发，指出农业上市公司的社会绩效稍有提升，但仍低于社会的期望水平，在生态化产品研发与设计、生态化资源利用、生态化清洁生产、生态化产品销售与消费方面的绩效差异明显，各方面的绩效有很大的提升空间①。王平指出，我国农业供给侧结构性改革能力呈现中、东、西部由高到低的弱"阶梯式"差异，在土地"三权分置"改革背景下，城镇化和农村现代化"两轮驱动"，实现东部农业的"精细化"、中部的"规模化"及西部的"多元化"是未来改善我国农业供给结构的必然路向②。徐海燕认为，农业供给主体、农业供给侧结构性改革制度和相关保障、农村自然资源禀赋和生态环境、农业现代化以及农村资金融通能力等影响着农业供给侧结构性改革成效，必须优化农业现代化产业体系，落实农业保障机制，创新农业融资模式和深化农业风险分担机制，促进农业供给侧结构性改革③。王博文从公众期望、家庭资源禀赋、扶贫精准性、价值感知4个因素对精准扶贫项目绩效影响路径进行了分析，指出公众期望对精准扶贫项目绩效的影响中，直接效应的影响作用要小于间接效应，公众价值感知作为中介变量在公众期望与精准扶贫绩效影响中发挥了重要的作用，家庭禀赋对价值感知影响较小，而对最终扶贫项目绩效直接影响较大④。李佳认为，合作社绩效评价及绩效对创新农村社会管理产生重要的作用，绩效水平较高的合作社在发展模式上呈现相似的特征；在提供服务和控制质量方面的绩效优秀，但在资源配置方面的绩效较差；其中宣传教育普及程度、是否标准化生产、是否申请农产品品牌、合作社管理制度、是否按股分配、理事长情况和政府支持情况对合作社的绩效有显著影响作用⑤。李娟伟认为，中国省域供给侧结构性改革绩效总体呈东、中、西梯次递减，而创新驱动能力薄弱、供给侧结构优化滞后抑制了西部省份供给侧结构性

① 张美诚. 农业上市公司绩效指标构建及其评价研究 [D]. 长沙：湖南农业大学，2013.

② 王平，王琴梅. 农业供给侧结构性改革的区域能力差异及其改善 [J]. 经济学家，2017（4）：89-96.

③ 徐海燕. 扬州市农业供给侧结构性改革成效分析 [J]. 中国农业资源与区划，2018，39（4）：162-166，199.

④ 王博文. 陕西省秦巴山区精准扶贫项目绩效研究 [D]. 咸阳：西北农林科技大学，2020.

⑤ 李佳. 农民专业合作社绩效评价及影响因素研究 [D]. 咸阳：西北农林科技大学，2020.

改革绩效的发展①。

综上所述，学者们对绩效评价展开了一系列深入的研究，尤其是实证研究中采用了不同的方法和模型，具有较强的借鉴价值。但是针对农业供给侧结构性改革绩效评价的研究较为欠缺，且适用模型也没有相关分析，有待在实证研究中予以分析检验。

1.2.3　关于柑橘产业经济的相关研究

国外对柑橘的研究最早出现于1929年，美国《柑橘产业》杂志主要报道柑橘种植技术、市场状况及其他国家和地区柑橘种植情况②。国内柑橘产业经济研究起步于改革开放后，经历了起步发展阶段（1999年之前）、稳步发展阶段（2000—2007年）和快速发展阶段（2008年至今）3个阶段，取得了一系列成果。本书重点梳理柑橘产业宏观发展与政策研究方面的文献。

1.2.3.1　柑橘产业结构

农业供给侧结构性改革的重点之一就是"调结构"，我们要深入了解某一农业产业的资源禀赋差异，整合产业优势资源、提高资源配置效率必须以合理的产业生产结构为基础。关于柑橘产业，学者们针对柑橘生产结构和品种结构调整进行了研究。苏航、谢金峰在对我国9个柑橘主产省市和澳大利亚等国外柑橘主产国的生产基地、加工企业、批发市场、科研院所等进行实地考察的基础上，将我国柑橘产业结构按第一产业、第二产业和第三产业进行划分，并提出进一步优化柑橘种植业，壮大柑橘加工业，繁荣柑橘服务业的战略思路③。韩绍凤等通过间接定价理论模型对湖南柑橘种植与加工的各种可能模式进行分析，在此基础上利用统计数据对各种模式的成本进行检验，得出现阶段湖南柑橘产业种植与加工应选择的协调模式：在种植与加工的协调上采用承租返包或者订单农业方式，走"公司+中间组织+农户"组织模式④。此外，何望、祁春节研究发现赣南脐橙产

① 李娟伟，刚翠翠. 新时代中国省域供给侧结构性改革绩效评价与影响因素研究：基于习近平新时代中国特色社会主义经济思想视角 [J]. 财经理论研究，2021（1）：24-37.

② 祁春节，顾雨檬，曾彦. 我国柑橘产业经济研究进展 [J]. 华中农业大学学报，2021，40（1）：58-69.

③ 苏航，谢金峰. 我国柑橘产业比较优势分析 [J]. 生态经济，2004（S1）：153-156.

④ 韩绍凤，杨阳，向ང成. 我国柑橘产业链的纵向组织协调研究：以湖南省为例 [J]. 湖南科技大学学报（社会科学版），2013，16（1）：105-110.

品结构比较单一，处于产业链低层次的原因在于品种结构和产品熟期比例失衡、优质商品率低和精深加工业发展滞后 3 个方面①。沈和平、熊宁研究发现大河村发展柑橘产业面临品种老化，品质、产量、产值下降，种植方式原始，市场环境逆变，村两委、合作社应对乏力等结构性问题②。禹建政等基于广东柑橘总产量增势放缓、产业化开发程度不高的现状，提出树立现代化大农业发展方向，加强技术创新，推进产业横向发展，建立生产全过程的农业技术服务体系，强化病虫害防控管理，培育优质健康种苗，创新营销模式等产业化调整措施③。

1.2.3.2 柑橘全要素生产率

提高全要素生产率在农业供给侧结构性改革中是众多学者研究的热点，备受关注。针对柑橘产业，学者们对全要素生产率也已开展相关研究。早期研究关注的是柑橘科技进步率，2001 年，祁春节在其博士学位论文中创新运用 C-D 函数，按照 3 种不同方案测算了 1990—1999 年我国柑橘产业的科技进步率④。2010 年以来，学者们在对我国柑橘全要素生产率进行测算时广泛使用 DEA-Malmquist 生产率指数方法。李道和等运用了非参数的 Malmquist 指数法，使用 1 个产出指标和 3 个投入指标测算中国柑橘的全要素生产率的变化⑤。熊巍、祁春节运用 DEA－Malmquist 模型对 2005—2010 年湖北省、其他三大主产区柑橘生产效率及全国平均生产效率进行了分析，并采用 DEA 投入法计算得出了 2010 年湖北省橘类投入产出调整值⑥。张炳亮选用 DEA 模型方法，对 1996—2011 年我国柑橘产业投入产出效率进行了测算与分析，并进一步分析了我国柑橘产业投入产出的超效率值，比较各投入和产出指标对投入产出效率的影响程度，提出减小柑橘生产投入或产出因素的市场波动，抑制生产规模的盲目扩张，重视经济

① 何望，祁春节.农业供给侧改革下赣南脐橙产业转型升级的财政支持研究［J］.经济研究参考，2016（29）：83-86.
② 沈和平，熊宁.产业结构调整背景下柑橘产业发展探索：以毕节市七星关区大河村为例［J］.经济研究参考，2016（29）：83-86.
③ 禹建政，徐杨玉，刘卫军，等.广东省柑橘产业发展现状及产业调整策略［J］.江西农业，2019（18）：132-133.
④ 祁春节.中国柑橘产业经济分析及对策研究［D］.武汉：华中农业大学，2001.
⑤ 李道和，郭锦墉，朱述斌.中国柑橘产业的全要素生产率、技术进步与效率变化［J］.江西农业大学学报（社会科学版），2010，9（1）：43-47.
⑥ 熊巍，祁春节.湖北省柑橘产业生产效率的 DEA 分析［J］.华中农业大学学报（社会科学版），2012（5）：36-40.

效益特别是橘农收益以及合理有效地配置各项投入要素等改进建议①。徐霄、杨锦秀采用 DEA-Malmquist 指数法对中国 7 个柑橘主产区 2009—2015 年的投入产出指标进行测度，指出在保持现有规模效率稳定增加的基础上，实现技术创新、优化物质装备水平、提高果园管理水平是改善柑橘全要素生产率的关键②。曾令果、王钊以重庆柑橘产业为例，利用 275 份有效调查问卷，采用 DEA 模型对柑橘种植的多个规模区间进行生产效率分析，从产业管理者关心产量的角度考虑，认为柑橘生产的适度规模经营区间为 10~11.33 公顷；从农户关心收入的角度考虑，柑橘经营的适度规模区间为 1.33~1.87 公顷③。

李丹等采用中国柑橘 2008—2014 年生产成本与收益数据，借助 Malmquist 指数法，对中国柑橘主产省份柑橘全要素生产率演进及其分解进行测度与分析，在此基础上结合面板 Tobit 模型，分析了影响柑橘全要素生产率增长的外部因素：城市化率、农业机械总动力、每公顷人工总成本、农村居民家庭年人均纯收入、地方财政农林水事务支出与种植规模，这些因素均对柑橘全要素生产率的增长影响显著④。方国柱等基于 2011—2016 年我国柑橘生产的面板数据，运用 DEA-Malmquist 指数法测算了柑橘全要素生产率，分析了我国柑橘全要素生产率的动态演进特点，比较了柑橘全要素生产率的区域差异，指出技术进步是影响柑橘全要素生产率的主要因素，纯技术效率和规模效率是影响全要素生产率的重要因素，推进柑橘科技创新，引导适度规模经营，培育新型农业经营主体，因地制宜实施柑橘产业支持政策是促进我国柑橘全要素生产率增长的有效途径⑤。

1.2.3.3 柑橘产业竞争力

布拉德福德·巴勒姆（Bradford L. Barham, 1992）以可口可乐和伯利兹企业为例，针对外资直接投入对柑橘产业发展的影响展开研究，他分析

---

① 张炳亮. 我国柑橘产业投入产出效率测算、趋势及改进 [J]. 广东农业科学，2014，41 (14)：219-223.

② 徐霄，杨锦秀. 我国柑橘全要素生产率变化分析 [J]. 浙江农业学报，2018，30 (3)：470-478.

③ 曾令果，王钊. 农业生产和农户经营的适度规模区间：目标差异及形成机制：来自重庆柑橘产业的验证 [J]. 西部论坛，2019，29 (2)：64-72.

④ 李丹，曾光，陈城. 中国柑橘全要素生产率演进及影响因素研究：基于 Malmquist-Tobit 模型的实证 [J]. 四川农业大学学报，2018，36 (1)：118-124.

⑤ 方国柱，祁春节，雷权勇. 我国柑橘全要素生产率测算与区域差异分析：基于 DEA-Malmquist 指数法 [J]. 中国农业资源与区划，2019，40 (3)：29-34.

后认为古巴的柑橘产业竞争力因外资的直接投入而始终处于较低水平。加西亚（Garcia，2006）讨论了巴西柑橘抵御柑橘病害并保持柑橘竞争优势的发展模式，同时指出巴西柑橘产业中80%的份额来自柑橘果汁，不利于巴西提升产业竞争力。冯丹（Fidan，2009）对比了土耳其与欧盟成员国之间的柑橘产业竞争力。此外，1998年联合国粮农组织（FAO）在西班牙举行第12次政府间柑橘类水果大会，研判世界柑橘生产和市场形势并讨论对策，联合国粮农组织也出版了不少对柑橘类水果及加工品进行专门研究的文献，代表了这一研究领域的国际水平①。

国内关于柑橘产业竞争力的研究虽然起步较晚，但成果颇丰。整体层面上，余学军利用波特"钻石模型"对我国柑橘产业国际竞争力进行了分析②。胡友、祁春节用因子分析法和多元线性回归模型实证分析了1992—2011年中国柑橘产业国际竞争综合实力的动态演变，指出国际市场环境、国内宏观产业政策及微观经济条件变化是引起中国柑橘产业国际竞争力波动的重要因素③。多名学者结合柑橘主产区实际进行研究，李道和、康小兰对江西省柑橘产业竞争力进行了实证分析④，耿学燕、杨锦秀分析了四川柑橘产业竞争情况⑤，王图展等探究了重庆市柑橘产业竞争力及存在的问题⑥。

1.2.3.4 柑橘产业比较优势

国内外鲜有关于柑橘产业供给侧结构性改革的研究，仅有翁水珍以浙江省衢州市柯城区柑橘产业供给侧结构性改革为研究对象，分析了土地零碎化、农业兼业化、农民老龄化、流转难度大、市场波动大等问题，提出规模化经营、专业化管理、精品化生产、实现品牌化营销等对策建议⑦。

---

① 蔡派. 联合国粮农组织第12次政府间柑橘类水果会议 [J]. 世界农业, 1999 (2).

② 余学军. 中国柑橘产业国际竞争力研究: 基于"钻石"模型的分析 [J]. 惠州学院学报 (社会科学版), 2006, 26 (4): 29-32.

③ 胡友, 祁春节. 我国柑橘国际竞争力动态演变及其影响因素实证研究 [J]. 华中农业大学学报 (社会科学版), 2013 (6): 33-38.

④ 李道和, 康小兰. 江西省柑橘产业竞争力实证分析 [J]. 江西农业大学学报 (社会科学版), 2010, 9 (3): 53-55.

⑤ 耿学燕, 杨锦秀. 四川柑橘产业发展竞争力简析 [J]. 农村经济, 2013 (1): 60-64.

⑥ 王图展, 高静. 重庆市柑橘产业竞争力及存在问题分析 [J]. 西南农业大学学报 (社会科学版), 2008, 6 (6): 22-25.

⑦ 翁水珍. 关于加快推进柑橘产业供给侧结构性改革的建议 [J]. 农业科技通讯, 2019 (9): 22-23.

学者们更多地关注柑橘产业发展及柑橘主产省市的柑橘生产区域比较优势及其影响因素，为我国柑橘产业的发展提供科学依据。

在柑橘产业发展研究方面，周常勇针对我国柑橘产业存在中熟品种和宽皮柑橘的比重仍偏大、大规模的老果园亟待改造、黄龙病防控压力巨大、产后增值环节短板多等问题，提出调优品种结构和区域布局、丰富防控黄龙病的"三板斧"经验、构建产后增效技术和服务体系等具体措施①。沈兆敏研究了 21 世纪以来我国柑橘产业在面积产量、种植品种、种植区域、经营方式、苗木培育、栽培技术、病虫防治、产后处理、加工产品、销售方式方面的十大变化②，认为未来 3 到 5 年，只要不发生人为难以抗拒的自然灾害和突发事件，我国的柑橘面积仍会稳中略升，不论面积还是产量都仍将是世界首位③。

在全国柑橘主产区的区域比较优势研究方面，向云、祁春节基于我国 7 个柑橘主产区 1997—2014 年柑橘成本收益的面板数据，采用超越对数生产函数对柑橘生产要素之间的替代关系进行实证分析，在此基础上探讨我国柑橘生产的技术进步与增长路径，并指出我国柑橘生产应根据生产要素禀赋优势来选择柑橘技术进步的发展方向，重点发展省力省工的柑橘生产机械技术，合理使用化肥、农药、农膜、无病毒苗木等土地节约型的生物化学技术④。以上两位学者还采用综合比较优势指数模型和资源禀赋系数测算了 2002—2012 年湖北 16 个市州⑤、2003—2018 年广西 3 大主产区及 29 个主产县区柑橘生产的区域比较优势及其主要影响因素⑥。王刘坤、祁春节亦采用同一模型，利用 2005—2015 年全国柑橘产业的相关数据，定量测算了该年份跨度内我国柑橘主产区的区域比较优势指数及资源禀赋系数，指出我国柑橘各主产区比较优势明显但差异较大，南方沿海地区柑橘产业近年受黄龙病影响严重，柑橘产业有从东南沿海地区向中西部转移的

① 周常勇. 我国柑橘产业发展面临的形势及对策 [J]. 中国果业信息，2017，34（1）：1-2.

② 沈兆敏. 二十年来我国柑橘产业的十大变化 [J]. 果农之友，2021（6）：1-3.

③ 沈兆敏. 我国柑橘生产销售现状及发展趋势 [J]. 果农之友，2021（3）：1-4.

④ 向云等. 柑橘生产的要素替代关系及增长路径研究：基于主产区面板数据的实证分析 [J]. 中国农业大学学报，2017，22（7）：200-209.

⑤ 向云，祁春节. 湖北省柑橘生产的区域比较优势及其影响因素研究 [J]. 经济地理，2014，34（11）：134-139，192.

⑥ 向云，梁小丽，陆倩. 广西柑橘生产的区域比较优势及其影响因素：基于 29 个主产县区的实证 [J]. 热带农业科学，2020，40（11）：126-134.

强劲趋势；我国柑橘生产的资源禀赋优势较为集中且在不断发生变化，福建、浙江、四川及湖南4省处于下降趋势，其他主产区均有所上升；资源禀赋、资本投入对柑橘区域比较优势有正向的影响，技术创新的正向影响在动态中显现，经济水平对区域比较优势有负向影响①。李珍等分析了广西柑橘尤其是晚熟柑橘滞销现象，认为引发因素包括供给端存在全国晚熟柑橘总产能过剩、广西种植品种严重季节性过剩、部分产区果实受冻而品质低下、商品果的品质一致性低、品牌建设和市场营销力度不足等，并提出在规划布局、调整熟期结构、提高品质、打响品牌、节本增效等方面的对策建议②。

1.2.3.6 四川柑橘产业发展

四川作为全国柑橘产业的重点建设地区，发挥着调节区域经济发展、促进农民增收致富的重要支撑作用。针对四川柑橘产业发展的研究可上溯到20世纪80年代，尤其是20世纪90年代的研究取得了较为显著的进展。

2000年以前的研究中，彭廷海全面开展了四川柑橘持续稳定协调发展及对策研究，基于对四川柑橘生产发展迅速、品种结构丰富、商品生产基地得以建立、良种繁育体系建设取得进展、贮藏加工能力有所发展等现状的分析，指出四川柑橘投产率低、优良品种少、品质差、难以周年平衡供应市场等问题③。在后续研究中提出建议，四川柑橘不宜再单纯追求面积的扩大，2000年内使四川柑橘面积控制在320万亩，占全省果树面积50%的水平线上；橙、橘产量比例逐步调整为7∶2；早、中、晚熟品种比例应逐步调整为2∶5∶3④。

刘建军、陈克玲基于1985—1995年的四川柑橘相关数据分析，针对柑橘重点产区和优质柑橘商品基地的布局发生重大变更的实际，将全省按最适、适宜、次宜三区四片进行了布局规划，提出控制发展规模、调整基地布局、实施品种换代、加强科研与技术普及、进一步提高品质和单产、重

① 王刘坤，祁春节. 中国柑橘主产区的区域比较优势及其影响因素研究：基于省级面板数据的实证分析［J］. 中国农业资源与区划，2018，39（11）：121-128.

② 李珍，高兴，韦丽兰，等. 广西晚熟柑桔滞销现象产生的原因及出路探析［J］. 中国南方果树，2021，50（3）：185-193.

③ 彭廷海. 关于四川柑橘持续稳定协调发展及其对策［J］. 四川果树科技，1991，19（2）：36-38.

④ 彭廷海. 关于四川柑橘持续稳定协调发展及其对策（续）［J］. 四川果树科技，1992，20（1）：48-51.

视采后技术开发等对策建议①。

2000 年以来，多名学者选取更为多元的视角聚焦四川柑橘产业发展。针对四川柑橘适宜性区划及生产格局空间分布的研究中，王迅、汪志辉等根据四川 145 个气象站点 1981—2010 年气象数据，结合全省晚熟柑橘主产区气候特点及生长情况调研结果，应用 GIS 空间分析技术推算各气候要素值并采用特尔斐法确定区划指标权重，结合冬季冻害和春季高温 2 种主要气象灾害的风险区划，研究认为四川晚熟柑橘最适宜栽培区分布在海拔400~700 米、地势平缓的区域；晚熟柑橘可栽培区域海拔低至 150~250 米，高至 900~1 200 米；海拔高于 1 200 米的高原、山地等地不适宜晚熟柑橘种植②。林正雨、邓良基等以四川柑橘生产空间为研究对象，综合运用数理分析法、GIS 技术、空间数据分析和地理探测器等，对 1980—2015 年四川柑橘生产空间的格局变化特征及影响因素进行研究，指出四川柑橘生产空间重心以"慢—快—慢"的运动特征，整体往西南部迁移，表现出以生产要素驱动为主，自然条件为辅的"自然—社会"驱动格局③。

四川柑橘产业存在的问题及对策研究方面，郭晓鸣认为，流通主体弱小，物流链不完善；品牌认知度较低，附加值有限；价格形成机制不健全，不确定风险较大等问题是制约四川柑橘产业提档升级的主要因素④。王蔷在分析全国柑橘产业的宏观形势和当前四川柑橘产业发展的基本现状的基础之上，得出四川柑橘产业主要面临供过于求和同质化竞争全面加剧、市场预警和风险机制缺失以及缺乏集体行动能力等主要现实挑战，从而明确提出调整政策支持重心、建立市场预警机制以及构建危机处置机制等宏观产业战略和支持政策⑤。赵丹等基于 2014—2017 年四川柑橘每年以30 万~50 万亩的速度在扩种的态势，着重分析"繁荣背后的隐忧"：40 岁以下的年轻人不愿种柑橘；品种多而杂，区域布局散乱；散户种植受冲

①　刘建军，陈克玲. 四川柑橘生产现状与发展对策 [J]. 西南农业学报，1998 (S1)：139-143.

②　王迅，熊博，李启权，等. 四川省晚熟柑橘生态气候适宜性区划研究 [J]. 中国农学通报，2021，37 (13)：94-101.

③　林正雨，邓良基，陈强，等. 四川柑橘生产格局变化及驱动因素 [J]. 西南农业学报，2020，33 (11)：2591-2604.

④　郭晓鸣. 四川柑橘产业市场培育及品牌建设的四点建议 [J]. 决策咨询，2011 (1)：34-35.

⑤　王蔷. 四川柑橘产业发展面临的主要挑战与发展选择 [J]. 农村经济，2015 (8)：38-41.

击；管理水平参差不齐，技术力量不足；等等①。杨红等指出四川柑橘产业面临的主要问题是如何推动柑橘产业提档升级发展，进一步提高柑橘产业的经济效益和附加值；针对 2020 年四川柑橘产业发展中出现的果实品质欠佳、市场供大于求、扶持产业发展政策片面化、市场预警风险机制缺失、产销环节缺乏创新、专业合作互助的能力未充分发挥等问题，提出了突出标准化生产，加大品牌建设，创新经营模式，加强柑橘标准化体系建设，狠抓柑橘技术培训等建议②。

　　针对四川各市区县柑橘产业发展的研究中，眉山、南充是学者们关注较多的区域。王孝国等分析了眉山市柑橘产业在土壤气候、生产区位、种植技术等方面的优势③。王颖基于广西砂糖橘价格崩盘影响的实际情况，分析介绍了四川眉山不再以扩张面积为发展目标，而是强调柑橘品质的提升和品牌的打造，提升柑橘产业的经济附加值和抵御市场风险的能力的典型做法④。何震等在分析了南充市发展晚熟柑橘的优势的基础上，针对基础薄弱、抗灾力弱、技术推广体系不健全、冷链仓储不配套、苗木质量良莠不齐等问题，提出打破行政区划，统一规划，成片推进；规范良种繁育和市场监管；高标准建园，加强管理；搞好宣传，做响品牌；完善采后处理，延伸产业链；出台促进产业发展的政策等具体措施⑤。王颖认为，从 2018 年开始，南充柑橘步入了疯狂扩种阶段，仅仅 3 年的时间，新增柑橘种植面积 70 多万亩，基于此提出存在种植水平不高、配套设施不健全、销路可能不畅的产业发展隐患⑥。

　　综上所述，有关柑橘产业宏观发展与政策方面的研究成果显著，研究范式、方法等较为成熟，尤其是祁春节等学者常年、系统的研究对于指导我国柑橘产业的健康发展起到了积极的作用。但针对柑橘产业供给侧结构性改革绩效评价的研究目前较为缺乏，指标体系构建的学理依据有待深入

① 赵丹，杨肖华，胡晶晶，等. 四川 热潮之下更需冷思考 [J]. 营销界，2019 (31)：41-46.
② 杨红，伍小雨，全津莹，等. 四川柑橘产业发展现状与对策建议 [J]. 南方园艺，2021，32 (4)：68-71.
③ 王孝国，王小华，等. 眉山市晚熟柑橘产业发展现状、问题与对策 [J]. 中国果业信息，2018，35 (10)：17-19.
④ 王颖. 打造产业集群，四川柑橘破解"盛产"危机 [J]. 营销界，2020 (32)：26-30.
⑤ 何震，唐以林，蒲雪荔，等. 南充市发展晚熟柑橘的优势和对策探讨 [J]. 中国果业信息，2017，34 (12)：14-16.
⑥ 王颖. 南充离"中国晚熟柑橘之乡"还有多远？ [J]. 营销界，2020 (32)：31-36.

挖掘。由于包括种植面积在内的关键数据未公开，针对四川柑橘产业的研究多停留在定性分析层面，个别定量分析也多使用调研数据或局限于某个柑橘种植区县，缺乏触及四川 20 个柑橘种植市州的全面系统研究，个别学者在研究四川柑橘产业时甚至存在数据来源不明和数据错误现象，不能真实反映四川柑橘产业改革发展的现状和问题。

1.2.4 国内外文献评析

国内外现有文献中，关于绩效评价问题形成了一系列研究成果，这些研究采用了不同的研究方法，经验值得借鉴；关于农业供给侧结构性改革、柑橘产业经济等研究成果颇丰，为本书的研究奠定了良好的基础。总体来看，在柑橘全要素生产率等效率评价研究上，在多指标投入和多指标产出对同类型单元投入产出的相对有效性评价方面，数据包络分析法（DEA）是主流方法。在某项政策绩效评价研究上，双重差分法（DID）、断点回归法（RDD）是被较多学者选用的方法。但是针对农业供给侧结构性改革绩效评价，尤其是具体农业产业供给侧结构性改革绩效评价则较为欠缺，现有文献存在的不足主要表现在以下方面：

（1）缺乏涉及柑橘供需结构性失衡问题的定量分析。

（2）大多以产业发展评价或竞争力评价替代农业供给侧结构性改革政策评价，评价指标缺乏针对性。

（3）未针对具体农业产业开展农业供给侧结构性改革政策评价，评价指标的选取并未体现出具体农业产业特质性。

（4）针对柑橘产业供给侧结构性改革有效性的研究多为定性分析，将农业供给侧结构性改革政策实施前后相关数据直接进行对比，无法排除其他因素的影响。

（5）在柑橘全要素生产率评价方面，有学者根据面板数据分析得出不同时段、不同产区柑橘生产的相对效率并进行了排序，但针对在既定的产出水平下如何调整生产要素投入使得生产达到最优状态的研究较缺乏。

（6）在柑橘产业研究的区域选择上，基于全国范围或广西、湖北、重庆等的研究较多，由于四川柑橘产业种植面积、产值等关键数据未公布，针对全国九大柑橘主产区柑橘全要素生产率的研究全部未涉及四川，研究结果不能用于指导四川柑橘产业改革实践，与四川作为全国最大晚熟柑橘产区的研究价值不匹配。

（7）针对四川柑橘产业的研究多限于省级层面的描述性统计分析，缺乏定量研究，无法显示各市州柑橘生产存在的具体问题。

（8）在绩效评价的方法选择上，对 DID、RDD、DEA 等绩效评价方法是否适用于具体农业产业供给侧结构性改革绩效评价缺乏比较性研究及综合运用研究。

有鉴于此，本书利用 2009—2020 年的市州级面板数据，选用 DEA-Malmquist 模型对四川 20 个柑橘种植市州柑橘全要素生产率进行测算，获取 2010—2020 年四川各市州柑橘全要素生产率数值后采用双重差分法（DID）评价农业供给侧结构性改革对四川柑橘全要素生产率的影响效应，结合评价结果及投入冗余分析结果提出推进四川柑橘产业供给侧结构性改革的路径建议。

1.3 研究目标、研究方法与数据来源

1.3.1 研究目标

本书的研究目标如下：

（1）定量分析四川柑橘供需缺口，构建计量模型，测算四川柑橘生产的供给与需求匹配程度。

（2）提炼当前国内外公共政策绩效评价的方法、经验及不足，基于柑橘产业供给侧结构性改革的效率、效应双重维度，从全要素生产率、资源禀赋、经济发展水平、财政支持、人口规模、产业结构 6 个方面构建全面、定量的柑橘产业供给侧结构性改革政策绩效评价和分析框架，为改进现有政策，在四川乃至全国构建综合型的柑橘产业供给侧结构性改革绩效评价方法体系提供参考借鉴。

（3）评价重点是四川 20 个柑橘种植市州的柑橘生产中各项要素投入是否得到合理配置和使用，是否取得相应的绩效产出，柑橘全要素生产率是否通过农业供给侧结构性改革政策的实施获得提升，并基于研究结果和结论，提出推进四川柑橘产业供给侧结构性改革的路径建议，为未来四川乃至全国柑橘产业供给侧结构性改革提供思路。

1.3.2 研究方法

本书的研究方法如下:

(1)文献研究法。通过查阅国内外有关农业供给侧结构性改革、柑橘产业发展、绩效评价与管理的资料,梳理学界对该研究领域的研究成果,主要包括农业供给侧结构性改革绩效评价概念的界定,柑橘产业的相关研究以及研究此类问题的研究方法,并基于已有的研究进行概括总结,为本书的研究打下理论基础。

(2)比较分析法。第四章运用 Excel 等统计工具,采用描述性统计的方法对四川柑橘产业供给侧结构性改革进行绩效测量,进而对全国九大柑橘主产区、四川 20 个柑橘种植市州的资源禀赋系数、规模比较优势指数、效率比较优势指数、区位商等进行比较,详细考察所得数据的相关特征,定量比较分析四川在全国、四川各市州在全省柑橘生产中的地位及优势。

(3)实证分析法。第三章构建了柑橘供需偏离度模型,并利用 2010—2020 年的面板数据实证检验了全国及四川柑橘供需匹配状况。第四章运用区域比较优势系列指数模型实证检验了全国九大柑橘主产区及四川 20 个柑橘种植市州的资源禀赋、规模、效率、区位商等比较优势。第六章运用 DEA-Malmquist 指数模型,通过 DEAP2.1 软件对四川柑橘生产全要素生产率进行实证分析,运用 DEA 投入法对既定的产出水平下各项生产要素投入调整值进行实证分析。第七章运用双重差分(DID)模型,通过 Stata 软件对四川柑橘产业供给侧结构性改革政策效应进行评价并找出四川柑橘全要素生产率的影响因素。

1.3.3 数据来源

本书的研究数据主要源于各类公开的统计年鉴及统计资料,如《四川省"十四五"水果产业发展推进方案》、四川省农业农村厅统计资料、四川省农科院统计资料及四川省 20 个柑橘种植市州农业农村局统计资料等。具体情况如下:

(1)面板数据来源。可直接查询的研究数据为 2011—2021 年的《中国统计年鉴》《中国农村统计年鉴》《中国农业统计资料》《中国农业年鉴》《全国农产品成本收益资料汇编》,以及四川统计年鉴、四川省各市州统计年鉴、商务部公开统计资料。

（2）特殊数据来源。部分研究数据无法经公开渠道查询获取，四川省农业农村厅、四川省农科院、各市州农业农村局按照笔者需求提供给笔者，仅供研究使用，由笔者整理、计算后在书中直接或间接呈现。

（3）调研数据来源。在对统计数据进行分析的基础上，笔者对眉山市的丹棱、东坡、仁寿、青神，成都市的蒲江、金堂，资阳市的安岳，南充市的阆中、西充、蓬安，广安市的邻水，广元市的苍溪，遂宁市的安居、蓬溪、射洪，乐山市的井研、犍为，雅安市的石棉、汉源，泸州市的合江，内江市的资中，凉山彝族自治州的雷波，自贡市的荣县、富顺，宜宾市的翠屏、屏山等地柑橘产业展开实地调研。调研过程中与相应市州 32 个乡镇的柑橘大户、龙头企业、村集体及政府主管部门等进行座谈交流，结合问卷调查、访谈、个案研究等调研方法，按照柑橘产业供给侧结构性改革绩效评价体系各指标设计问题，充分了解各地柑橘产业供给侧结构性改革的现状并获取相关数据。先后 11 次赴成都市蒲江、眉山市丹棱两地，以消费者身份与 23 户柑橘种植户、路边摊（家带店）售卖者进行面访，问询了解不同品种柑橘种植、销售、技术培训等信息。

1.4　研究内容与技术路线

1.4.1　研究内容

本书研究内容可划分六个部分，总共八章，主要内容如下：

第一部分为文献综述和理论分析，即第一章和第二章。第一章主要包括研究背景、文献综述、研究意义、研究目标、研究方法、技术路线等，系统介绍国内外柑橘产业供给侧结构性改革绩效评价相关文献研究情况。第二章主要界定了基本概念，梳理了柑橘产业供给侧结构性改革的基础理论。

第二部分为四川柑橘产业供给侧结构性改革现状分析，即第三章。该章对四川柑橘产业供给侧结构性改革现状进行定性及初步定量分析。首先从适宜种植区域分布、品种及熟期结构、种植规模和产量 3 个方面介绍四川柑橘产业发展概况。随后构建计量模型，实证检验四川柑橘产业供给和需求匹配状况，找出四川柑橘产业存在的结构性问题。在此基础上，梳理改革政策框架，明确改革总目标，从规划布局、要素配置、组织经营、市场体系、质量安全等方面对现行改革政策进行归纳评述。进而对照改革目标，选取资源禀赋系数、规模比较优势指数、效率比较优势指数、区位商、基地及品牌数量等指标实证检验四川柑橘产业通过供给侧结构性改革在资源禀赋、规模、效率、结构、质量等方面呈现的优劣势。

第三部分为柑橘产业供给侧结构性改革绩效评价指标体系构建，即第四章。该章基于柑橘产业供给侧结构性改革绩效评价相关理念，提出了绩效评价的主要思路、指标体系构建原则、主要评价目标、主要评价方法，从效率、效应双重维度分别提出各自的评价指标和方法，系统性提出柑橘产业供给侧结构性改革绩效评价的总体框架。

第四部分为四川柑橘产业供给侧结构性改革绩效实证测度评价，即第五章和第六章。第五章为基于 DEA-Malmquist 指数模型的四川柑橘产业供给侧结构性改革效率评价，在整理分析 2010—2020 年全国柑橘九大产区及四川 20 个柑橘种植市州的柑橘生产的面板数据基础上，测算各地柑橘全要素生产率，并分析柑橘全要素生产率的动态演进特点，比较柑橘全要素生产率的区域差异。基于测算结果，采用 DEA 投入法，进一步分析在既定的产出水平下如何调整投入要素，从而使得生产达到最优状态，最后得出投入产出调整值。第六章为基于双重差分（DID）模型的四川柑橘产业供给侧结构性改革政策效应评价。以四川 11 个柑橘产业重点扶持市州为实验组，9 个非重点扶持市州为对照组，以柑橘全要素生产率为被解释变量，评价了农业供给侧结构性改革政策的有效性，进行了基准回归和反事实及安慰剂检验，进一步分析农业供给侧结构性改革对柑橘全要素生产率的影响效应。

第五部分为路径建议，即第七章。该章基于全书的研究，总结分析绩效评价结果，从总体思路和具体路径两个维度提出推进四川柑橘产业供给侧结构性改革的路径建议。

第六部分为研究结论、研究不足与研究展望，即第八章。

1.4.2 技术路线

本书的研究技术路线如图 1-1 所示。

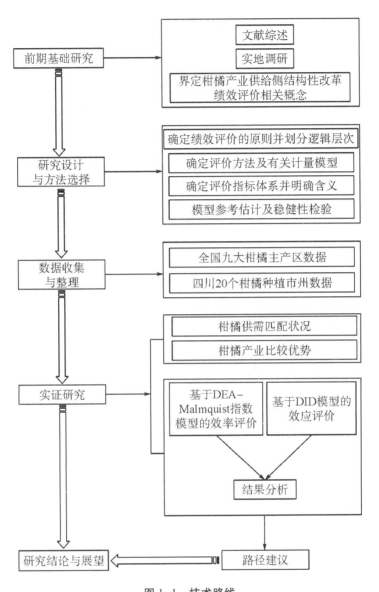

图 1-1　技术路线

2 概念界定、理论基础及分析框架

2.1 概念界定

本书涉及的概念较多。为了能很好地阐述柑橘产业的经济含义，建立更加科学合理的柑橘产业供给侧结构性改革绩效评价指标体系，我们需要对一些关键的概念进行界定。

2.1.1 柑橘及柑橘产业

柑橘（citrus），属芸香科（rutaceae）植物。关于其原产地，学者们意见不统一。因目前世界上栽培的主要柑橘种类中，除柠檬的原产地为印度外，其余的原产地或原产地之一均为中国，多认为柑橘的原产地为中国[①]。《尚书·禹贡》是我国最早记录柑橘生产的文献，其记载 4 000 多年前，江苏、安徽、江西、湖南、湖北等地就栽培有柑橘，柑橘还被列为贡税。

柑橘种类繁多，生产上应用的主要是柑橘属（citrus）、金柑属（fortunella）、枳属（poncirus）3 个属。我国柑橘栽培种类和品种主要来自柑橘属，具有商业意义的也主要是柑橘属。金柑属果实相对最小，但果皮光滑透亮，因果实成熟后呈现金黄或橙红色得名"金柑"。枳属主要用作砧木，果实偏小，味偏酸涩，基本不用于食用，多在制干后供药用。

柑橘属源于枸橼（C. medica）、柚（C. grandisa）、橘（C. reticulata）三个基本种。其中，柚和橘天然杂交后产生橙，橙和橘杂交后产生柑，柚和橙杂交后产生葡萄柚，柠檬被认为大概率源于枸橼和橙的杂交[②]。

---

① 周常勇. 中国果树科学与实践：柑橘 [M]. 陕西：陕西科学技术出版社，2020：100.
② 邓秀新，彭抒昂. 柑橘学 [M]. 北京：中国农业出版社，2013：56.

我国俗称的"柑橘"分为橘、柑、橙、柚、柠檬（莱檬）、金柑6种。因柑和橘均易剥皮，国际上统称为"宽皮柑橘"，俗称"宽皮橘"。橙和柚等不易剥皮的类型则称为"紧皮柑橘"。近年来，在四川等地广泛种植的"杂柑"即杂交柑橘，多为宽皮柑橘。随着中医养生观念的普及，消费者在区分柑橘品种时，喜好将其分为"上火"和"不上火"两类，易剥皮的宽皮柑橘多是"上火"型，紧皮柑橘中"不上火"的居多。2000年从日本引入四川种植的丑柑（也称丑橘），本为宽皮柑橘，取原产地日本的一种姓氏"不知火"为名，近年来为了迎合消费观念的转变，多改为"不之火"，意即"不上火"，属于对柑橘的误解。

我国国家统计局用产品分类目录显示统计信息，柑橘属水果，包括柑橘、橙、宽皮柑橘、柚类、金柑及其他柑橘类水果。本书基于数据可得性，借鉴《中国统计年鉴》的柑橘分类，将柑橘属水果定义为柑橘、橙、宽皮柑橘、柚类、金柑及其他柑橘6类。

产业可以分为广义的产业和狭义的产业。广义的产业即经济社会的物质生产部门，如我国第一、第二、第三产业就属广义的产业范畴，依据国家统计局公布的《国民经济行业分类》（GB/T 4754-2017）划分标准，第一产业包括农、林、牧、渔业，第二产业包括采矿、制造、纺织、建筑、电力等，第三产业则由批发零售、教育、流通等组成。狭义的产业指同类产品及其可替代产品的生产销售贸易活动的集合①。

柑橘产业属于狭义的产业范畴，是广义的产业中第一产业农业中的一个组成部分。祁春节提出柑橘产业是围绕柑橘类水果而进行生产、加工、销售、贸易、消费等产前、产中及产后三大领域各部门所形成的经济集合体②。耿学燕把柑橘产业定义成围绕柑橘而进行的包括柑橘种植、加工和销售等一系列活动的经济集合③，包括分散在各地的果农经营种植、招商引入各方市场、加工处理优化、国际出口贸易等活动，注重整体性研究，而非某一单一环节。郭晓鸣将柑橘产业定义为由柑橘类水果及其衍生产品（如橙汁、罐头等产品）的生产销售贸易消费等活动所组成的经济集合

---

① 郭晓鸣. 四川柑橘产业发展及相关政策研究 [M]. 成都：四川科学技术出版社，2014：27.

② 祁春节. 中国柑橘产业经济分析及对策研究 [D]. 武汉：华中农业大学，2001.

③ 耿学燕，杨锦秀. 四川柑橘产业发展竞争力简析 [J]. 农村经济，2013（1）：60-64.

体①。本书结合研究的需要，将柑橘产业定义为围绕柑橘属水果及其衍生产品［包括橙汁、柑橘（桔子）罐头、柠檬切片、柑橘果酒等］而进行的生产、加工、销售、消费、贸易等各环节各部门所组成的经济集合体。结合四川柑橘产业实际，本书将重点研究柑橘的生产与消费、供给与需求等方面。

2.1.2 柑橘供给及需求

供给的概念学术界已有共识，即指特定时间和特定价格水平下，生产者愿意并可能为市场提供的商品或服务数量。针对柑橘产业，郭晓鸣将供应渠道、供给价格、供给量全部纳入供给范畴②。基于柑橘产业定义，本书将柑橘供给界定为在特定时间和特定价格水平下，柑橘属水果及其衍生产品［如橙汁、柑橘（桔子）罐头、柠檬切片、柑橘果酒等］的生产者为市场所能提供的柑橘属水果及其衍生产品的数量、供应渠道、供应交易流向、供应价格的总称。

国内外学者普遍认为，需求即指在特定时间和特定价格水平下，消费者愿意而且能够购买的商品或服务的数量。需求量则是指在某一价格下，消费者愿意购买的某商品的总数量，市场需求是消费者需求的总和。针对柑橘产业，计算需求量时不仅要考虑鲜食数量，还应考虑生产橙汁、柑橘（桔子）罐头等衍生产品所需的原材料，即原料果用量。郭晓鸣将柑橘鲜食需求和加工需求的总量计为柑橘需求总量。本书将柑橘需求界定为特定时间和特定价格水平下，消费者愿意而且能够购买的鲜食柑橘属水果数量及生产柑橘衍生产品所需的原料果数量，以及对柑橘属鲜果及其衍生产品的品质、销售渠道、销售价格等的要求的总称。

2.1.3 柑橘产业供给侧结构性改革

"供给侧结构性改革"自提出以来，立即引起学术界的高度关注。江维国指出，供给侧结构性改革是从供给而非需求视角入手，重组或优化各类生产要素的配置，在追求适度经济数量和规模的同时，促进结构优化，

---

① 郭晓鸣. 四川柑橘产业发展及相关政策研究［M］. 成都：四川科学技术出版社，2014：33.

② 郭晓鸣. 四川柑橘产业发展及相关政策研究［M］. 成都：四川科学技术出版社，2014：33.

增加有效供给的中长期视野的宏观调控①。

学者们从要素视角对"农业供给侧结构性改革"进行概念界定，将"供给侧结构性改革"定义进一步延伸至农业领域。陈锡文认为农业供给侧结构性改革不是农产品生产数量增减的简单的结构调整，而是一项以提升我国农业综合生产能力、综合效益和国际竞争力为核心的复杂的系统工程②。江维国强调应通过各类农业生产要素的优化配置，切实提高农业供给体系的质量和效率，因此，制度与技术创新、劳动力素质提升、土地流转加快以及金融增量扩大与存量盘活等途径是其改革的本质内容③。韩一军指出，我国农业供给侧结构性改革是在保国家粮食安全的基础上，紧紧围绕市场需求变化，充分发挥市场对农业供给侧结构性改革的引导作用以及政府的调控和服务作用，以增加农民收入，保障有效供给，提高农业供给质量，优化农业产业体系、生产体系、经营体系，提高土地产出率、资源利用率、劳动生产率，满足人们对于"质"的需求④。

结合柑橘产业的特性，本书将柑橘产业供给侧结构性改革界定为满足市场对柑橘属水果及其衍生产品的数量、质量等需求，重组或优化柑橘产业生产要素配置，以提高生产效率，优化品种及产业结构，提升产品质量，增加橘农收入为目标的中长期视野的农业宏观调控。

2.1.4 柑橘产业供给侧结构性改革绩效及绩效评价

绩效（performance）概念源于美国，包括工作结果和工作行为两个方面的内容。绩效有结果导向和行为导向之分，吕小柏、吴友军认为，结果导向性绩效多以产出、效率、目标、指标等表示，行为导向型绩效则是工作过程中的员工行为以及由此表现出的组织整体行为的集中展示⑤。李秋进一步指出，行为过程主要指投入的分配与管理是否有效，是否满足经济性要求，行为结果则指是否达到预期的目标、结果影响如何、公众等涉及

---

① 江维国. 我国农业供给侧结构性改革研究 [J]. 现代经济探讨, 2016 (4): 15-19.

② 陈锡文. 论农业供给侧结构性改革 [J]. 中国农业大学学报（社会科学版）, 2017, 34 (2): 5-13.

③ 江维国. 我国农业供给侧结构性改革研究 [J]. 现代经济探讨, 2016 (4): 15-19.

④ 韩一军, 姜楠, 赵霞, 等. 我国农业供给侧结构性改革的内涵、理论架构及实现路径 [J]. 新疆师范大学学报（哲学社会科学版）, 2017, 38 (5): 34-40.

⑤ 吕小柏, 吴友军. 绩效评价与管理 [M]. 北京: 北京大学出版社, 2019: 69.

对象是否满意等①。农业供给侧结构性改革绩效即政府在实施农业供给侧结构性改革的过程中所表现出的具体结果。

据此，本书将柑橘产业供给侧结构性改革绩效定义为某个主体在执行柑橘产业供给侧结构性改革政策的过程中，通过改变生产投入，在柑橘生产规模、单位面积产量、产品及产业结构、产品质量等方面获得提升，从而反映在柑橘产值上的变化结果。结果评价核心标准在于改革后柑橘全要素生产率是否提高及这种提高是否是由政策实施引起的。

为了评估政府工作及其产生的结果，西方国家普遍建立和实施了政府绩效评价制度（M&E 体系），我国也建立了相应制度进行政府及政策绩效评价。绩效评价，即根据一定的评价标准，选取某种量化指标，采用合适的评价方法，对被评价主体的行为过程和结果所进行的综合性评价。

基于此，本书将柑橘产业供给侧结构性改革绩效评价定义为基于结果导向，按照绩效评价的内在原则和逻辑关系，运用科学、规范、全面的绩效评价方法和对应的指标体系，对柑橘产业供给侧结构性改革政策的效率和效应进行的综合评价。其中，效率表示投入与产出之间的对比关系，投入少、产出多，即表明公共支出的效率高；效应表示产出对政策目标的实现和影响程度。建立完整的绩效评价体系是绩效评价的关键。针对柑橘产业，供给侧结构性改革绩效评价体系应包括评价原则、评价目标、选取评价指标的方法等内容。本书对四川柑橘产业供给侧结构性改革绩效的评价正是基于上述思路实施的。

2.2　理论基础

柑橘产业供给侧结构性改革是农业供给侧结构性改革的一个组成部分，必然遵循农业供给侧结构性改革的方向和原则，改革政策的制定和执行必须建立在正确理解农业供给侧结构性改革相关理论的基础上。同时，对柑橘产业供给侧结构性改革进行绩效评价属公共政策绩效评价范畴，我们必须按照绩效评价的基本要求开展，这就需要全面梳理绩效评价理论并以此为指导。

---

① 李秋. 辽宁省财政支农绩效：评价、影响因素及提升对策研究 [M]. 北京：中国石化出版社，2019：155.

2.2.1 习近平总书记关于"供给侧结构性改革"的重要论述

2015年以来，中国经济进入新阶段，出现新特点：经济增长下行，CPI低位运行，居民收入有所增加的同时企业利润率却在下降，消费上升而投资下降。中国经济的结构性分化日趋明显。鉴于此，从"供给侧"发力，强调"结构性"就成为破解经济发展难题的"法宝"。习近平总书记在2015年11月举行的中央财经领导小组第十一次会议上首次提出"供给侧结构性改革"，指出"在适度扩大总需求的同时，着力加强供给侧结构性改革，着力提高供给体系质量和效率，增强经济持续增长动力，推动我国社会生产力水平实现整体跃升"。

坚持以供给侧结构性改革为经济工作主线，是大势所趋。第二次世界大战之后的美国及2008年国际金融危机之后的世界主要经济体，普遍采用凯恩斯主义，以需求管理的政策刺激经济，短期内确实实现了经济增速的恢复，但从长期来看，更易出现再次下滑甚至滞胀。我国在总量调控为主的需求管理轨道上，继续可用的调控手段和作用空间已明显受限，仅以短中期调控为眼界的需求管理已不能适应经济发展进入新常态的客观需要。因此，从供给侧发力，更多地着眼于中长期和全局的发展后劲，成为推动我国经济长期稳定发展的"一剂良方"。

不同于西方供给学派，供给侧结构性改革强调"从提高供给质量出发，用改革的办法推进结构调整，矫正要素配置扭曲，扩大有效供给，提高供给结构对需求变化的适应性和灵活性，提高全要素生产率，更好满足广大人民群众的需要，促进经济社会持续健康发展"[①]。

"供给侧"，即经济运行的主要矛盾在供给侧。2016年1月18日，习近平总书记在省部级主要领导干部学习贯彻党的十八届五中全会精神专题研讨班上指出："需求侧管理，重在解决总量性问题，注重短期调控，主要是通过调节税收、财政支出、货币信贷等来刺激或抑制需求，进而推动经济增长。供给侧管理，重在解决结构性问题，注重激发经济增长动力，主要通过优化要素配置和调整生产结构来提高供给体系质量和效率，进而推动经济增长。"供给和需求存在适配和错配两种情况。适配时，在有效的市场机制下，需求的扩大带来供给的增加，供求矛盾表现为供给大于需

---

① 人民日报社经济社会部. 七问供给侧结构性改革：权威人士谈当前经济怎么看怎么干 [M]. 北京：人民出版社，2016：45.

求或有效需求不足，此时，需求是矛盾的主要方面，应运用宽松的货币政策、积极的财政政策和提高居民收入的分配政策等宏观政策扩大有效需求，解决有效需求不足对有效供给的抑制，促进国民经济良性循环①。错配时，供求矛盾主要表现为产能过剩和需求过剩并存，矛盾的主要方面在于供给，应迅速增加适应居民消费升级的新供给，以及增加新供给所需要的新投资，解决新供给不足对需求的抑制和需求外流，用新供给创造新需求②。随着我国经济发展进入新常态，居民消费结构与传统供给体系出现较大错配，供给的不平衡不充分成为满足人民日益增长美好生活需要的主要制约因素，宏观经济管理需要从注重需求管理转变为注重供给管理③。

"结构性"，即供给侧的矛盾主要在于"结构"而非"总量"。习近平总书记指出："我国经济运行面临的突出矛盾和问题。虽然有周期性、总量性因素，但根源是重大结构性失衡。"④ "'结构性'三个字十分重要，简称'供给侧改革'也可以，但不能忘了'结构性'三个字。"⑤ 解决结构性失衡，应用改革的办法推进结构调整，减少无效和低端供给，扩大有效和中高端供给，增强供给结构对需求变化的适应性和灵活性⑥。

"改革"，即破解供给侧结构性矛盾的途径是深化改革。要解决体制机制障碍、市场在资源配置中的决定性作用发挥不充分、政府干预过多等问题，必须依靠改革创新⑦。改革的核心仍然是处理好政府和市场的关系，一方面要"减"，即大幅度减少政府对资源的直接配置，让市场在所有能够发挥作用的领域都充分发挥作用，推动资源配置实现效益最大化和效率

---

① 张培丽. 以供给侧结构性改革为主线扩大内需的理论与实践逻辑［N］光明日报，2021-06-01（11）.

② 中共中央党校. 习近平新时代中国特色社会主义思想基本问题［M］. 北京：人民出版社，中共中央党校出版社，2020：205.

③ 中共中央党校. 习近平新时代中国特色社会主义思想基本问题［M］. 北京：人民出版社，中共中央党校出版社，2020：205.

④ 中共中央党校. 习近平新时代中国特色社会主义思想基本问题［M］. 北京：人民出版社，中共中央党校出版社，2020：205.

⑤ 中共中央党校. 习近平新时代中国特色社会主义思想基本问题［M］. 北京：人民出版社，中共中央党校出版社，2020：205.

⑥ 中共中央党校. 习近平新时代中国特色社会主义思想基本问题［M］. 北京：人民出版社，中共中央党校出版社，2020：205.

⑦ 中共中央党校. 习近平新时代中国特色社会主义思想基本问题［M］. 北京：人民出版社，中共中央党校出版社，2020：205.

最优化①；另一方面要"管"，即转变政府职能，明确界定政府和市场的边界，减少行政性命令，更多依靠市场手段和法律手段，在尊重市场规律的基础上，用改革激发市场活力，用政策引导市场预期，用规划明确投资方向，用法治规范市场行为②。

与西方供给学派不同，供给侧结构性改革除了"减税"以外，还强调通过改革对供给结构进行调整，实施"三去一降一补"，更多运用市场化和法治化手段，在"巩固、增强、提升、畅通"上下功夫，提高供给体系质量。供给侧结构性改革的目标不是实行自由放任的市场经济，而是着力提高供给体系质量和效率，增强经济持续增长动力，进而推动社会生产力水平实现整体跃升，最终目的在于使我国供给能力更好满足人民日益增长的美好生活需要。

2.2.2 新供给经济学

国内对于供给管理的重视早在 2008 年世界金融危机之后就已经开始了。2013 年 1 月，贾康、徐林、姚余栋、黄建辉等发表了《中国需要构建和发展以改革为核心的新供给经济学》一文③，后经逾百位学者助力研究，形成了"新供给经济学派"，代表人物为贾康。

新供给经济学的核心观点是以创造新供给来引领释放新需求，通过着力改善供给环境、优化供给侧机制，特别是通过改进制度供给，大力激发微观经济主体活力，构建、塑造和强化我国经济长期稳定发展的新动力④。新供给经济学认为，劳动力、土地和自然资源、资本、科技创新、制度是支持经济增长特别是长期增长的供给侧五大要素，即"动力源"。在进入中等收入阶段之后，后两项要素所形成的贡献比前三项更大，因此，需要通过全面的制度改革化解制约，特别是使后两项要素更多贡献出对前三项要素的动力替代效应，进一步释放经济社会微观主体的潜力，提高经济增长活力，将"供给侧结构性改革"与"提高全要素生产率"落在提升供给

---

① 中共中央党校. 习近平新时代中国特色社会主义思想基本问题 [M]. 北京：人民出版社，中共中央党校出版社，2020：205.

② 中共中央党校. 习近平新时代中国特色社会主义思想基本问题 [M]. 北京：人民出版社，中共中央党校出版社，2020：205.

③ 国家行政学院经济学教研部. 中国供给侧结构性改革 [M]. 北京：人民出版社，2016：101.

④ 贾康，苏京春. 供给侧改革：新供给简明读本 [M]. 北京：中信出版社，2016：88.

体系的质量和效率上。

新供给经济学基于相关理论研究及其经济实践应用，基本政策主张是中国未来的宏观政策取向核心是深入贯彻"发展是硬道理"的战略方针并升华为"科学发展是硬道理"层面，通过改革开放不断解放和发展生产力来提升农业、工业、基础设施和服务业、文化产业、生态环境产业等方面的供给能力，通过发展实体经济、促进就业、改善生态达到建设"幸福中国""美丽中国""和谐中国"发展目标，最终实现以中华民族伟大复兴为标志的中国梦，并为全球经济发展做出应有贡献，使人类的共同家园"地球村"成为"和谐世界"。

新供给经济学指出，"物价上涨"不能简单等同于"通胀"，解决"通胀、通缩问题"，也不能套用主流经济学教科书及西方新自由主义思潮或主要从需求端入手加以调控的模式，而应积极构建与中国经济发展阶段、发展水平及市场供求结构相适应的物价调控模型和机制。为此，新供给经济学针对中国现阶段经济发展特点，提出了"八双"+"五并重"的政策主张：双创（创新创业）、双化（新型城镇化与产业优化）、双减（结构性减税与减少行政审批）、双扩（扩大向亚非拉的开放和基于质量、效益的投资规模）、双转（人口政策转变与国有资产转置）、双进（国企民企双进步）、双到位（政府、市场作用均到位并多合作）、双配套（价税财与金融创新配套改革）；"五年规划"与"四十年规划"并重、"法治经济"与"文化经济"并重、"海上丝绸之路"和"陆上丝绸之路"并重、柔性参与TPP与独立开展经济合作区谈判并重、高调推动国际货币体系改革与低调推进人民币国际化并重。

新供给经济学并非否定需求侧管理，也不是将供给和需求对立或割裂开来谈经济问题，而是认为此前的需求管理所内含的理论假设是供给侧环境为完全竞争环境，市场会自发解决结构问题，而现实却是不完全的市场竞争，因此，必须理性地加上政府的结构优化政策措施，以合理促进资源配置优化。基于此，新供给经济学特别强调制度供给，主张从供给侧打通物质生产力和人际生产关系的视角，把制度创新、管理创新、技术创新的互动与结合处理好①。

尽管被认为是中国本土经济学理论的创新，新供给经济学依然受到部

---

① 贾康，苏京春. 供给侧改革：新供给简明读本［M］. 北京：中信出版社，2016：73.

分学者的批判。晏智杰认为,新供给经济学研究的前提是统一的完整的市场经济体制,而这在当前的中国并未实现,新供给经济学忽视了中国两种经济和两种市场并存的现象。同时,切忌将供给侧结构性改革的正确决策解读为单纯的供给侧改革,还要切忌以结构性改革冲淡甚至取代体制改革,不能以单纯的供给管理论为决策依据[①]。

无论学术评价高低,新供给经济学强调和重视政府在促进经济增长中的作用,与西方经济学已明显不同,源于中国实践,解决中国问题,有很强的应用价值,因此受到决策层的重视和采用。同时,其研究机理、理论分析框架及路径对策体系对现行条件下推进农业供给侧结构性改革确有现实指导意义,理应成为本书研究的理论基础。

2.2.3 新结构经济学

2009 年,林毅夫在世界银行任职高级副行长兼首席经济学家一周年的讨论会上提出了"新结构经济学"的名词,并倡导以此作为继 20 世纪 40 年代以来的结构主义和 20 世纪 80 年代以来的新自由主义的第三代发展经济学。林毅夫尖锐地指出,发展中国家的知识分子历来以"西天取经"的心态去欧美发达国家学习"先进"的经济理论来推动自己国家的工业化、现代化,以实现对发达国家的追赶,但是尚未有一个发展中国家按照国际上盛行的理论去制定政策从而走向成功的,少数几个成功实现追赶梦想的国家和经济体,它们在追赶时期推行的主要政策从当时主流的经济学理论来看一般是错误的[②]。正是基于有关发达国家的理论总结自发达国家实践,忽视发展中国家的差异的判断,林毅夫创立的新结构经济学脱胎于中国实践并已经运用到发展中国家,将不同发展阶段国家的经济结构差异性和内生性系统引入现代经济学,尤因其自认以马克思主义为指导,而被视为中国特色社会主义政治经济学的重要组成部分[③]。

林毅夫在《如何做新结构经济学的研究》一文中界定了新结构经济学的概念:"从定义来说,新结构经济学是用现代经济学通行的研究方法,

---

① 林毅夫.如何做新结构经济学的研究[J].上海大学学报(社会科学版),2020(2):2-7.

② 林毅夫.如何做新结构经济学的研究[J].上海大学学报(社会科学版),2020(2):2-7.

③ 付才辉.简析马克思主义与新结构经济学:兼与方兴起和高冠中商榷[J].当代经济研究,2020(11):71-75.

也就是新古典经济学中以理性人为基本假设的方法，来研究一个经济体的经济结构及其转型的决定因素和影响的一个学科。"①。在新结构经济学中，决定一个经济体劳动生产力水平的技术结构和产业结构、决定交易费用并影响一个经济体正在生产和使用的产业及技术所蕴含的生产力能否得到最大程度发挥的各种硬的基础设施和软的制度安排共同构成一个经济体的"经济结构"，"一个经济体的技术、产业、硬的基础设施和软的制度安排等等的结构是内生的，不是外生给定的，一个经济体结构的转型也是内生的"②。

新结构经济学以要素禀赋结构作为内生化结构分析的核心自变量，要素禀赋结构对产业、技术结构和软硬基础设施具有决定性作用，强调"一个经济体只要政府发挥因势利导的有为作用，在市场经济中为企业家消除软硬基础设施的瓶颈限制，要素禀赋结构所决定的具有比较优势的产业就会变成国内、国际市场上的竞争优势，这个经济体就能快速发展起来，缩小和发达国家的差距，在一两代人间变成一个高收入国家"③。

按照新结构经济学的观点，任何发展阶段，收入水平的提高都是经济发展的必然表现和衡量标准。要不断提高收入水平，应不断优化要素禀赋结构，不断完善硬的基础设施及软的制度安排，实现其与要素禀赋结构相协调，以凸显比较优势，并把比较优势变成竞争优势。因此，一方面在产品和要素市场上应有充分竞争的"有效的市场"，另一方面要有能提供合适的硬的基础设施，以及软的制度安排，帮助企业家把当地的比较优势变成国内外市场的竞争优势的"有为的政府"④，"两手都要硬"，以实现经济的快速发展。

显而易见，以要素禀赋结构作为研究视角来研究一个经济体的结构安排及其变迁是新结构经济学最核心的内涵，也是新结构经济学整个理论体系的起点。尽管有多名学者批判新结构经济学"并没有放弃政府对于经济的干预，而且也没能有效证明新结构经济学所看重的那些干预的正当性，

---

① 林毅夫.如何做新结构经济学的研究［J］.上海大学学报（社会科学版），2020（2）：2-7.

② 林毅夫.经济结构转型与"十四五"期间各地的高质量发展：新结构经济学的视角［J］.企业观察家，2021（1）：3-5.

③ 余斌.新结构经济学批判［J］.当代经济研究，2021（1）：74-78.

④ 余斌.新结构经济学批判［J］.当代经济研究，2021（1）：74-78.

同时，也没有能够正确识别发达国家与发展中国家间的结构性差异"①，但农业经济结构的发展演变是符合新结构经济学构建的"资源禀赋—比较优势—企业自生能力—比较优势产业发展战略—经济发展"的理论框架和规律的，要素禀赋结构对农业供给侧结构性改革确有重要参考价值，基于此，本书的研究选用新结构经济学为理论基础。

2.2.4 政府绩效评价理论

政府绩效评价理论早在 19 世纪末，由美国行政学著名学者威尔逊创立。威尔逊认为，弄清楚政府应该怎样才能够以尽可能高的效率和尽可能少的金钱或人力上的消耗来完成其职能是行政学的目标和任务之一②。经过多年的研究发展，学者们普遍认同政府绩效评价是对政府活动的效率和效果的实证性研究。政府绩效评价理论由评价对象与内容、评价性质与方法、评价主体、评价系统、评价模式等部分组成。

政府机构及其运作绩效是政府绩效评价的对象。政府绩效可以分为政府整体绩效、政府部门绩效、政府项目绩效、公务员个人绩效 4 个层次③。其中，公共政策绩效可以被划进部门绩效，也有学者将其并入项目绩效，而农业供给侧结构性改革由政府组织实施，改革政策也由政府相关部门制定，显然，农业供给侧结构性改革绩效评价是政府绩效评价的一个组成部分，适用政府绩效评价理论。

20 世纪 80 年代以来，政府绩效评价的焦点由组织结构、体制与过程转向政策、计划和项目及其结果，表明政策结果比组织形式更为重要，施青军认为"政府绩效评价的对象与内容主要是公共政策、计划和项目及其产生的结果"④。

学者们认为进行政府财政预算成本和支出效率分析应是政府绩效评价不可或缺的一项重要内容，但在我国长期的政府绩效评价实践中，存在不同程度忽视财政预算成本和支出效率的现象。施青军认为，在农业部门的

---

① 余斌. 新结构经济学批判 [J]. 当代经济研究，2021（1）：74-78.

② WOODROW WILSON. The study of administraion [J]. Political Science Quarterly，1987：3-6.

③ 施青军. 政府绩效评价概念、方法与结果运用 [M]. 北京：北京大学出版社，2016：101.

④ 施青军. 政府绩效评价概念、方法与结果运用 [M]. 北京：北京大学出版社，2016：101.

政府绩效评价中，注重职责履行、依法行政、领导班子建设等主体内容及创优与创新、违规与违纪等附加内容①，而对"效率"缺乏应有的重视。因此，在对农业供给侧结构性改革绩效进行评价时，应对政府财政预算支出的效率进行评价。

政府绩效评价理论认为，政府绩效评价是对政府政策和项目产生的结果进行系统性分析，是一种应用研究，应重视实证主义的研究设计、对过程与结果的监测、应用统计抽样技术收集证据、对收集资料进行分析和解释，建立可预测的因果关系模型。其评价方法应与实证分析技术相结合，而不能简单根据个人感觉或主观判断进行打分或评级，应保证科学性和客观性。

政府绩效评价的主体有官方和非官方之分，官方评价主体通常指政府内部的组织或个人，非官方评价主体主要包括科研机构、学术团体、高等院校及专家学者等。保证评价主体的独立性是保证绩效评价的客观性与可靠性的基本要求。结合国际经验和我国在脱贫攻坚成效第三方评估工作中取得的成效来看，非官方绩效评价能够体现更高层次的独立性、客观性，评价结果自然可信度更高。

肯尼斯（Kenneth A. Merchant）和维姆·范德·斯泰德（Wim A. Van der Stede）认为，政府绩效评价是一个管理控制系统，包括绩效测量、绩效评价和激励（结果运用）②。其中，绩效测量也可称作绩效监测，主要衡量和跟踪政策、项目预期目标的进展情况；绩效评价则须提供证据，说明为什么目标已达成或未达成；激励，即结果运用，是绩效测量及评价结果的实际应用。三者的关系表现为绩效测量是基础，绩效评价为核心，结果运用是目的，共同构成完整的绩效评价系统。

学者们现已开发和使用了多种政府绩效评价模式，如伊沃特·韦唐的效果、经济、职业化模式等，常见的有两种模式，即目标导向评价模式和非目标导向评价模式。目标导向评价模式对非明确的目标和非预期结果一般不做考虑，仅关注项目、计划或政策的明确目标；而在非目标导向评价模式中，评价人员可以不受目标关注点的局限，主要收集政策的效应方面

---

① 施青军. 政府绩效评价概念、方法与结果运用 ［M］. 北京：北京大学出版社，2016：101.

② KENNETH A，MERCHANT WIM A，VAN DER STEDE. Manage control systems：performance measurement，evaluation and incentives ［M］. 3th. London：Pearson Education Limited，2012：67.

的数据。在对农业供给侧结构性改革进行绩效评价时，既关注改革目标的实现度，也关注改革目标外未预期的正面及负面效果，因此，评价指标的选取上可以将目标导向和非目标导向模式结合运用。

本书选取柑橘产业进行供给侧结构性改革绩效评价，正是在遵循政府绩效评价理论的基础上开展，在评价对象与内容、评价性质与方法、评价系统、评价模式上吸收借鉴现有研究成果并加以完善，以期获得更科学、客观的评价结果。

2.2.5 公共政策绩效评价理论

政府绩效评价的框架体系包括政府公共项目、公共部门、公共政策等整体绩效评价。其中，公共政策绩效评价是用绩效标准来衡量公共政策工作量或投入量的成果，比较政策的实际执行效果与原定目标的差距。来丽锋认为，公共政策绩效评价理论由哈罗德·拉斯维尔创立，1970 年由美国都会研究所明确具体内容，并主张公共政策所反映的公共资源大多数体现为财政性资金[①]。

按照绩效评价组织的活动形式，公共政策绩效评价可分为非正式绩效评价和正式绩效评价；从绩效评价机构的权力、地位角度来看，公共政策绩效评价可分为内部绩效评价与外部绩效评价；从公共政策绩效评价在政策执行过程中所处的阶段来进行分类，公共政策绩效评价则可分为前绩效评价和后绩效评价。其中，前绩效评价主要是对是否执行某项政策各自会有什么结果做出预测，而后绩效评价则是在公共政策执行期间及执行后进行绩效评价。

公共政策绩效评价有政策投入、政策效益、政策效率、公平、政策回应度 5 个标准。其中，政策投入标准旨在明确政策执行过程中各类资源投入的数量及分配、使用状况；政策效益标准反映执行政策时实现其既定目标的程度；政策效率标准反映政策效益与政策投入之间的比率；公平标准是政策执行后资源、收益及成本在社会群体间分配的公平程度的体现；政策回应度即政策满足相关团体或组织的需求的程度。

公共政策绩效评价可分为目标达成模式、附带效果模式、综合模式、职业化模式、无目标模式、利益相关模式、经济模式和顾客导向模式 8 种

---

① 来丽锋. 公共政策过程与绩效评估研究 [M]. 长春：吉林出版集团股份有限公司，2020：17.

模式。公共政策绩效评价模式比较见表 2-1。

表 2-1　公共政策绩效评价模式比较

模式类型	主要关注点	优点	不足
目标达成模式	①结果与政策目标是否一致；②结果是否由政策造成	①民主；②客观的评估标准；③操作简单	①忽略成本；②若目标不明确则难以运用；③未考虑目标外的结果；④忽略政策执行过程
附带效果模式	非预期、预料外的政策效果	可以是预期效果，也可以是非预期效果	如果非预期效果不利，则评价结果易被忽视或曲解
综合模式	除结果外，还关注政府干预、决策和政策执行过程	全过程评价	①不重视成本；②一般包括 12 个单元的设计，在实践中有一定的操作难度
职业化模式	同行评议	同行独立进行评价	同行资质对评价结果影响较大
无目标模式	可以完全不考虑预定目标及事前标准，只分析研究结果，单纯判断结果价值	更为关注被忽视的结果	完全忽视了评价标准及预定目标，易导致主观因素介入从而影响评价的客观公正性
利益相关者模式	一切对政策目标或执行感兴趣，并对其具有影响的团体和个人	不受利益群体人数限制	评价前首先要准确找出与利益相关的团体及个人，带有一定的主观性
经济模式	关注成本	将成本即政策投入作为重要指标纳入评价范畴	无法评价不以精确数字表达的内容
顾客导向模式	政策是否使顾客的需求得到满足	民主	耗时，顾客主观性强

　　从本书的研究内容来看，在对四川及 20 个柑橘种植市州柑橘产业供给侧结构性改革绩效进行评价时，可以选择经济模式，重点考察柑橘全要素生产率，测算各项生产要素投入与产出的比率，因此在评价方法方面也应选取侧重投入产出效率的相关模型。

2.2.6　农业比较优势理论

比较优势理论由李嘉图创立，用以分析和解决产业内国际贸易的分工与协作问题。郭翔宇等认为，农业比较优势理论应包括建立在自然地域分工规律基础上的自然资源优势论、建立在劳动地域分工基础上的生产比较利益理论以及建立在区位理论基础上的农业专业化分区布局理论[①]。与此相对应，农业比较优势包括资源禀赋上的比较优势、农业生产比较优势、农业区域比较优势及农产品贸易比较优势。

从横向划分来看，农业比较优势包括产业之间、农业内部不同产品之间以及不同农产品在不同地区的比较优势3个层次。此外，亦有学者将农业比较优势划分为绝对优势和相对优势、有形优势和无形优势、互补性优势与竞争性优势、条件优势与产出优势、区外优势和区内优势等。

农业比较优势的形成是自然资源及生态环境状况、劳动力资源状况、资本存量及供给农业的能力、技术支持能力、市场及区位条件、产业基础与传统、政策制度及产业组织、产业效率及效益水平等因素共同作用的结果。一般采用国内外比价系数、显示性比较优势指数、贸易专业化指数、国内资源成本法、综合比较优势指数、概率优势、农业生产比较优势度等方法分析农业比较优势。

分析农业比较优势主要通过资源禀赋条件比较、贸易比较优势分析、某地区农业与其他产业优势比较、农业内部各种产品的优势比较等途径实现，更须注重从有利于农业可持续发展的角度出发，有效利用比较优势的动态性及可创造性，以达到产业优势升级、应对风险挑战的目的。

基于此，本书在对四川及20个柑橘种植市州进行柑橘产业比较优势分析时适用农业比较优势理论。

2.3　理论分析框架

2.3.1　柑橘产业供给侧结构性改革绩效评价机理

经过相关文献和理论的梳理，本书依据柑橘产业供给侧结构性改革目

---

① 郭翔宇，刘宏曼. 比较优势与农业结构优化 [M]. 北京：中国农业出版社，2005：27.

标，按照政策绩效评价要求，从效率和效应 2 个维度进行四川柑橘产业供给侧结构性改革绩效评价。柑橘产业供给侧结构性改革绩效评价机理如图 2-1 所示。

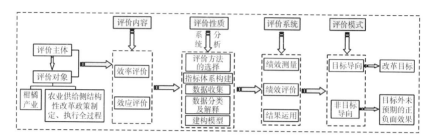

图 2-1　柑橘产业供给侧结构性改革绩效评价机理

2.3.2　柑橘产业供给侧结构性改革绩效呈现途径

通过文献梳理与理论分析，我们可以发现，农业供给侧结构性改革是一个提高效率、优化结构、提升质量的过程，这个过程同时也是逐步体现绩效的过程。基于此，进行柑橘产业农业供给侧结构性改革绩效评价，可以通过以下渠道实现。

2.3.2.1　提高效率

柑橘产业属于劳动密集型产业，在生产过程中需要大量的人力物力投入，尤其是农业供给侧结构性改革实施以来，对产品质量的要求不断提高，套袋、覆膜等工序随之增加，生产成本必然增加，因此，只有通过不断提高全要素生产率，找到各项生产要素投入与产出的最优比例，我们才能实现农业供给侧结构性改革"增效"目标。

2.3.2.2　优化结构

"调结构"是农业供给侧结构性改革的目标任务之一。对于柑橘产业，"结构"包括品种结构、品质结构、产业结构等诸多内容。其中，品种结构包括品种构成、种类比例、熟期结构等，品质结构包括好中次果比例、商品果比例等，产业结构则包括产业在特定区域的相对集中程度、鲜食与加工比例等。因此，柑橘产业供给侧结构性改革的"结构"绩效应表现在合理的产品及产业结构等方面。

2.3.2.3　提升质量

随着收入水平的不断提高，城乡居民对农产品的消费需求凸显优质化、多样化、品牌化、中高端化。对于柑橘产业而言，市场需求不再是"低价"，而是"优质"。从高端柑橘品种"红美人"销售价格达到三位数仍供不应求的现象来看，优质、高端的品种即便价格高也不缺消费群体，而低端柑橘品种即使价格跌至 1 元/千克以下也少有人问津，这就对柑橘供给提出了新的努力方向和更高的要求。随着需求的提档升级，符合消费喜好的"高质量"柑橘不仅在于品质、品牌等方面影响消费者，销售渠道也逐渐成为消费者购买意愿的影响因素。因此，柑橘产业要实现供给侧结构性改革"质量"绩效提升，应在竞争力增强、品质提高、品牌塑造、销售方式创新等方面下功夫。

2.3.3 柑橘产业供给侧结构性改革绩效评价分析框架

根据前文的相关概念界定及理论基础分析，完整的绩效评价流程应包括绩效测量、绩效评价、结果运用等步骤，结合本书的研究设计，特别强调绩效测量为绩效评价的前提及基础，据此构建柑橘产业供给侧结构性改革绩效评价分析框架，如图 2-2 所示。

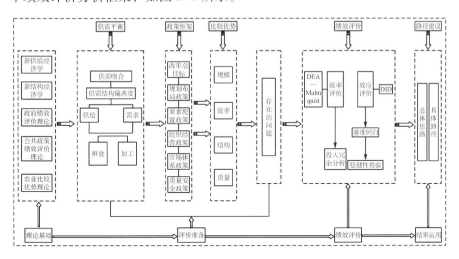

图 2-2 柑橘产业供给侧结构性改革绩效评价分析框架

基于农业供给侧结构性改革及绩效评价相关概念和理论的指导，本书在全面剖析柑橘产业需求种类与特点的基础上，构建了柑橘供需偏离度模型，并利用 2010—2020 年的面板数据实证检验了全国及四川柑橘供需匹配状况，重点分析了四川柑橘产业供需结构性矛盾的表现；进而在对四川柑橘产业比较优势进行分析的基础上，按照四川柑橘产业供给侧结构性改革总目标和单项政策目标要求，对四川柑橘产业供给侧结构性改革绩效评价的原则和目标进行界定，从效率、效应双重维度，分别提出各自的评价指标和方法，系统性提出柑橘产业供给侧结构性改革绩效评价的指标体系；运用 DEA-Malmquist 指数法、双重差分模型对 2010—2020 年四川柑橘产业供给侧结构性改革绩效进行评价，并采用 DEA 投入法等对评价结果进行进一步分析，最后提出推进四川柑橘产业供给侧结构性改革的路径建议，为四川柑橘产业供给侧结构性改革政策的制定和执行提供意见参考。

3 四川柑橘产业供给侧结构性改革现状分析

本章对四川柑橘产业供给侧结构性改革现状进行定性及初步定量分析。首先从适宜种植区域分布、品种及熟期结构、种植规模和产量3个方面介绍四川柑橘产业发展概况。随后构建计量模型，实证检验四川柑橘产业供给和需求匹配状况，找出四川柑橘产业存在的结构性问题。在此基础上，梳理改革政策框架，明确改革总目标，从规划布局、要素配置、组织经营、市场体系、质量安全等方面对现行改革政策进行归纳评述。进而对照改革目标，选取资源禀赋系数、规模比较优势指数、效率比较优势指数、区位商、基地及品牌数量等指标，实证检验四川柑橘产业通过供给侧结构性改革在资源禀赋、规模、效率、结构、质量等方面呈现的优劣势。最后，针对统计分析结果，找出四川柑橘产业供给侧结构性改革存在的问题，为第4章至第6章的绩效评价奠定基础。

3.1 四川柑橘产业发展概况

3.1.1 柑橘适宜种植区域广

四川地处青藏高原向长江中下游平原过渡地带，生态条件优越，气候类型多样，热带、亚热带、温带水果均有分布，历来是全国水果生产重点区域。四川气候条件适宜柑橘生长，盆地及周围山区，全年温暖湿润，年均温度16 ℃，无霜期为230~340天，年降雨量达1 000~1 200毫米；川西南地区全年气温较高，年日照时数多为2 000~2 600小时，年降雨量为900

~1 200 毫米且集中在 5 月至 10 月①。有研究发现，在四川柑橘种植适宜区中，高适宜区面积约为 4.22 万平方千米，中适宜区面积约为 4.19 万平方千米，低适宜区面积约为 4.4 万平方千米②。其中，高、中适宜区基本分布在成都平原区和川南地区，主要集中分布在川南地区的内江、自贡、宜宾、乐山、泸州，成都平原区的成都、眉山、资阳。此外，川东北地区的遂宁、南充、广安、达州也有少量分布。《四川省"十四五"水果产业发展推进方案》对四川柑橘优势区域进行了划分（见表 3-1）。

表 3-1　四川柑橘优势区域分布

优势区域	县（市、区）
晚熟柑橘生产区	蒲江县、金堂县、富顺县、荣县、自贡市沿滩区、资中县、隆昌市、内江市中区、井研县、射洪市、南充市高坪区、南充市嘉陵区、南部县、仪陇县、阆中市、眉山市东坡区、仁寿县、丹棱县、青神县、资阳市雁江区、达州市达川区、石棉县
早中熟柑橘生产区	邻水县、武胜县、广安市广安区、岳池县、江安县、古蔺县、叙永县、合江县、雷波县
柠檬生产加工区	安岳县、乐至县、遂宁市安居区、射洪市、南充市嘉陵区

由表 3-1 可见，四川晚熟柑橘优势区域主要包括成都（2 县）、自贡（3 县/区）、内江（3 县/区）、南充（5 县/市/区）、眉山（4 县/区），乐山、遂宁、资阳、达州、雅安各有 1 个区（县）入选；早中熟柑橘优势区域主要包括广安（4 县/区）、泸州（3 县/区），宜宾、凉山州各有 1 个县入选；柠檬优势区域主要包括资阳（2 县）、遂宁（2 县/区）、南充（1区）。在四川 183 个县（区/市）中，34 个县（区/市）为柑橘优势区域，占比 18.58%，由此反映出四川适宜柑橘种植区域广的特点。

3.1.2　柑橘品种多样

20 世纪 80 年代，四川（含未直辖的重庆）柑橘种植面积约占全国的 1/4，为全国第一。进入 20 世纪 90 年代，尤其是重庆设为直辖市后，四川

---

① 王迅，熊博，李启权，等. 四川省晚熟柑橘生态气候适宜性区划研究 [J]. 中国农学通报，2021，37（13）：94-101.
② 王迅，熊博，李启权，等. 四川省晚熟柑橘生态气候适宜性区划研究 [J]. 中国农学通报，2021，37（13）：94-101.

柑橘产业种植面积和产量下降，同时受限于潮湿气候和光照不足，四川主要种植的中早熟柑橘果酸含量高，甜度低，且上市期集中，品种同质化严重，四川柑橘产业发展受阻。20世纪90年代末期，四川依据资阳香橙等品种选育出晚熟品种后，2005年在眉山丹棱等地试种并取得成功，2006年开始在眉山、成都等地规模换种晚熟柑橘。2008年，发端于四川广元旺苍的大实蝇事件在当年对消费者心理产生重大影响，直接影响到我国柑橘产业销售。虽然四川各级各地政府及时进行了补救，向广大消费者宣传大实蝇仅为小范围的柑橘病害，澄清了对人体有害的谣言，但这一事件在消费者中仍然存在较强的负面影响，严重损害了广元柑橘产业形象，并对四川柑橘传统中熟品种产销造成毁灭性破坏，加速四川柑橘中熟品种换代甚至是改种晚熟品种。2010年成都、眉山等地晚熟柑橘进入丰产期，正式进入市场。2015年开始，四川晚熟柑橘销售价格以较快速度上涨。2017年、2018年稳定在16元/千克以上，极大地提升了橘农种植晚熟柑橘的积极性。2019年至今，四川晚熟柑橘销售价格逐年下跌，但仍能保持在8元/千克的水平。

从品种结构来看，四川柑橘主要栽培品种分为4大类。杂柑类：不知火、清见、春见、爱媛38、黄果柑；宽皮橘类：椪柑、温州蜜柑；橙类：普通甜橙、脐橙、血橙、锦橙；柚类：沙田柚、龙安柚、真龙柚、蜜柚及柠檬。四川省农业农村厅资料显示，2000年以前，四川柑橘品种结构不合理，宽皮橘与甜橙的比例一度达到7∶3，以红橘和温州蜜桔为主的宽皮橘品质较差且不耐贮运，柠檬所占比例过低，不足1%。通过加大品种更新换代力度及多次品种结构调整，四川柑橘品种结构发生变化，2003年甜橙、宽皮橘、柚、柠檬的比例为49.69∶37.9∶12.41∶4.82，2010年的比例为31.9∶51∶9.9∶7，2020年的比例为44.6∶32.5∶13.9∶8.1。甜橙占比扩大，宽皮橘改种晚熟品种后其占比适中，柚类换代且占比适度增加，柠檬比例稳中有升，品种结构较合理。

从熟期结构来看，2003年以前，四川柑橘熟期结构畸形，早中晚熟品种比例为7.5∶90∶2.5，中熟品种比重过大，导致柑橘产新集中，运销难度大，滞销腐损率高，出川柑橘互相压价，恶性竞争。2006年以来，四川提出"不与两广抢早，不与赣南争中"的发展思路，着力实施换种晚熟品种和采用晚采技术的"双晚"战略。经过多轮调整，早中晚熟品种比例在2006年为15∶65∶20，在2010年为15∶60∶25，在2015年为20∶50∶30，熟期结构趋于合理。2020年，四川省农业农村厅统计，早中晚熟比例为15：35：50，四川拥有全国最多的晚熟柑橘品种，其中杂柑春见（耙耙柑）、不知火（丑柑）、清见、大雅、血橙等品种均是全国最大的产业基地。

3.1.3 柑橘种植规模和产量不断提升

2016 年，四川省人民政府办公厅发布《推进农业供给侧结构性改革加快四川农业创新绿色发展行动方案通知》（川办函〔2016〕174 号）（以下简称《行动方案》），其中特别制订了四川柑橘产业行动方案，要求到2020 年四川柑橘种植面积应达到 500 万亩，产量应达到 500 万吨。图 3-1显示了 2010—2020 年四川柑橘种植面积、产量及全国占比的变化趋势。

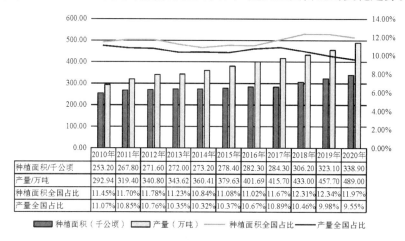

	2010年	2011年	2012年	2013年	2014年	2015年	2016年	2017年	2018年	2019年	2020年
种植面积/千公顷	253.20	267.80	271.60	272.00	273.20	278.40	282.30	284.30	306.20	323.10	338.90
产量/万吨	292.94	319.40	340.80	343.62	360.41	379.63	401.69	415.70	433.00	457.70	489.00
种植面积全国占比	11.45%	11.70%	11.78%	11.23%	10.84%	11.08%	11.02%	11.67%	12.31%	12.34%	11.97%
产量全国占比	11.07%	10.85%	10.76%	10.35%	10.32%	10.37%	10.67%	10.89%	10.46%	9.98%	9.55%

种植面积（千公顷） 　产量（万吨） 　种植面积全国占比 　产量全国占比

图 3-1　2010—2020 年四川柑橘种植面积、产量及全国占比的变化趋势

对照《行动方案》要求，2020 年四川柑橘种植面积超标 5.40 千公顷（8.10 万亩），产量未达标 11 万吨。

从种植面积变化来看，2010—2020 年，四川柑橘种植面积呈逐年增加趋势，改革前年均增加 5.04 千公顷，改革后年均增加 12.10 千公顷，体现出改革以来四川柑橘产业"规模扩张"的发展思路。截至 2020 年年底，四川柑橘种植面积达 338.90 千公顷，占全省实有果园面积的 41.98%，占全省经济作物种植面积的 10.82%，比 2010 年增加了 85.70 千公顷，增长率为 33.85%，比 2015 年增加了 60.50 千公顷，增长率为 21.73%。从种植面积的全国占比来看，2020 年比 2010 年增长了 0.52%，比 2015 年增长了0.89%，2019 年为考察期内四川柑橘种植面积全国占比最高的年份。

从产量变化来看，2010—2020 年，四川柑橘产量呈逐年增加趋势，改革前年均增加 17.34 万吨，改革后年均增加 21.87 万吨。截至 2020 年年底，四川柑橘产量达 489.00 万吨，占全省园林水果产量的 45.11%，比 2010 年增加了 196.06 万吨，增长率为 66.93%；比 2015 年增加了 109.37 万吨，增长率为 28.81%。其中，2016 年产量突破 400 万吨，进入新发展阶段。从产量的全国占比来看，2020 年比 2010 年下降了 1.52%，比 2015 年下降了 0.8%，其中 2010—2014 年逐年下降，2015—2017 年逐年上升，2018—2020 年逐年下降，2020 年为考察期内四川柑橘产量全国占比最低的年份。

3.2 四川柑橘产业的供给与需求分析

供需是否平衡及达到多大程度的平衡是决定具体农业产业供给侧结构性改革必要性的关键因素。因此，我们有必要定量分析四川柑橘供给与需求现状，构建计量模型测算四川柑橘产业供需结构偏离度并与全国同期进行比较，以把握四川柑橘产业供需匹配情况，找出四川柑橘产业存在的结构性问题，为确定改革内容和着力点提供实证依据。

3.2.1 四川柑橘产业的供给分析

3.2.1.1 供给渠道

四川柑橘主要供给国内鲜果销售，表 3-2 显示了四川柑橘现有供给方式的比较。

表 3-2 四川柑橘现有供给方式的比较

供给方式	优势	劣势
橘农—消费者	无中间商赚差价	价格随意性较大
橘农—中间商—消费者	减小橘农销售压力	零售价格与采购价格价差距较大
橘农—专业合作社/协会—消费者	果品质量提升	产后技术指导不足，入社/入会橘农比例不高
龙头企业—大园区—小业主—消费者	种苗、技术、管理、销售"一站式"服务	龙头企业规模较小，实力较弱，整体流转土地不易
橘农—带货主播—消费者	吸引新兴消费者，拓宽销路	增加物流成本，支付主播佣金

表 3-2 反映出当前四川柑橘鲜果供给的 5 种主要方式。

第一种，橘农—消费者。此种直销供给方式，供应量较小，供应价格一般较低，没有中间商赚差价，但柑橘价格不稳定，有较大程度的随意性。采用此种方式的主要是柑橘种植面积小、产量不高的橘农，主要向柑橘生产周边城镇供应。但随着乡村旅游的普及和乡村公路等基础设施建设的推进，四川各地均出现橘农在自家住所外、高速公路出入口、景点沿线公路两边摆摊售卖自家柑橘的情况，节假日销售量和销售价格均有明显提升。实地调研发现，成都蒲江县、新津区，眉山丹棱县、仁寿县、洪雅县，自贡富顺县，乐山井研县、资阳安岳县等多地均有橘农在国道、省道两侧摆摊售卖自家柑橘的现象，比较同地同类同质的柑橘售价，橘农自销售价为商超售价的 30%~60%，但普遍为中等品质果，一般无果盒包装或果盒单独计价。

第二种，橘农—中间商—消费者。此种方式包括采购、运输、批发、零售 4 个环节，增加了柑橘成本，消费者购买价格一般是采购价格的 1.5~5 倍，但仍然是目前四川柑橘供应的主要渠道。调研发现，在成都、雅安等地，居住较为集中的住宅小区外有中小型货车停驻售卖柑橘，2020 年春见、不知火等售价多为"10 元 3 斤或 4 斤"，为中等及以下品质果，无果盒包装。

第三种，橘农—专业合作社/协会—消费者。此种供给方式主要被成都、眉山、资阳、内江等四川柑橘优势产区且有"三品一标"等知名品牌的地区采用，能够实现规模化种植和规范化经营，尤其是采取了"农超对接"模式的合作社或协会较好解决了橘农销售难问题。但调研发现相关技术指导主要集中在生产环节，产后环节尤其是销售环节的技术指导相对不足，若不善经营管理及销售，社员、会员福利会下降，便出现"空壳社"的情况，橘农依然自产自销。

第四种，龙头企业—大园区—小业主—消费者。此种方式中，一般由公司整体流转土地，统一改良土壤，整体建设园区，再通过招商引资吸引柑橘业主入驻，将柑橘园返包给橘农管护、种植，公司负责种苗、技术指导、管理、销售。这是四川正在努力发展的供销模式。采用此种模式，橘农能通过土地、山场、闲置农宅等资产入股，获得资本、务工、分红三种收益，较好解决橘农缺乏劳动力、缺乏技术、售果难的问题，但是四川柑橘龙头企业规模整体偏小，实力较弱，土地已流转或家庭劳动力能够满足需要的橘农多考虑自身收益问题而不愿加入。

第五种，橘农—带货主播—消费者。农产品直播带货是在脱贫攻坚的背景下出现的，起初是淘宝、京东等电商企业联合国家级贫困县政府部门在"双十一"等电商促销节庆活动中开展。2020年受新型冠状病毒感染疫情的影响，持续一段时间的封村、封路、封小区影响了农产品销售，直播带货的兴起明显缓解了农产品滞销现象，"产地到家"的便捷服务拓宽了农产品销路，获得熟悉网络购物流程的消费者的青睐，由此在抖音、快手等短视频直播平台上出现大量农产品带货主播。调研发现，柑橘和薯类是目前电商带货的主力农产品，尤其是早中晚熟柑橘基本可以实现周年供应，较之草莓、樱桃等时令水果更耐储运，是目前比较适合电商带货的果品。电商带货既可以由橘农自主实施，也可以由橘农支付一定的佣金或坑位费给单个带货主播或带货团队，由主播或团队负责实施；带货场景可以选择橘农自家柑橘园，也可以选择在直播间摆台，无须另外付费；带货时间具有自主性和灵活性，可由主播自行选择。但没有带货经验的橘农自主实施带货需要耗费大量时间和精力，虽无带货费用成本，但由于橘农本身不带流量，难以吸引消费者购买，收益微弱甚至为零，因此尚未在橘农中普及；即便由主播或团队实施，也无销售量保证，现行带货规则下，橘农一般无法获得保底销售量的承诺，存在佣金或坑位费"打水漂"的风险。调研发现，一旦带货销售受挫，橘农往往直接放弃以带货的方式销售柑橘，不愿多次尝试。

3.2.1.2 供给价格

柑橘鲜果供给价格在不同的产销环节中可以分为生产价格、批发价格和零售价格3种，随着流通环节的增加，柑橘价格一般随之增加。同时，柑橘品种不同，其价格差异也较大。2010年，全国脐橙批发价格开始以较大幅度上涨，一度达到9.9元/千克。2011年12月，在四川热销中熟品种中，椪柑批发价格为2~4元/千克，脐橙为3~6元/千克，柚类为4.6~5.4元/千克，柠檬可达5~7元/千克。从当时全国柑橘平均批发价格来看，四川柑橘具有一定的低价优势，主要源于较低的劳动成本和土地成本。随着四川柑橘品种的调整和晚熟柑橘的兴起，柑橘的批发价格明显上涨，原有中熟品种椪柑逐渐被爱媛38替代，以春见（耙耙柑）、不知火（丑柑）为代表的晚熟品种大量上市。从全国柑橘主产省份的柑橘批发价格来看，2020年排名前5的省（区、市）中，受新冠疫情影响，湖北的价格最低；四川的价格最高；广西、广东、湖南分别位列第2、第3、第4。根据果径大小、果面光洁度、果实糖度、果实化渣率、果实硬度、果皮厚度等条件，柑橘商品果可分为好果（优质果）、中等果（一般果），不同等级的柑橘商品果的批发价差异较大，表3-3反映了2015—2020年四川柑橘主要品种不同等级商品果批发价格变化。

表3-3　2015—2020年四川柑橘主要品种不同等级商品果批发价格变化

单位：元/千克

时间	爱媛38		春见（耙耙柑）		不知火（丑柑）	
	中等果	好果	中等果	好果	中等果	好果
2015年3月	—	—	4.6~6.4	7.0~9.6	4.4~6.6	6.8~10.0
2015年12月	5.0~7.4	8.0~11.6	—	—	—	—
2016年3月	—	—	6.0~8.2	10.0~14.0	5.8~7.6	10.0~13.8
2016年12月	6.2~8.4	10.0~14.0	—	—	—	—
2017年3月	—	—	10.0~15.0	16.0~20.0	8.0~12.0	15.0~20.0
2017年12月	8.8~12.6	14.6~20.0	—	—	—	—
2018年3月	—	—	9.6~12.0	13.0~17.6	6.0~11.0	12.0~17.0
2018年12月	7.4~9.6	9.6~15.0	—	—	—	—
2019年3月	—	—	8.2~9.2	9.4~10.8	6.2~7.0	7.2~8.0
2019年12月	6.8~7.8	7.8~8.8	—	—	—	—
2020年3月	—	—	8.4~9.0	9.2~10.0	5.6~6.2	6.4~6.8
2020年12月	6.6~7.2	7.4~8.0	—	—	—	—

由表3-3可知，2015—2020年，四川主售的中晚熟柑橘品种的价格有较大波动；2015—2016年，各品种的批发价格稳中有升；2017年各品种的批发价格大幅上涨，为6年间的最高值；2018年以来，各品种的批发价格逐年下跌；2020年晚熟品种的批发价格的跌幅较大。

中熟品种爱媛38中等果（一般果）批发价格从5.0元/千克上涨至9.6元/千克后又跌至6.6元/千克，6年间最低批发价格总体上涨了32.00%，最高批发价格总体下跌了2.70%；较之2017年的峰值最低批发价格下跌了25.00%，最高批发价格下跌了42.86%。爱媛好果（优质果）价格从8.0元/千克上涨至20.0元/千克后又跌至7.4元/千克，6年间最低批发价格总体下跌了7.50%，最高批发价格总体下跌了31.03%；较之

2017 年的峰值最低批发价格下跌了 49.32%，最高批发价格下跌了 60.00%。晚熟品种春见（耙耙柑）及不知火（丑柑）的批发价格的波动更为明显。春见中等果（一般果）的批发价格从 4.6 元/千克上涨至 15.0 元/千克后又跌至 8.4 元/千克，6 年间最低批发价格总体上涨了 82.61%，最高批发价格总体上涨了 40.63%；较之 2017 年的峰值最低批发价格下跌了 16.00%，最高批发价格下跌了 40.00%。春见好果（优质果）价格从 7.0 元/千克上涨至 20.0 元/千克后又跌至 9.2 元/千克，6 年间最低批发价格总体上涨了 31.43%，最高批发价格总体上涨了 40.63%；较之 2017 年的峰值最低批发价格下跌了 42.50%，最高批发价格下跌了 50.00%。不知火（丑柑）中等果（一般果）的批发价格从 4.4 元/千克上涨至 12.0 元/千克后又跌至 5.6 元/千克，6 年间最低批发价格总体上涨了 27.27%，最高批发价格总体下跌了 6.06%；较之 2017 年的峰值最低批发价格下跌了 30.00%，最高批发价格下跌了 48.33%。不知火（丑柑）好果（优质果）价格从 6.8 元/千克上涨至 20.0 元/千克后又跌至 6.4 元/千克，6 年间最低批发价格总体下跌了 5.88%，最高批发价格总体下跌了 32.00%；较之 2017 年的峰值最低批发价格下跌了 57.33%，最高批发价格下跌了 66.00%。基于此，可以预见，如果四川柑橘继续大面积扩种，且品质没有明显提升，柑橘价格将继续下降。

3.2.1.3 供给量预测

为了更好把握四川柑橘供给量变化趋势，我们依据 2006—2020 年四川柑橘产量资料对 2021—2025 年四川柑橘产量进行模拟预测。由于四川柑橘产量主要受晚熟柑橘影响，本书选取晚熟柑橘在四川投产的 2006 年为考察期起始年份。图 3-2 显示了 2006—2020 年四川柑橘产量的原序列趋势。

根据图 3-2，四川柑橘产量呈整体上升趋势，但个别年份存在明显的波动性。按照平滑系数 α 最佳取值的总原则，即采用平滑系数 α 的值进行指数平滑，预测值与实际值之间的平均误差应最小，本书采用 Holt-Winters 方法对四川柑橘产量进行短期预测。图 3-3 显示了采用 Holt-Winters 方法预测四川柑橘产量的平滑系数 α 的结果。

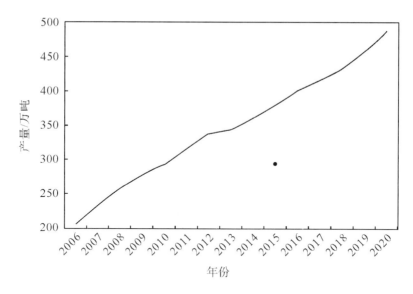

图 3-2 2006—2020 年四川柑橘产量的原序列趋势

Date：02/19/22　Time：23：00

Sample：2006 2020

Included observations：15

Method：Holt-Winters No Seasonal

Original Series：SER01

Forecast Series：SER01SM

Parameters：	Alpha	1. 000 0
	Beta	0. 000 0
Sum of Squared Residuals		515. 207 4
Root Mean Squared Error		5. 860 645
End of Period Levels：	Mean	489. 000 0
	Trend	19. 691 43

图 3-3　采用 Holt-Winters 方法预测四川柑橘产量的平滑系数 α 的结果

　　为了保证数据的平稳性和相似性，本书以 2006—2019 年四川柑橘产量数据作为预测基础数据，以 2020 年四川柑橘产量数据作为检验，2021—2025 年四川柑橘产量预测结果如表 3-4 所示。

表 3-4　2021—2025 年四川柑橘产量预测结果　　单位：万吨

年份	2020 年实际值	2020 年预测值	2021 年预测值	2022 年预测值	2023 年预测值	2024 年预测值	2025 年预测值
产量	489.00	477.42	508.69	528.38	548.07	567.77	587.46

由表 3-4 可见，2020 年的实际值和预测值相差 11.58 万吨，相对误差为 0.02%，误差较小。根据预测，2021 年四川柑橘产量将突破 500 万吨，到 2025 年将超过 587 万吨。鉴于四川已出现占用耕地发展柑橘种植的实际情况[①]，未来四川柑橘产量会提高，重点在于通过技术手段提高柑橘单产，不应依赖种植面积的无序增加。

3.2.2　四川柑橘产业的需求分析

3.2.2.1　需求交易流向

从柑橘交易输出情况来看，四川柑橘的交易实力位居全国第一。表 3-5 显示了 2018—2020 年全国柑橘交易前五位流向。

表 3-5　2018—2020 年全国柑橘交易前五位流向

排名	2018 年		2019 年		2020 年	
	交易流向	交易份额	交易流向	交易份额	交易流向	交易份额
1	四川销往浙江	6%	四川省内自销	4%	四川销往浙江	5%
2	四川销往湖南	6%	湖北省内自销	4%	四川销往广东	5%
3	四川销往广东	5%	四川销往浙江	4%	四川销往江苏	4%
4	四川省内自销	5%	四川销往江苏	4%	四川销往湖北	4%
5	四川销往江苏	5%	四川销往广东	3%	四川省内自销	4%
前 5 位份额累计	27%		19%		22%	

分析表 3-5 可知，2018—2020 年全国柑橘排名前五的交易流向中，除 2019 年湖北省内自销排名第 2 外，其余全部都是四川输出的。其中四川省内交易活跃，3 年间分别排在全国第 4 位、第 1 位和第 5 位。同时，四川也是 2020 年全国柑橘交易输出实力最强的省份，交易占比达 53%。

---

① 汪君，杜兴瑞.四川柑橘产业发展形势与建议［J］.四川农业科技，2022（7）：62-65，69.

从柑橘鲜果采购来看，2020 年全国柑橘采购商分布在 30 个省（区、市）。其中，广西、四川、湖南、广东和贵州是柑橘采购商较为活跃的 5 个省（区），采购份额分别为 17%、13%、9%、7% 和 6%，合计采购份额达 52%。2020 年全国柑橘鲜果采购量排前 5 的地级市（区）分别是广西桂林、四川成都、广西南宁、四川眉山和重庆渝中区，广西和四川各占 2 个，显示了两省（区）柑橘采购市场的活跃程度。

3.2.2.2 鲜食需求

（1）需求品种。

从需求品种来看，农业供给侧结构性改革推进以来，四川加快晚熟品种高接换种和中熟品种更新换代速度，鲜食需求量逐年上升。在 2020 年全国消费者购买柑橘排名前 5 位的品种中，四川是沃柑、春见（耙耙柑）和不知火（丑柑）的主产区。图 3-4 反映了 2020 年全国消费者购买四川柑橘品种占比。

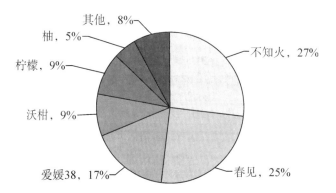

图 3-4　2020 年全国消费者购买四川产柑橘品种占比

根据图 3-4，2020 年四川着力发展的新型中熟晚采品种爱媛 38、晚熟品种春见和不知火均体现出明显的需求优势，柠檬等特色品种也具有稳定的需求量。四川虽种植了早熟品种，但从全国范围来看，在需求方面缺乏竞争力。

（2）总需求量。

从国内及出口的鲜食需求量来看，四川柑橘绝大部分用于满足鲜食需求。图 3-5 反映了 2010—2020 年四川柑橘鲜食需求量占总产量的变化。

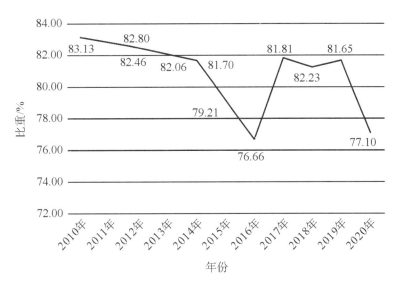

图 3-5　2010—2020 年四川柑橘鲜食需求量占总产量比重的变化

由图 3-5 可见，除 2015 年、2016 年、2020 年外，考察期内，四川柑橘鲜食需求量占总产量的比重较稳定保持在 80% 以上，但总体呈现下降趋势。在经历了连续两年低于 80% 的低迷状态后，2017 年四川柑橘鲜食占比升至 81.81%，为改革后的最大值，结合前文的分析结果，2017 年四川柑橘销售价格也为考察期内最大值。2020 年再次降至 80% 以下，比 2010 年下降了 6.03%，比 2015 年下降了 2.11%。

2020 年四川柑橘种植连续受疫情、干旱、洪涝等影响，多个品种的柑橘品质不理想，好果率、甜度均明显下降，果皮斑点增多，进而使得鲜果采购商降低回购率。在无法有效遏制灾害频发的情况下，如果橘农管理失当，柑橘品质下降将成为影响需求的关键因素，叠加重庆等地对四川柑橘形成的同期应市竞品压力，四川柑橘鲜食需求量存在较大的继续下降可能性。

（3）出口需求量。

柑橘出口情况能够侧面反映柑橘产品质量，本书据此对四川柑橘出口进行分析。我国柑橘主要供国内消费，仅少量用于出口，尤其是 2020 年受新冠病毒影响，出口全面受挫。商务部数据显示，2020 年全国柑橘出口 104.53 万吨，占柑橘总产量的 2.04%，出口金额 15.78 亿美元（1 美元约等于 7.106 人民币，下同）。表 3-6 显示了 2020 年出口超 1 000 吨省（区、市）柑橘鲜果出口情况。

表 3-6　2020 年出口超过 1 000 吨省（区、市）柑橘鲜果出口情况

	出口量/吨	出口值/万美元	占出口总量的百分比/%	出口单价/（美元/吨）	单价排名
全国	1 045 300	157 800	—	1 509.61	—
北京	1 610.78	133.20	0.15	826.92	18
内蒙古	61 935.84	6 383.82	5.93	1 030.71	15
辽宁	13 445.75	1 225.25	1.29	911.25	16
吉林	2 200.94	133.07	0.21	604.62	19
黑龙江	37 761.52	4 597.94	3.61	1 217.63	11
上海	1 211.87	109.71	0.12	905.33	17
浙江	13 172.11	1 483.32	1.26	1 126.11	14
福建	358 743.79	45 517.97	34.32	1 268.82	9
江西	30 398.12	3 771.54	2.91	1 240.72	10
山东	65 012.33	12 168.37	6.22	1 871.70	2
湖北	25 353.71	3 324.98	2.43	1 311.44	7
湖南	14 113.23	2 199.63	1.35	1 558.56	4
广东	67 969.11	9 240.62	6.50	1 359.53	6
广西	26 538.47	4 390.57	2.54	1 654.42	3
四川	3 728.12	512.11	0.36	1 373.65	5
云南	253 449.18	54 390.93	24.25	2 146.03	1
陕西	4 350.12	498.25	0.42	1 145.37	13
甘肃	2 636.44	343.06	0.25	1 301.22	8
新疆	60 294.13	7 218.42	5.77	1 197.20	12

从表 3-6 显示的数据来看，2020 年我国柑橘鲜果出口省（市、区）排名前三的分别是福建、云南、广东，分别占 2020 年全国柑橘鲜果出口总量的 34.32%、24.25%、6.50%，其出口量分别为 35.87 万吨、25.34 万吨、6.80 万吨，出口量分别占本省生产总量的 9.29%、18.65%、1.37%。2020 年四川柑橘鲜果出口量 3 728.12 吨，占全省柑橘总产量的 0.08%，占

全国柑橘鲜果出口总量的 0.36%，在全国 27 个柑橘鲜果出口省（市、区）中处于第 15 位，表明四川柑橘鲜果出口量在全国范围内没有优势。

从出口单价来看，2020 年柑橘鲜果出口单价前 3 位分别为云南、山东、广西，分别为 2 146.03 美元/吨、1 871.70 美元/吨、1 654.42 美元/吨。2020 年四川柑橘鲜果出口单价为 1 373.65 美元/吨，每吨低于全国平均水平 135.96 美元，位居全国第 5，在全国九大柑橘主产区中排名第 3，仅落后于广西、湖南，反映出四川柑橘鲜果出口单价在全国具有一定的创汇优势。

表 3-7 反映了 2010—2020 年全国九大柑橘主产区柑橘鲜果出口量情况。由表 3-7 可知，考察期内，四川柑橘鲜果出口量剧烈波动，2015—2018 年连续 4 年处于全国九大柑橘主产区末位，其余各年均处于倒数第二，反映出四川柑橘鲜果出口的明显劣势。2015 年之前，除 2013 年外，四川柑橘鲜果年出口量为 1 000~2 000 吨，2015 年陡降至考察期内最低值，仅为全国九大柑橘主产区平均出口量的 0.37%，并在此后两年继续维持不足 400 吨的全国九大柑橘主产区中的最低水平。2018 年虽然陡升至农业供给侧结构性改革实施前的正常水平，但仍处于全国九大柑橘主产区的末位，仅为全国九大柑橘主产区鲜果平均出口量的 2.95%。2019—2020 年，四川柑橘鲜果年出口量陡升至 3 000 吨以上，但仅领先于重庆，在全国九大柑橘主产区中处于倒数第二，2020 年出口量仅为全国九大柑橘主产区鲜果平均出口量的 6.21%。改革前，四川柑橘鲜果年出口量均值处于全国九大柑橘主产区中的倒数第二，仅相当于九大产区平均水平的 1.70%；改革后，四川柑橘鲜果年出口量均值在全国九大柑橘主产区中的排名并无变化，仅为九大产区平均水平的 2.83%。

表 3-7 2010—2020 年全国九大柑橘主产区柑橘鲜果出口量情况

单位：吨

	2010 年	2011 年	2012 年	2013 年	2014 年	2015 年	2016 年	2017 年	2018 年	2019 年	2020 年
全国	933 070. 6	901 556. 7	1 082 217. 3	1 041 421. 4	979 904. 3	920 513. 2	934 319. 9	775 228. 1	983 553. 3	1 013 842. 0	1 045 300. 0
福建	327 084. 2	330 397. 2	311 052. 7	323 804. 2	288 381. 3	257 217. 6	261 723. 2	236 265. 3	307 156. 1	347 947. 5	358 743. 8
江西	13 276. 6	25 669. 2	37 336. 6	46 941. 1	79 723. 6	56 322. 8	50 976. 7	55 354. 3	48 875. 3	29 483. 3	30 398. 1
湖北	1 489. 2	2 063. 4	2 407. 9	619. 0	3 398. 4	11 519. 3	17 119. 8	13 381. 2	21 056. 0	24 590. 7	25 353. 7
湖南	4 234. 4	2 075. 3	4 042. 3	8 267. 8	12 544. 1	18 330. 6	16 086. 1	10 084. 1	32 298. 8	13 688. 5	14 113. 2
广东	118 692. 4	102 185. 7	135 003. 6	91 434. 2	58 319. 3	28 524. 9	24 706. 8	33 500. 7	65 245. 2	65 923. 6	67 969. 1
广西	225 046. 2	197 219. 9	242 213. 5	179 490. 3	192 467. 5	159 512. 1	140 501. 5	96 744. 0	111 124. 3	25 739. 8	26 538. 5
浙江	19 908. 5	18 655. 1	25 416. 9	24 282. 6	14 726. 3	23 913. 6	23 592. 9	18 294. 6	13 631. 1	12 775. 7	13 172. 1
重庆	70. 4	0. 1	17. 6	256. 3	102. 8	251. 5	280. 6	505. 6	4 004. 9	506. 8	522. 5
四川	1 043. 2	1 111. 9	1 979. 6	724. 3	1 699. 9	225. 5	259. 6	342. 8	1 984. 9	3 619. 8	3 728. 1

结合调研结果，四川柑橘鲜果出口存在相当程度劣势的主要原因在于：其一，四川大量种植中晚熟柑橘，主要供给国内鲜食，销售价格高，而贮运等出口成本较高，对四川柑橘出口的积极性有较明显的影响。其二，四川中晚熟柑橘甜度较高，符合国内消费者口味习惯，却不符合国外消费者倾向于偏酸的柑橘的口味习惯。其三，四川对柑橘投入品管理不到位，未达到防控有害生物的检疫要求，难以获得植物保护部门签发的植物健康证书，柑橘出口受限。蒲江产的爱媛在 2018 年获准出口到加拿大多伦多，至今未进入美国市场；南丰蜜橘于 2020 年 4 月在美国超市上架。这些表明四川柑橘产业在国际竞争中已明显落后于江西等国内其他柑橘主产区。

3.2.2.3　加工需求

四川柑橘加工业的发展严重滞后于种植业的发展，产业链未能形成。四川柑橘产业加工品种类较少，仅有橙汁、柑橘罐头、柠檬切片等，未开发果脯、果冻、点心等产品，果酒、精油、面膜等新兴产品尚未实现规模经济效益，加工品欠缺创造性。

四川橙汁加工曾一度位于全国前列。2006 年，四川橙汁的年产量居全国第一。2008 年，全省建成柑橘生产基地 10 万公顷，年商品化处理柑橘约 60 万吨，年加工柑橘鲜果 23 万吨。2010 年以来，四川橙汁加工逐渐萎缩，柑橘（橘瓣）罐头加工也常年处于低位水平。表 3-8 反映了 2010—2020 年四川橙汁及柑橘（橘瓣）罐头原材料需求量占总产量比重的变化情况。

表 3-8　2010—2020 年四川橙汁及柑橘（橘瓣）
罐头原材料需求量占总产量比重的变化情况　　　　单位：%

年份	橙汁原材料占比	罐头原材料占比	合计
2010 年	0.019 6	0.087 2	0.106 8
2011 年	0.016 7	0.080 3	0.097 0
2012 年	0.004 7	0.075 6	0.080 3
2013 年	0.004 3	0.072 8	0.077 1
2014 年	0.003 8	0.066 8	0.070 6
2015 年	0.003 1	0.064 1	0.067 2
2016 年	0.002 6	0.059 1	0.061 7

表3-8（续）

年份	橙汁原材料占比	罐头原材料占比	合计
2017 年	0.002 9	0.053 5	0.056 4
2018 年	0.002 8	0.057 4	0.060 2
2019 年	0.002 2	0.044 2	0.046 4
2020 年	0.002 0	0.039 4	0.041 4

由表 3-8 可见，考察期内，除个别年份外，四川橙汁及柑橘（橘瓣）罐头加工呈现逐年萎缩趋势。从橙汁加工来看，2020 年原材料仅需 0.76 万吨，占总产量比重下跌至 0.002 0%，为考察期内最小值，比 2010 年下降了 89.80%，比 2015 年下降了 35.48%；从柑橘（橘瓣）罐头加工来看，2020 年原材料仅需 7.61 万吨，占总产量比重下跌至 0.039 4%，为考察期内最小值，比 2010 年下降了 54.82%，比 2015 年下降了 38.53%；2020 年主要加工原材料合计需求量仅占总产量的 0.041 4%，为考察期内最小值，比 2010 年下降了 61.24%，比 2015 年下降了 38.39%。

除了橘农盲目扩种不宜用于加工的晚熟柑橘外，一些地方政府对柑橘产业发展的错位引导也是四川柑橘加工业萎缩的重要原因。在地方加快发展经济的背景下，一些地方政府的扶持政策片面化，一方面对鲜食品种高度重视，但忽视加工品种的适度发展；另一方面利用财政对生产基地建设进行扶持，但对市场营销、品牌打造、仓储物流、产品深加工等环节的政策扶持力度不足。2010—2020 年，四川柑橘加工率由不足 2% 下降到不足 1%，远低于规划中的 2020 年四川柑橘加工率达到 10% 的目标要求。

3.2.3 四川柑橘产业供需结构偏离度

供求关系是影响柑橘价格的重要因素，农业产业供给侧与需求侧的吻合程度反映了该产业的供求关系，吻合度越高，表明供求越平衡，越有利于价格的稳定。为了定量描述此吻合度，本书构建柑橘产业供需结构偏离度模型，用于把握四川柑橘产业的供需结构吻合情况。

3.2.3.1 计算方法

柑橘产量反映供给情况，柑橘消费量表示消费需求，柑橘供给与消费应尽量吻合，超出吻合比例的程度即为柑橘产业供需结构偏离度，计算方法如下：

$$D_i = \left(\frac{S_i}{R_i + L_i} - 1 \right) \times 100\% \qquad (3-1)$$

式（3-1）中，D_i指柑橘产业供需结构偏离度，S_i为柑橘总产量，R_i为柑橘总需求量，L_i为柑橘损耗量，i表示年份。

鉴于柑橘产业特质性，R_i应为柑橘国内外所有需求量之和，计算方法如下：

$$R_i = C_i + E_i + J_i + T_i + P_i \qquad (3-2)$$

式（3-2）中，C_i为国内鲜果消费量，E_i为出口鲜果消费量，J_i表示内销及出口的橙汁原料果需求量，T_i表示内销及出口的柑橘（橘瓣）罐头原料果需求量，P_i表示内销及出口的其他柑橘加工品原料果。

从大小角度而言，D_i的绝对值越小，则供给和需求的吻合程度越高；反之，D_i的绝对值越大，则吻合程度越低。从正负角度而言，若D_i为正值，表示供大于求，供给过剩，需要刺激消费或减少供给；若D_i为负值，则表示供不应求，供给短缺，需要增大供给。在理想状态下，一段时间内柑橘的供给和需求能完全吻合，则偏离度为0。

3.2.3.2 数据来源

为了更好地反映四川柑橘产业供需吻合程度与全国的差异，依据式（3-1）、式（3-2）的计算方法，本书将全国柑橘产业供需结构偏离度一并纳入计算，并将四川与全国计算结果进行比较分析。

鉴于四川自2010年开始规模发展晚熟柑橘的实际，同时考虑到农业供给侧结构性改革自2015年11月提出并于2016年正式实施的现实，本书选取2010—2020年为考察期，分析比较农业供给侧结构性改革前后各5年四川及全国柑橘产业供需吻合程度。

柑橘产量数据来自历年《中国农村统计年鉴》，鲜果出口量数据来自商务部公开的统计资料，橙汁及柑橘（橘瓣）罐头出口量数据来自海关公开统计资料，加工品原料果需求量计算方法借鉴祁春节（2008）等学者研究成果[1]，鲜果及加工品国内消费量数据来自产业信息网公开的统计资料，损耗量借鉴朱亦赤（2021）等学者的研究成果[2]。

---

[1] 祁春节，宋金田. 2008年我国柑桔产销形势分析［J］. 中国果业信息，2008，25（12）：1-5，11.

[2] 朱亦赤，李娜，李大志. 影响柑桔生产者价格变动的主要因素分析［J］. 中国南方果树，2021，50（2）：177-184，190.

3.2.3.3 计算结果及分析

（1）总体变化情况分析。

图3-6显示了2010—2020年全国及四川柑橘产业供需结构偏离度的变化情况。

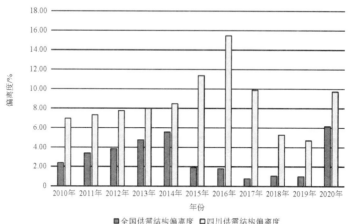

图3-6 2010—2020年全国及四川柑橘产业供需结构偏离度的变化情况

对照图3-6结果可知，考察期内，全国及四川柑橘产业供需结构偏离度均为正值，表明供给量始终大于需求量。从全国变化情况来看，2010—2014年，柑橘产业供需结构偏离度逐年增大，年均增长率为0.80%，均值为4.01%；2015—2019年，总体呈现下降趋势，均低于2%，年均增长率为-0.25%，均值为1.39%，其中2017年、2019年均不足1%，表明供需基本平衡，体现出较好的改革效果；2020年陡然升至6.21%，为考察期内最大值。

从四川变化情况来看，考察期内，四川历年柑橘产业供需结构偏离度均明显高于全国。其中，2010—2014年，柑橘产业供需结构偏离度逐年增大，年均增长率为0.38%，均值7.73%，高出全国水平92.77%；2015—2019年呈波动下降趋势，仅2019年低于5%，2016年为考察期内最大值，年均增长率为-1.67%，均值为9.36%，高出全国水平573.38%；2020年陡然升至9.72%，高出全国水平56.52%。除2018年、2019年外，改革后四川柑橘产业供需结构偏离度均高于改革前，反映出四川柑橘产业在农业供给侧结构性改革中并未实现供需平衡的目标，供过于求矛盾加剧，并由此导致四川柑橘价格逐年下跌。

（2）具体偏离表现分析。

为了准确把握全国及四川柑橘产业供过于求的原因，需对供给和需求构成情况进行分析。

①全国。

图3-7反映了2010—2020年全国柑橘产业供给量与鲜食及主要加工需求量的变化情况。

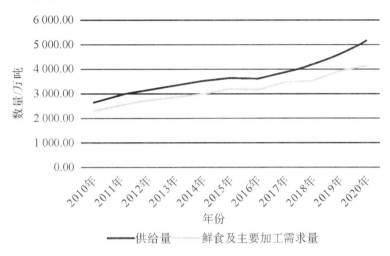

图3-7 2010—2020年全国柑橘产业供给量与鲜食及主要加工需求量的变化情况

分析图3-7发现，改革前，全国柑橘产业供给量与鲜食及主要加工需求量的变化趋势和幅度基本一致，改革后，供给量上升幅度高于鲜食及加工需求量。尤其是2020年，除去损耗量外，供给量高于需求量（含其他柑橘加工品所需原料量）299.40万吨，占总产量的5.85%，均为考察期内最大值。

针对2020年出现的较大波动，多名学者认为是受新冠疫情影响，出口受限，内销不畅。本书针对2010—2020年全国柑橘产业鲜食及主要加工需求量构成进行检验，结果详见表3-9。

表 3-9 2010—2020 年全国柑橘产业鲜食及主要加工需求量构成

单位：万吨

年份	国内鲜食需求量	较上一年增加	鲜果出口量	较上一年增加	罐头原料需求量	较上一年增加	橙汁原料需求量	较上一年增加
2010 年	2 198.99	—	93.31	—	22.10	—	4.42	—
2011 年	2 436.49	237.50	90.16	-3.15	21.78	-0.32	4.10	-0.32
2012 年	2 609.95	173.46	108.22	18.06	14.83	-6.95	1.22	-2.88
2013 年	2 723.83	113.88	104.14	-4.08	8.24	-6.59	1.14	-0.08
2014 年	2 851.76	127.93	97.99	-6.15	7.44	-0.80	1.06	-0.08
2015 年	3 063.33	211.57	92.05	-5.94	11.68	4.24	0.90	-0.16
2016 年	3 070.60	7.27	93.44	1.39	8.81	-2.87	0.80	-0.10
2017 年	3 347.00	276.40	77.19	-16.25	13.14	4.33	0.94	0.14
2018 年	3 414.36	67.36	98.36	21.17	12.46	-0.68	0.92	-0.02
2019 年	3 796.81	382.45	101.14	2.78	9.09	-3.37	0.76	-0.16
2020 年	3 992.62	195.81	104.51	3.37	7.61	-1.48	0.76	0.00

对表 3-9 的结果进行分析，从鲜食需求来看，考察期内，国内需求量逐年增加，改革以来一直保持 3 000 万吨以上的年需求量。其中供需结构偏离度低于 1% 的 2017 年和 2019 年的国内需求量增量分别位列第 2、第 1；2020 年国内需求量接近 4 000 万吨，为考察期内最大值，但增量较之 2019 年减少 48.80%；鲜果出口量出现较大波动，改革前呈现总体下降趋势，改革后 2018 年开始逐年上升，2020 年鲜果出口量为改革以来最大值，但仍低于改革前最大值的 2012 年水平。

从加工需求来看，考察期内较多年份出现负增长。其中，柑橘（橘瓣）罐头原料需求量自 2012 年跌破 20 万吨以来，再无一年达到 2012 年及以前的水平；改革以来，2017 年、2018 年曾回到 10 万吨以上水平，但 2019 年开始再次下跌，2020 年跌至 7.61 万吨，在考察期内仅略高于 2014 年的水平；橙汁原料需求量亦呈现总体负增长趋势，改革以来一直低于 1 万吨，除 2017 年、2020 年外，其余各年均呈现逐年下降趋势，2020 年虽与 2019 年持平，但仍是考察期最小值。

2020 年全国柑橘产业供需结构偏离度大幅上升，但新冠疫情对全国柑橘鲜果出口量并无影响，对加工影响不显著。2020年国内鲜食增量减少的原因也不能单纯判断是受疫情影响，消费水平、供给产品质量等都有可能引起2020年国内柑橘鲜食需求量增长不及2019年。因此，2020年鲜果需求量增速放缓，加工需求继续下降。

综合以上分析可知，除2020年外，改革后全国柑橘产业供需结构偏离度相较于改革前显著降低的主要原因在于国内鲜食需求量增加。但2020年国内鲜食需求量增速放缓，远不及供给量增速，因此不断快速增长的供给量是2020年全国柑橘产业供需结构偏离度上升的根本原因。基于此可以判断，在短时间内难以较大幅度提振需求的情况下，促进全国柑橘产业供需平衡的着力点在于调减供给总量，贯彻"适地适栽"原则，改变规模扩张的发展思路，以提升产品质量、提高利润作为促进橘农增收的有效路径。

②四川。

图3-8反映了2010—2020年四川柑橘产业供给量与鲜食及主要加工需求量的变化情况。

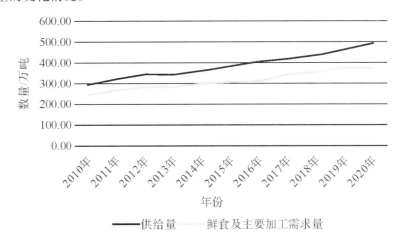

图3-8　2010—2020年四川柑橘产业供给量与鲜食及主要加工需求量的变化情况

由图3-8可见，除个别年份外，考察期内，四川柑橘产业总体呈现供给量增速高于鲜食及主要加工需求量增速的趋势。改革前，供需变化趋势和幅度基本一致；改革后，供给量较快上升，而鲜食及主要加工需求量在经历了2016—2019年的较快上升后，在2020年明显趋平。除去损耗量外，2020年四川柑橘供给量高于需求量（含其他柑橘加工品所需原料量）43.33万吨，占总产量的8.86%，均为考察期内最大值，占比高于全国同期水平 51.85%。

表 3-10 显示了 2010—2020 年四川柑橘产业鲜食及主要加工需求构成。

表 3-10　2010—2020 年四川柑橘产业鲜食及主要加工需求构成

单位：万吨

年份	国内鲜食需求量	较上一年增加	鲜果出口量	较上一年增加	罐头原料需求量	较上一年增加	橙汁原料需求量	较上一年增加
2010 年	243.43	—	0.104 32	—	0.255 34		0.057 46	—
2011 年	264.36	20.93	0.111 19	0.006 87	0.256 48	0.001 14	0.053 30	-0.004 16
2012 年	280.83	16.47	0.197 96	0.086 77	0.257 70	0.001 22	0.015 86	-0.037 44
2013 年	281.92	1.09	0.072 43	-0.125 53	0.250 03	-0.007 67	0.014 82	-0.001 04
2014 年	294.30	12.38	0.169 99	0.097 56	0.240 76	-0.009 27	0.013 78	-0.001 04
2015 年	300.70	6.40	0.022 55	-0.147 44	0.243 49	0.002 73	0.011 70	-0.002 08
2016 年	307.92	7.22	0.025 96	0.003 41	0.237 27	-0.006 22	0.010 40	-0.001 30
2017 年	340.04	32.12	0.034 28	0.008 32	0.222 53	-0.014 74	0.012 22	0.001 82
2018 年	351.52	11.48	0.198 49	0.164 21	0.248 66	0.026 13	0.011 96	-0.000 26
2019 年	373.36	21.84	0.361 98	0.163 49	0.202 48	-0.046 18	0.009 88	-0.002 08
2020 年	376.40	3.04	0.612 82	0.250 84	0.192 61	-0.009 87	0.008 98	-0.000 9

分析表 3-10 结果可知，从鲜食需求来看，考察期内，四川柑橘国内鲜食需求量逐年增长，改革以来一直保持 300 万吨以上的年需求量，其中 2020 年国内鲜食需求量增长为改革以来的最小值，与全国变动趋势一致。改革前，四川柑橘鲜果需求量年均增加 11.44 万吨，改革后年均增加 15.26 万吨。2020 年，四川柑橘鲜食需求量达 377.01 万吨，比 2010 年增加了 133.48 万吨，增长率为 54.81%；比 2015 年增加了 76.29 万吨，增长率为 25.37%。在四川柑橘鲜食需求中，出口占比较小且不稳定。2010 年四川柑橘鲜果出口 1 043.20 吨，出口值 83.90 万美元，占全省总供给量的 0.04%，占全国柑橘鲜果出口总量的 0.11 %，占全国柑橘出口总值的 0.14%。通过改革，四川柑橘鲜果出口情况明显改善，2020 年出口 6 128.20 吨，出口值 917.10 万美元，占全省总供给量的 0.13%，占全国柑橘鲜果出口总量的 0.59 %，占全国柑橘出口总值的 0.58%，出口量和出口值较之 2010 年分别增长了 487.44% 和 993.09%，较之 2015 年分别增长了 2 617.61% 和 1 868.03%。但由于四川对柑橘投入品管理不到位，未达到防

控有害生物的检疫要求，四川柑橘产业在国际竞争中已明显落后于江西等国内其他柑橘主产区。

从加工需求来看，2020 年四川仅有 1 926.10 吨柑橘原果用于柑橘（橘瓣）罐头生产，为考察期内唯一低于 2 000 吨的年份，较之 2015 年下降了 20.90%，较之 2010 年下降了 24.57%。虽然我国为世界最大的柑橘（橘瓣）罐头生产国和出口国，且柑橘（橘瓣）罐头主要用于出口，但四川柑橘（橘瓣）罐头产量在全国的占比低于 0.46%，鲜食加工兼用或加工专用的优良品种明显不足，全省原有的果肉罐头加工企业基本全部关闭。

除 2017 年外，考察期内，四川橙汁原材料需求量呈现逐年下降趋势。其中，2020 年四川仅需 89.80 吨柑橘原果用于橙汁生产，较之 2015 年下降了 23.25%，较之 2010 年下降了 84.37%。2010 年以来，四川柑橘产业实施"双晚"发展战略，各地普遍换种，改种晚熟品种，大量中熟品种也实行晚采晚上市方式。虽然实现了周年供果，但由于晚熟柑橘鲜销市场潜力大，售价高，原有加工品种柑橘基本无人种植，即使部分橘农种植加工品种，但由于收购价格不高，在橙汁加工企业原料供给市场缺乏竞争力，造成橙汁加工企业缺乏本地原料果，橙汁加工业明显萎缩。按照四川柑橘种植结构中原料果种植极少且难以在短期内有明显改观的现状，预计未来 5 年四川橙汁原材料需求量将会维持低位水平。

结合前文的分析结果进行综合判断，加工业萎缩是四川柑橘产业供过于求的主要原因。随着柑橘供给量的不断增大，加工需求量逐年下降，鲜食需求量增加有限，必然引起供需结构偏离度增大，供过于求的程度将加深，如果不能明显提升果品质量，四川的柑橘售价将持续下跌。

3.3　四川柑橘产业供给侧结构性改革的政策框架

依据前述分析结果可以发现，实施供给侧结构性改革以来，四川柑橘产业依然存在总量过剩、结构性过剩、低品质类型过剩等结构性问题，甚至有所加重，阻碍了四川柑橘产业高质量发展。上述问题的出现是由四川柑橘产业供给侧结构性改革政策错误或缺失导致，还是由政策执行偏差导致？这就有必要对四川柑橘产业供给侧结构性改革政策进行归纳评述，检验改革政策的完整性和准确性。

3.3.1 四川柑橘产业供给侧结构性改革总目标

为了推进农业供给侧结构性改革，四川于 2015—2018 年出台了一系列政策，如 2016 年 11 月印发的《四川省人民政府办公厅关于印发推进农业供给侧结构性改革加快四川农业创新绿色发展行动方案的通知》（川办函〔2016〕174 号）、2017 年 2 月发布的《关于以绿色发展理念引领农业供给侧结构性改革切实增强农业农村发展新动力的意见》（川委发〔2017〕1号）、2017 年 7 月发布的《推进农业供给侧结构性改革加快由农业大省向农业强省跨越十大行动方案》（川委发〔2017〕303 号）、2020 年 12 月制定的《四川省"十四五"水果产业发展推进方案》等（见表 3-11），从产业基地建设、农产品加工业壮大、"川字号"知名品牌打造等方面入手，系统提出了四川农业供给侧结构性改革的路线图、时间表和责任书。

表 3-11　四川农业供给侧结构性改革相关政策一览表（部分）

文件名称	发文单位	发文时间
《四川省人民政府办公厅关于印发推进农业供给侧结构性改革加快四川农业创新绿色发展行动方案的通知》	川办函〔2016〕174 号	2016 年 11 月
《关于以绿色发展理念引领农业供给侧结构性改革切实增强农业农村发展新动力的意见》	川委发〔2017〕1 号	2017 年 2 月
《四川省人民政府办公厅关于加强农产品品牌建设的意见》	川办发〔2017〕53 号	2017 年 6 月
《四川省国土资源厅关于服务保障农业供给侧结构性改革加快培育农业农村发展新动能的意见》	四川省国土资源厅	2017 年 6 月
《四川省人民政府办公厅关于支持新型农业经营主体开展农业社会化服务的指导意见》	川办发〔2017〕55 号	2017 年 6 月
《推进农业供给侧结构性改革加快由农业大省向农业强省跨越十大行动方案》	川委发〔2017〕303 号	2017 年 7 月
《四川省人民政府办公厅关于加快农产品加工业发展的实施意见》	川办发〔2017〕78 号	2017 年 8 月
《四川省人民政府办公厅关于加快推进现代农业产业融合示范园区建设的意见》	川办发〔2017〕80 号	2017 年 8 月

表3-11（续）

文件名称	发文单位	发文时间
《四川省人民政府办公厅关于加快推进农业供给侧结构性改革大力发展粮食产业经济的实施意见》	川办发〔2018〕30号	2018年5月
《四川省创新体制机制推进农业绿色发展实施方案》	川委办发〔2018〕32号	2018年9月
《四川省"十四五"水果产业发展推进方案》	川农领〔2020〕12号	2020年12月

柑橘产业供给侧结构性改革政策是柑橘产业政策的一种表现形式，其目的在于支持柑橘产业发展，提升生产水平，巩固产业地位，满足国民对柑橘产品的需求。柑橘产业供给侧结构性改革政策具有弥补市场缺陷、优化资源配置、调整产业结构3项基本功能。在四川一系列农业供给侧结构性改革政策中，《四川省人民政府办公厅关于印发推进农业供给侧结构性改革加快四川农业创新绿色发展行动方案的通知》（川办函〔2016〕174号）（以下简称《行动方案》）特别规划了四川柑橘产业行动方案，从规模、效率、结构、质量4个方面明确了四川柑橘产业供给侧结构性改革的目标，成为四川柑橘产业供给侧结构性改革的纲领性文件，也是四川柑橘产业供给侧结构性改革指南（见表3-12）。

表3-12 《行动方案》中柑橘产业供给侧结构性改革目标

目标分类	具体目标
规模目标	2020年全省柑橘总面积达到500万亩（333.50千公顷）
	2020年全省柑橘总产量达到500万吨
效率目标	按照优势区域布局、良种良法配套的原则，不断提高基地产出能力
结构目标	实施"双晚"战略，大力发展不知火、清见、默科特、塔罗科血橙新系等晚熟品种，积极推广中熟品种留树保鲜晚采技术，有效避开柑橘上市高峰，基本实现周年供果
	柑橘早、中、晚熟比例达到5：70：25
	优果率达到80%以上
	采后商品化处理率达到40%以上，加工率达到10%以上

表3-12(续)

目标分类	具体目标
质量目标	健全农产品质量安全网格化管理、风险预警等制度，实施食用农产品合格证管理，健全产地准出制度，实现产地准出与市场准入有效衔接。建立统一权威的追溯管理系统，加快完善市（州）、县（市、区）追溯信息平台，力争5年内规模经营主体、主要获证农产品和农资产品基本实现可追溯
	进一步做大"安岳柠檬""泸州甜橙"等区域品牌，创新品牌营销战略，积极参加各类大型展示、展销、博览活动，到目标市场开展各类推介会、发布会，提升品牌影响力
	选择柠檬等有出口潜力的产业，建设出口农产品生产基地
	对精品水果、高端水果采取全程冷链运输方式，保证果品品质，延长货架期

资料来源：《四川省人民政府办公厅关于推进农业供给侧结构新改革加快四川农业创新绿色发展行动方案的通知》。

3.3.2 四川柑橘产业供给侧结构性改革政策体系

3.3.2.1 规划布局政策

柑橘是"川果"产业中极其重要的组成部分，被列入四川省现代农业"10+3"产业体系重点支持的十大优势特色产业。2016年，四川省农业厅将成都、自贡、泸州、内江、乐山、南充、眉山、广安、达州、资阳、凉山州11个市州列为全省柑橘产业重点发展（扶持）地区（信息未公开，以下简称"重点市州"）。2020年12月四川省委农村工作领导小组印发《川果产业振兴工作推进方案》（川农领〔2020〕12号）（以下简称《推进方案》），提出加快推进水果、蚕桑、核桃产业提档升级、高质量发展，擦亮川果金字招牌。《推进方案》对全省"5+8"优势特色水果进行了集中发展区布局。其中，晚熟柑橘和柠檬位列四川省五大优势水果产业带（见表3-13），从产业布局上为四川柑橘产业发展进行指导。

表 3-13　四川省五大优势水果产业带布局

	区域	所在市（州）	重点县（市、区）	数量	辐射县（市、区）	数量
四川省五大优势水果产业带	晚熟柑橘产业带	成都市	蒲江县 金堂县	2	—	0
		眉山市	东坡区 仁寿县 丹棱县 青神县	4	—	0
		资阳市	—	0	雁江区	1
		自贡市	富顺县 沿滩区	2	大安区 荣县	2
		泸州市	泸县 合江县	2	叙永县 古蔺县	2
		遂宁市	—	0	船山区 射洪市	2
		内江市	资中县	1	隆昌市 市中区	2
		乐山市	井研县	1	—	0
		南充市	高坪区 西充县 南部县	3	阆中市 蓬安县 仪陇县	3
		广安市	邻水县	1	武胜县 广安区	2
		宜宾市	—	0	翠屏区 江安县 长宁县	3
		绵阳市	—	0	梓潼县	1
		雅安市	—	0	石棉县	1

表3-13(续)

区域	所在市（州）	重点县（市、区）	数量	辐射县（市、区）	数量
	达州市	渠县	1	达川区	1
	凉山州	雷波县	1	—	0
柠檬产业带	资阳市	安岳县	1	乐至县	1
	遂宁市	射洪市	1	安居区	1
	内江市	—	0	东兴区威远县	2
	南充市	—	0	嘉陵区	1
红心猕猴桃产业带、晚熟芒果产业带、晚熟荔枝龙眼产业带					

表3-13反映出晚熟柑橘产业带涵盖四川省15个市（州）、18个重点县（市、区）、20个辐射县（市、区）；柠檬产业带涵盖四川省4个市、2个重点县（市、区）、5个辐射县（市、区）。其中，晚熟柑橘产业带重点县（市、区）数量上眉山市、南充市位列第1、第2，辐射县（市、区）数量上则南充市、宜宾市领先；柠檬产业带重点县（市、区）仅涉及资阳市、遂宁市各1个县，辐射县（市、区）数量排名第1的为内江市。根据《推进方案》目标，到2022年，四川省晚熟柑橘、柠檬产业规模、产量、市场占有率和品牌影响力均位列全国第一。

3.3.2.2 要素配置政策

（1）财政政策。

实施农业供给侧结构性改革以来，四川柑橘主产市州积极推进农业产业结构调整，重点市州都将柑橘产业作为农业主导产业，持续加大财政支持力度，主要从加强优势特色标准化生产基地建设、大力发展优势特色农产品加工营销、健全农业产业经营组织体系、强化先进要素集聚支撑和建立健全利益联结机制等方面着力。通过改革，资阳雁江柑橘被认定为国家区域性良种繁育基地，受中央财政支持建设；省级财政支持建设资阳安岳柠檬、成都蒲江柑橘省级良繁基地2个；省级财政支持建设南充顺庆柑橘种业园区1个，优质苗木供应能力增长30%。2020年5月，农业农村部、财政部把四川晚熟柑橘产业集群列入全国首批50个优势特色产业集群建设名单，中央财政重点加大了有关项目的投资和建设力度。

（2）税收政策。

2018 年财政部和国家税务总局联合发布财税〔2018〕123 号文件，从 2018 年 11 月 1 日起提高鲜或干的橙、柑橘（包括小蜜橘及萨摩蜜柑橘）、韦尔金橘及其他类似的杂交柑橘、其他柑橘属水果等商品的出口退税率，将出口退税率提高到 10%。

（3）土地政策。

一是四川在完成农村土地承包经营权确权登记颁证的基础上，引导土地承包经营权规范流转，引导橘农发展多种形式的适度规模经营；二是四川大力推广股份合作、土地托管、订单生产等生产经营模式，鼓励橘农以承包土地经营权等方式入股柑橘合作社、柑橘龙头企业，让橘农得到产业链增值收益；三是四川各柑橘重点市州充分利用四川晚熟柑橘产业集群建设的契机，通过产业带连片推进柑橘产业基地及园区建设，利用土地综合整治和高标准农田建设等工程，进一步加大了全省柑橘重点市州柑橘产业的整合力度，并探索形成了"农业废弃物—生猪养殖—有机肥加工—柑橘""橘园种豆"等循环农业模式。

（4）信贷政策。

2016 年 12 月，四川省财政厅、农业厅联合印发《四川省农业信贷担保体系建设财政支持政策》（川财农〔2016〕200 号），对各类新型经营主体从事现代农业基础设施建设、产业发展，以及农村一二三产业融合发展等方面提供信贷担保服务，同时对有脱贫攻坚任务的贫困村基础设施、产业发展，以及公共服务设施建设等方面提供信贷担保服务，以更大的信贷投放力度促进了四川柑橘产业的发展。2020 年 3 月，四川省地方金融监管局、人民银行成都分行、四川银保监局等九部门联合出台《金融支持四川现代农业"10+3"产业体系八条措施》（川金发〔2020〕12 号），从信贷支持、融资供给、农业担保、农业保险等方面支持包括柑橘产业在内的特色产业发展。

（5）技术政策。

实施农业供给侧结构性改革以来，四川不断加大对柑橘品种选育、良种繁育、无公害栽培、采后处理、加工、冷链贮运等技术的研发力度。例如，四川省农科院园艺所在"十三五"农作物及畜禽育种攻关计划支持下，选育出三倍体柑橘"红锦"，亩产可达 2 998.60 千克，晚熟，无核，耐贮运，较红橘晚熟 60 天以上，同时，晚熟柑橘栽培技术被列为四川省农业主推技术。又如，四川省农科院柑橘团队在外专引智项目的持续支持下，吸引美国、日本、意大利、韩国等国以及联合国粮农组织专家30多人次来川开展合作研究，引进国际脐橙、血橙、柠檬、杂交柑橘等优新品种和新材料38个，丰富了柑橘产业发展的品种资源。团队选育出的脐橙、血橙、柠檬、杂交柑橘等23个新品种通过四川省品种委员会审定，6个新品种通过省级技术鉴定；研发集成了高标准建园技术、脱毒良繁技术、早结丰产技术、肥药双减与肥水药一体化技术、病虫害绿色防控技术、晚熟柑橘栽培关键技术、中熟柑橘留树保鲜提质增效技术等一系列引才引智成果并示范推广运用。

3.3.2.3 组织经营政策

（1）新型经营主体扶持政策。

2018年9月四川省委办公厅、省政府办公厅印发《关于加快构建政策体系培育新型农业经营主体的实施意见》，鼓励发展种养大户、家庭农场、农民合作社、农业企业等新型农业经营主体，大力发展专业合作、股份合作、社区合作、产供消信（生产、供销、消费、信用）"四位一体"综合合作等形式的农民合作社，建设以农民合作社为主要载体的田园综合体。允许财政资金特别是扶贫资金量化到农村集体经济组织和农户后，以自愿入股方式投入新型经营主体。在农机具购置补贴、生产、附属及配套设施用地等政策方面向符合条件的新型农业经营主体倾斜。"十三五"期间，中央财政资金4.71亿元、省级财政2.78亿元用于培育农民合作社，中央财政资金3.3亿元、省级财政资金0.73亿元用于培育家庭农场，不断提升农民合作社和家庭农场经营能力和服务能力。

（2）龙头企业扶持政策。

2017年四川省政府办公厅下发《关于支持农业产业化龙头企业（工商资本）带动脱贫攻坚的意见》（川办函〔2016〕199号），在此基础上，各市、县也分别出台了市级、县级龙头企业扶持政策，在资金、融资、用电等方面予以支持，通过一系列的资金奖励和政策支持，四川培育和发展壮大了邻水县柑桔产业开发有限公司、安岳安德利柠檬产业科技有限公司、四川华通柠檬有限公司、威远县金四方果业有限责任公司、眉山市东坡果业有限公司等一批柑橘类省级现代农业产业化重点龙头企业。

（3）家庭农场扶持政策。

2015年10月四川省政府办公厅出台《关于培育和发展家庭农场的意

见》，要求各地积极开展示范性家庭农场创建活动并建立名录库，在工商注册登记、土地流转、信贷、用地、项目建设上对家庭农场予以重点倾斜。在省级财政和各地方财政资金的大力支持下，四川柑橘产业涌现出武胜县欣达家庭农场、叶彩家庭农场、东坡区三苏源家庭农场、果满园家庭农场、永鑫家庭农场等一大批柑橘类省级示范家庭农场。

（4）专业合作社扶持政策。

2018年四川省发布《四川省〈中华人民共和国农民专业合作社法〉实施办法》，要求县级以上地方人民政府组织农业行政主管部门和其他有关部门及组织，通过产业政策、财政支持和金融、科技、人才的扶持等措施，引导和促进农民专业合作社的发展。经过各级政府多年的扶持，四川柑橘产业涌现出世纪红果业专业合作社、金色果地水果专业合作社、建发柑橘种植农民专业合作社、繁盛杂交柑橘专业合作社、雁江区现代柑橘专业合作社等骨干型专业合作社，提高了橘农组织化程度。

3.3.2.4 市场体系政策

（1）扩大出口贸易。

2018年11月四川省商务厅组织召开全省农产品出口产销对接会，发布四川省可供出口的417项优势农产品清单，积极扩大包括柑橘在内的农产品出口，打造"买全川，卖全球"农业对外开放合作高地。同时2021年四川省委"一号文件"要求建设一批农产品出口示范基地，加大四川农产品出口主体培育力度；推动中国（成都）国际农产品加工产业园和成都市青白江区农业对外开放合作试验区建设，有序推进境外农业合作示范区建设；建好中法、中智等农业产业园；加快建设中国天府农业博览园，办好四川农业博览会。这为四川柑橘产业"走出去"提供了便利，有利于促进四川柑橘产业延伸产业链条，获得更大的发展空间。

（2）为销售渠道提供保障。

2021年，四川省农业农村厅出台促进农产品流通的具体举措，从商品化处理设施和冷链设施建设、产销对接、线上线下联动销售等方面促进四川省农产品流通。2020年针对新冠疫情引起农产品"出不了村、进不了城"的困境，四川省农业农村厅协助交通部门开辟"绿色通道"，鼓励和支持农业龙头企业、农民专合社等新型生产经营主体与大型商超、规模连锁企业进行产销对接，积极开展包括柑橘在内的农产品订单农业、直采直销，确保果蔬生产、流通和销售的顺畅衔接。

3.3.2.5 质量安全政策

2020 年 3 月四川省农业农村厅印发《2020 年四川省农产品质量安全和品牌培育工作要点》（川农函〔2020〕195 号），从标准化生产、监管监测、风险监测评估、应急处置机制、农资打假、质量安全专项整治、绩效考核等方面对包括柑橘在内的农产品质量安全提出了详细的目标举措。要求加快建设现代经作产业标准化基地；开展标准进村入户活动，推动新型经营主体按标生产；对农药残留、重金属、违禁物质等已知风险深入评价危害程度和产生原因；重点打击生产经营假劣农药、肥料有效成分不足、种苗侵权假冒等行为；将绿色食品、有机农产品、地理标志农产品纳入追溯管理，探索推广"合格证+追溯码"模式。通过一揽子政策，四川进一步提升了农产品质量安全意识，加大了农产品质量安全监管的力度。

3.4 供给侧结构性改革以来四川柑橘产业的比较优势分析

在前文对四川柑橘产业供给侧结构性改革政策进行归纳评述的基础上，本节主要对政策目标达成情况进行检验，通过四川柑橘产业比较优势分析呈现。比较优势理论认为，促进农业产业结构优化升级的前提是明晰地区资源禀赋优势及区域比较优势。测算资源禀赋优势的指标主要采用资源禀赋系数，测算区域比较优势的指标主要包括区位商、综合比较优势指数、概率优势等[①]。本书重点研究柑橘产业供给侧结构性改革绩效，因此把区域比较优势的测算与农业供给侧结构性改革的目标结合起来，着重从规模、效率、结构、质量 4 个方面全面比较四川与全国其他柑橘主产区、四川 20 个柑橘种植市州之间的优劣势。考虑到指标的合理性以及数据的可获得性，在借鉴向云等[②]的方法的基础上，本书通过资源禀赋系数、规模比较优势指数、效率比较优势指数、区位商 4 个模型定量测算四川柑橘产业的比较优势，质量方面的比较优势则通过相关指标的直接比较呈现。

---

① 郭晓鸣. 四川柑橘产业发展及相关政策研究［M］. 四川：四川科学技术出版社，2014：18.

② 向云，祁春节. 湖北省柑橘生产的区域比较优势及其影响因素研究［J］. 经济地理，2014，34（11）：134-139，192.

3.4.1 资源禀赋

比较优势理论和要素禀赋理论认为，地区经济的发展要利用自身资源禀赋条件发展具有相对比较优势的产业或产品[①]。资源禀赋是对一个国家或者地区自然资源素质状况做出的综合评价，用以反映一个国家或地区某种资源的相对丰裕程度[②]。

3.4.1.1 计算方法

资源禀赋以资源禀赋系数表示，计算时一般采用某一国家或地区某种资源在上一级区域的份额与该国或该地区某种资源产值在上一级范围的产值中的份额之比[③]。计算公式如下：

$$EF_{it} = \frac{V_{it}/V_i}{Y_{it}/Y_i} \tag{3-3}$$

式（3-3）中，EF_{it} 代表 i 地区 t 时期柑橘生产的资源禀赋系数，V_{it} 和 Y_{it} 分别代表 i 地区 t 时期的柑橘产量和农业产值，V_i 和 Y_i 分别代表 i 地区的上一级区域在 t 时期的柑橘产量和农业产值。若 $0< EF_{it} <1$，表明该地区的柑橘生产不具有资源禀赋优势；若 $1 \leqslant EF_{it} <2$，表明该地区的柑橘生产具有资源禀赋优势；若 $EF_{it} \geqslant 2$，则表明该地区的柑橘生产具有较强的资源禀赋优势。

3.4.1.2 数据来源

本书此部分研究涉及的数据包括全国九大柑橘主产省（直辖市、自治区）和四川 20 个柑橘种植市州的相关数据。省级层面主产区（包括浙江、福建、江西、湖北、湖南、广东、广西、重庆和四川）柑橘的产量和产值等相关数据均来自《中国农村统计年鉴》《中国统计年鉴》。四川 20 个柑橘种植市州的柑橘产量和农业产值数据均来自《四川统计年鉴》，所有数据的时间均为 2010—2020 年。

本书此部分研究选择的 20 个市州的柑橘产量之和即四川柑橘总产量，表明这些市州具有极强的代表性，能够全面反映四川市州层面柑橘生产的

[①] 郭晓鸣. 四川柑橘产业发展及相关政策研究 [M]. 四川：四川科学技术出版社，2014：18.

[②] 张力小，梁竞. 区域资源禀赋对资源利用效率影响研究 [J]. 自然资源学报，2010（8）：1237-1247.

[③] 向云，祁春节. 湖北省柑橘生产的区域比较优势及其影响因素研究 [J]. 经济地理，2014，34（11）：134-139，192.

资源禀赋状况。

3.4.1.3 结果与分析

（1）四川与其他柑橘主产区的横向比较。

全国九大柑橘主产区柑橘生产的资源禀赋系数如表 3-14 所示。

表 3-14　全国九大柑橘主产区柑橘生产资源禀赋系数

	福建	江西	湖北	湖南	广东	广西	浙江	重庆	四川
2010 年	3.89	4.68	2.19	2.64	2.78	3.27	2.56	3.11	1.36
2011 年	3.77	5.54	2.05	2.51	2.64	3.16	2.41	2.91	1.86
2012 年	3.56	4.97	2.29	2.70	2.76	3.30	2.33	3.02	1.83
2013 年	3.64	5.89	2.32	2.37	2.89	3.51	2.24	3.29	1.84
2014 年	3.55	5.24	2.48	2.38	2.83	3.71	2.27	3.36	1.84
2015 年	3.56	4.87	2.42	2.37	2.78	3.81	2.28	3.43	1.79
2016 年	3.35	3.92	2.47	2.40	2.48	3.88	1.85	3.32	1.70
2017 年	3.14	4.13	2.39	2.93	2.16	4.09	1.90	3.27	1.58
2018 年	3.05	3.94	2.39	2.95	2.10	4.57	1.80	3.00	1.55
2019 年	2.97	3.67	2.12	2.65	1.90	5.22	1.66	3.04	1.50
2020 年	2.97	3.53	2.05	2.61	1.85	5.92	1.69	2.81	1.46
均值	3.41	4.58	2.29	2.59	2.47	4.04	2.09	3.14	1.66

由表 3-14 可见，考察期内，全国九大柑橘主产区的柑橘种植历史悠久，地理位置和自然条件优越，柑橘种植和管理技术相对成熟，全部具有柑橘生产的资源禀赋优势。其中，除四川外，其余 8 个主产区的资源禀赋系数均大于 2.0，显示出较强的资源禀赋优势，江西（4.58）和广西（4.04）较为突出。

分析发现，考察期内，四川是全国柑橘主产区中唯一一个柑橘生产的资源禀赋系数均值和单独年份值均低于 2.0 的省份，且历年排名均处于末位。实施农业供给侧结构性改革前，四川柑橘生产的资源禀赋系数均值为 1.75，改革后均值为 1.56，负增长率 10.86%，且基本呈逐年下降趋势，表明农业供给侧结构性改革对四川柑橘生产的资源禀赋未起到提升作用。

分析认为，四川柑橘生产不具有较强资源禀赋优势的原因主要在于换种、大量新增柑橘种植未投产及频发的自然灾害影响柑橘产量和质量。改革前，四川大面积换种晚熟柑橘，原有的稳定的中熟品种产量在 3 年左右的时间里呈下降趋势。改革后，四川柑橘产业秉持"规模扩张"发展思路，各地快速扩种晚熟柑橘，需 3~5 年才能形成有效产量，由此形成四川柑橘生产"扩面不增量"现象，造成四川柑橘产量在全国占比明显下降。

2017 年以来，四川柑橘生产受到极端自然灾害破坏的频率增大，对柑橘产量造成较大影响，尤其是 2020 年四川柑橘生产严重受损。表 3-15 为 2020 年四川柑橘产业灾情统计[①]。

表 3-15　2020 年四川柑橘产业灾情统计

灾害种类	受灾（失管）地市州数量/个	受灾（失管）区县数量/个	受灾（失管）乡镇数量/个	受灾（失管）面积/千公顷	受灾（失管）面积比例/%	经济损失/亿元
新冠疫情	5	10	64	11.80	42.57	7.18
干旱灾情	8	12	90	16.60	39.79	10.90
洪涝灾情	5	15	75	9.00	49.36	2.79

新冠疫情叠加干旱、暴雨等不利影响，2020 年，四川多地柑橘果园 2 月份至 5 月份失管；1 月份至 5 月份柑橘幼苗枯死，落花落果情况严重，老树生长衰退；8 月 10 日至 19 日，果园淹没 2~3 米，果品腐烂变质，苗木涝害死亡[②]。全省柑橘受灾总面积达 37.4 千公顷，损失 20.87 亿元。

（2）四川 20 个柑橘种植市州的比较。

四川 20 个柑橘种植市州柑橘生产的资源禀赋系数如表 3-16 所示。

表 3-16　四川 20 个柑橘种植市州柑橘生产的资源禀赋系数

	2010 年	2011 年	2012 年	2013 年	2014 年	2015 年	2016 年	2017 年	2018 年	2019 年	2020 年	均值
成都	1.16	1.18	1.15	1.22	1.22	1.22	1.12	1.37	1.18	1.16	1.24	1.20
自贡	1.56	1.55	1.57	1.57	1.60	1.61	1.61	1.73	1.66	1.49	1.56	1.59
攀枝花	0.24	0.24	0.23	0.20	0.19	0.10	0.09	0.07	0.07	0.04	0.04	0.14
泸州	0.39	0.38	0.41	0.44	0.47	0.49	0.50	0.50	0.50	0.51	0.52	0.46

---

① 吕秀兰，王进，汪志辉，等. 2020 年四川省六大水果产业灾情分析与解决对策［J］. 四川农业与农机，2020（5）：14-18.

② 吕秀兰，王进，汪志辉，等. 2020 年四川省六大水果产业灾情分析与解决对策［J］. 四川农业与农机，2020（5）：14-18.

表3-16（续）

	2010年	2011年	2012年	2013年	2014年	2015年	2016年	2017年	2018年	2019年	2020年	均值
德阳	0.31	0.31	0.28	0.32	0.31	0.31	0.30	0.25	0.24	0.27	0.26	0.29
绵阳	0.48	0.46	0.45	0.41	0.43	0.42	0.40	0.23	0.23	0.26	0.25	0.37
广元	0.76	0.81	0.78	0.83	0.82	0.81	0.76	0.63	0.63	0.51	0.25	0.69
遂宁	0.27	0.25	0.25	0.29	0.28	0.30	0.28	0.28	0.31	0.30	0.28	0.28
内江	1.58	1.49	1.40	1.46	1.44	1.46	1.39	1.43	1.43	1.49	1.56	1.47
乐山	0.65	0.67	0.65	0.64	0.60	0.56	0.52	0.54	0.55	0.45	0.47	0.57
南充	1.47	1.44	1.36	1.33	1.30	1.46	1.20	1.06	1.06	1.15	1.16	1.25
眉山	3.52	3.51	3.38	3.40	3.56	3.56	3.66	4.07	4.05	4.32	4.44	3.77
宜宾	1.51	1.45	1.48	1.47	1.43	1.43	1.37	1.18	1.29	1.29	1.24	1.38
广安	1.01	1.04	1.02	1.00	1.00	0.96	0.93	0.82	0.81	0.78	0.76	0.92
达州	0.82	0.80	0.80	0.78	0.75	0.74	0.73	0.67	0.66	0.70	0.71	0.74
雅安	0.35	0.36	0.46	0.57	0.62	0.72	0.71	0.75	0.79	0.64	0.65	0.60
巴中	0.22	0.25	0.25	0.31	0.29	0.29	0.28	0.27	0.27	0.24	0.25	0.27
资阳	2.08	1.99	2.13	1.75	1.89	2.00	3.34	3.26	3.67	4.89	4.84	2.89
甘孜	0.01	0.01	0.01	0.01	0.01	0.01	0.01	0.02	0.01	0.01	0.01	0.01
凉山	0.09	0.09	0.10	0.10	0.11	0.10	0.10	0.11	0.12	0.12	0.13	0.11

分析表3-16结果可知，考察期内，四川20个柑橘种植市州柑橘生产的资源禀赋存在较为明显的差异，主要表现如下：其一，超过半数的市州不具有柑橘生产的资源禀赋优势。观察均值发现，眉山（3.77）历年柑橘生产的资源禀赋系数均在3.0以上，资阳（2.89）柑橘生产的资源禀赋系数仅有3年低于2.0。眉山、资阳具有较强的资源禀赋优势，自贡（1.59）、内江（1.47）、宜宾（1.38）、南充（1.25）和成都（1.20）具有一定的资源禀赋优势，其余13个市州均缺乏柑橘生产的资源禀赋优势，其中甘孜藏族自治州（0.01）历年处于末位。其二，一半数量的市州出现不同程度的资源禀赋下降趋势。自贡和甘孜藏族自治州柑橘生产的资源禀赋系数稳定不变，其中甘孜藏族自治州在10年中均为0.01，始终不具有柑橘生产的资源禀赋优势；在8个资源禀赋系数提升的市州中，资阳从2.08提升至4.84，2015年以来一直保持2.0以上，是唯一一个资源禀赋系数增长值超过1.0的市州；在10个资源禀赋系数下降的市州中，广安从1.01降至0.76，2015年以来逐年下降，是唯一一个从原本具有资源禀赋转变为丧失资源禀赋的市州。其三，四川柑橘产业重点和非重点市州柑橘

生产的资源禀赋系数差异较大。从均值来看，11 个柑橘产业重点市州柑橘生产的资源禀赋系数均值为 1.36，9 个非重点市州柑橘生产的资源禀赋系数均值为 0.45。从农业供给侧结构性改革引起的资源禀赋变动来看，改革前，重点市州柑橘生产的资源禀赋系数均值为 1.27，非重点市州均值为 0.48；改革后，重点市州柑橘生产的资源禀赋系数均值为 1.47，非重点市州均值为 0.41。改革后，重点市州柑橘生产的资源禀赋系数均值比改革前提高了 0.20，增长率为 15.75%；改革后，非重点市州柑橘生产的资源禀赋系数均值比改革前下降了 0.07，负增长率为 17.07%。

据此认为，眉山、资阳、自贡、内江、南充、成都 6 个重点市州依托较优越的自然条件，通过改革提高了柑橘种植和管理技术水平，具有柑橘生产的资源禀赋优势。泸州、乐山、广安、达州、凉山彝族自治州虽被列入柑橘产业重点发展市州，但并不具备资源禀赋优势，其自然条件、种植和管理技术水平不能满足柑橘产业发展要求。宜宾具有一定的资源禀赋优势，但未被列入重点市州行列，资源禀赋优势已出现下降趋势。其余非重点市州柑橘生产的资源禀赋长期保持较低水平，影响了四川柑橘生产的资源禀赋的提升，不适合将柑橘产业作为主导产业。

3.4.2 规模比较优势

3.4.2.1 计算方法

四川柑橘产业供给侧结构性改革的规模比较优势通过规模比较优势指数呈现。学者马惠兰（2007）在对我国棉花生产比较优势与出口竞争力的区域差异进行分析时使用了规模比较优势指数模型[1]，祁春节（2014）等学者在柑橘产业竞争力分析中广泛采用该模型[2]，本书也采用该模型测算四川柑橘产业供给侧结构性改革的规模绩效，计算公式如下：

$$SAI_{it} = \frac{GS_{it}/GS_i}{GS_t/GS} \qquad (3-4)$$

式（3-4）中，SAI_{it} 代表 i 地区 t 时期的柑橘产业规模比较优势指数，GS_{it}/GS_i 代表 i 地区 t 时期柑橘种植面积占水果种植面积的比重，GS_t/GS 代表

① 马惠兰. 我国棉花生产比较优势与出口竞争力的区域差异分析 [J]. 国际贸易问题，2007（7）：61-65.

② 向云，祁春节. 湖北省柑橘生产的区域比较优势及其影响因素研究 [J]. 经济地理，2014，34（11）：134-139，192.

t 时期 i 地区的上一级区域柑橘种植面积占水果种植面积的比重。

一般经验认为，$0<\mathrm{SAI}_{it}<1$，表示该地区柑橘产业缺乏规模比较优势；$1\leqslant\mathrm{SAI}_{it}<2$，表示该地区柑橘产业具有一定的规模比较优势；$\mathrm{SAI}_{it}\geqslant2$，表示该地区柑橘产业具有较强的规模比较优势。

3.4.2.2 数据来源

本书此部分研究涉及的数据包括全国九大柑橘主产区和四川 20 个柑橘种植市州的相关数据。省级层面主产区（包括浙江、福建、江西、湖北、湖南、广东、广西、重庆和四川）柑橘的种植面积等相关数据均来自《中国农村统计年鉴》。四川 20 个柑橘种植市州的柑橘的种植面积数据中公开的部分来自《各市州统计年鉴》，未公开的部分来自四川省农业农村厅统计资料，所有数据的时间均为 2010—2020 年。

本书此部分研究选择的 20 个市州的柑橘种植面积之和即四川柑橘总种植面积，能够全面反映四川市州层面柑橘产业的规模比较优势状况。

3.4.2.3 结果与分析

（1）四川与其他柑橘主产区的横向比较。

全国九大柑橘主产区柑橘产业的规模比较优势指数见表 3-17。

表 3-17 全国九大柑橘主产区柑橘产业的规模比较优势指数

	2010 年	2011 年	2012 年	2013 年	2014 年	2015 年	2016 年	2017 年	2018 年	2019 年	2020 年	均值
福建	1.71	1.71	1.77	1.74	1.80	1.79	2.68	1.83	1.90	1.89	1.81	1.88
江西	4.20	4.17	4.25	4.14	4.23	4.10	3.51	3.72	3.79	3.75	3.52	3.94
湖北	3.19	3.17	3.20	3.03	3.02	2.96	3.04	2.88	2.96	2.87	2.65	3.00
湖南	3.81	3.76	3.86	3.75	3.75	3.66	3.27	3.37	3.55	3.50	3.34	3.60
广东	1.36	1.37	1.22	1.36	1.40	1.37	1.31	1.06	1.12	1.10	1.05	1.25
广西	1.10	1.10	1.15	1.29	1.38	1.46	1.42	1.72	1.47	1.54	1.90	1.41
浙江	1.86	1.81	1.79	1.68	1.62	1.55	1.22	1.28	1.30	1.29	1.25	1.51
重庆	2.90	2.88	3.01	2.73	3.18	3.07	3.17	3.16	3.30	3.24	2.87	3.05
四川	2.39	2.38	2.35	2.26	2.27	2.20	1.82	1.87	1.96	1.95	1.88	2.12

由表 3-17 可见，考察期内，全国九大柑橘主产区柑橘产业均具有规模比较优势，但区域差异较大。从均值来看，具有较强规模比较优势的主产区有江西、湖南、重庆、湖北、四川，其余主产区则具有一定的规模比较优势。仅福建、广西柑橘产业的规模比较优势指数上升，其余 7 个主产区柑橘产业的规模比较优势指数均有不同程度的下降，其中下降幅度最大

的是浙江，负增长率为 33.15%，主要原因在于果园面积不断减小。四川柑橘产业的规模比较优势指数负增长率为 21.63%，2016 年快速下跌的主要原因在于，各地大面积扩种葡萄、李子、核桃等，同时柑橘从早中熟换种晚熟品种，经济效益还未有效显现，扩种速度下降。2017—2019 年，四川晚熟柑橘销售价格大幅度提高，各地快速扩种柑橘，规模比较优势指数上升明显。2020 年四川柑橘销售价格大幅度下跌，加上自然灾害频发，橘农损失较大，种植柑橘积极性受挫，规模比较优势指数较之 2019 年下降了 3.59%。

（2）四川 20 个柑橘种植市州的比较。

四川 20 个市州柑橘产业的规模比较优势指数见表 3-18。

表 3-18　四川 20 个市州柑橘产业的规模比较优势指数

	2010 年	2011 年	2012 年	2013 年	2014 年	2015 年	2016 年	2017 年	2018 年	2019 年	2020 年	均值
成都	0.89	0.92	0.94	0.97	1.00	1.02	1.54	1.55	1.32	1.33	1.36	1.17
自贡	1.26	1.25	1.23	1.21	1.18	1.16	1.38	1.35	1.39	1.39	1.39	1.29
攀枝花	0.44	0.43	0.43	0.43	0.42	0.42	0.44	0.48	0.50	0.55	0.56	0.46
泸州	0.84	0.82	0.82	0.82	0.82	0.83	0.79	0.77	0.84	0.86	0.86	0.82
德阳	0.34	0.34	0.34	0.34	0.34	0.35	0.30	0.31	0.31	0.31	0.32	0.33
绵阳	0.47	0.47	0.47	0.48	0.48	0.48	0.29	0.28	0.28	0.29	0.29	0.39
广元	0.37	0.36	0.35	0.35	0.34	0.34	0.28	0.28	0.27	0.25	0.25	0.31
遂宁	0.19	0.20	0.20	0.20	0.20	0.20	0.22	0.22	0.21	0.20	0.20	0.20
内江	1.69	1.69	1.66	1.64	1.62	1.59	1.32	1.30	1.36	1.42	1.43	1.52
乐山	0.88	0.87	0.87	0.87	0.87	0.87	0.89	0.89	0.93	1.02	1.00	0.91
南充	0.86	0.86	0.86	0.87	0.87	0.88	0.77	0.77	0.96	1.07	1.06	0.89
眉山	4.55	4.69	4.84	4.94	5.00	5.08	5.91	5.90	5.59	5.47	5.53	5.23
宜宾	1.97	1.94	1.89	1.85	1.79	1.74	1.45	1.45	1.49	1.45	1.44	1.68
广安	1.17	1.18	1.19	1.19	1.19	1.20	1.03	1.03	0.96	0.93	0.93	1.09
达州	0.73	0.74	0.73	0.73	0.73	0.73	0.72	0.73	0.68	0.64	0.63	0.71
雅安	0.94	0.97	0.98	0.98	0.99	1.01	1.03	1.04	0.97	1.01	1.02	0.99
巴中	0.23	0.23	0.23	0.23	0.22	0.22	0.22	0.22	0.23	0.22	0.21	0.22
资阳	2.54	2.55	2.56	2.58	2.60	2.63	2.50	2.50	2.63	2.51	2.56	2.56
甘孜	0.06	0.06	0.06	0.06	0.06	0.06	0.08	0.10	0.13	0.13	0.13	0.08
凉山	0.11	0.11	0.11	0.11	0.11	0.11	0.12	0.12	0.12	0.12	0.12	0.12

分析表 3-18 结果可知，考察期内，四川 20 个柑橘种植市州柑橘产业的规模比较优势存在较为明显的差异，主要表现：其一，超过半数的市州不具有柑橘产业的规模比较优势。观察均值发现，眉山（均值 5.23）历年柑橘产业的规模比较优势指数均在 4.0 以上，资阳（均值 2.56）历年柑橘产业的规模比较优势指数均在 2.0 以上，眉山、资阳具有较强的规模比较优势；宜宾（均值 1.68）、内江（均值 1.52）、自贡（均值 1.29）、成都（均值 1.17）和广安（均值 1.09）具有一定的规模比较优势，其余 13 个市州均缺乏柑橘产业的规模比较优势，其中甘孜（均值 0.08）历年处于末位。其二，各市州柑橘产业的规模比较优势指数变化不明显。眉山正增长 0.98，宜宾负增长 0.53，其余 18 个市州柑橘产业的规模比较优势指数值浮动均不足 0.5，其中泸州、德阳、遂宁、巴中、资阳、凉山 6 个市州浮动值均不足 0.1。其三，四川柑橘产业重点和非重点市州柑橘产业的规模比较优势指数差异较大。从均值来看，11 个柑橘产业重点市州柑橘产业的规模比较优势指数均值为 1.48，9 个非重点市州柑橘产业的规模比较优势指数均值为 0.52。从农业供给侧结构性改革引起的规模比较优势变动来看，改革前，重点市州柑橘产业的规模比较优势指数均值为 1.44，非重点市州均值为 0.55；改革后，重点市州柑橘产业的规模比较优势指数均值为 1.53，非重点市州均值为 0.49。改革后，重点市州柑橘产业的规模比较优势指数均值比改革前提高了 0.09，增长率为 6.25%；非重点市州柑橘产业的规模比较优势指数均值比改革前下降了 0.06，负增长率为 10.91%。

据此认为，眉山、资阳、内江、自贡、成都和广安 6 个重点市州具有相对悠久的柑橘种植历史，机械化水平、专业化组织化程度及柑橘规模化种植的投入较高，具有较稳定的规模比较优势，尤其是眉山和资阳的"头雁效应"明显。乐山、南充为四川柑橘产业的"后起之秀"，通过农业供给侧结构性改革快速扩种柑橘，但小户、散户种植现象普遍，大规模种植效益尚未有效显现，规模比较优势有较大提升空间。宜宾在全省主要发展早中熟柑橘种植阶段具有较明显的规模比较优势，但未被列入重点市州行列，随着"双晚"战略的实施，原有早中熟品种种植收益减少，导致规模比较优势下降。除宜宾、雅安外，其余非重点市州柑橘产业的规模比较优势长期处于较低水平，制约了四川柑橘产业规模化水平的提升。

3.4.3 效率比较优势

3.4.3.1 计算方法

四川柑橘产业供给侧结构性改革的效率比较优势通过效率比较优势指数呈现。学者马惠兰（2007）使用效率比较优势指数模型后，祁春节（2014）等学者在柑橘产业竞争力分析中广泛采用该模型。本书沿用该模型，计算方法如下：

$$EAI_{it} = \frac{AP_{it}/AP_i}{AP_t/AP} \tag{3-5}$$

式（3-5）中，EAI_{it}代表i地区t时期的柑橘产业效率比较优势指数，AP_i和AP_{it}分别代表i地区t时期的水果单产和柑橘单产，AP_t和AP分别代表t时期i地区的上一级区域的水果单产和柑橘单产。若$0<EAI_{it}<1$，表示该地区柑橘产业缺乏效率比较优势；若$1\leqslant EAI_{it}<2$，表示该地区柑橘产业具有一定的效率比较优势；若$EAI_{it}\geqslant2$，表示该地区柑橘产业具有较强的效率比较优势。

3.4.3.2 数据来源

本书此部分研究涉及的数据包括全国九大柑橘区和四川20个柑橘种植市州的柑橘种植面积和产量等相关数据。省级层面主产区（包括浙江、福建、江西、湖北、湖南、广东、广西、重庆和四川）柑橘的种植面积、产量等相关数据均来自《中国农村统计年鉴》。四川20个柑橘种植市州的柑橘种植面积数据中公开的部分来自《各市州统计年鉴》，未公开的部分来自四川省农业农村厅统计资料，产量数据来自《四川统计年鉴》，所有数据的时间均为2010—2020年。

本书此部分研究选择的20个市州的柑橘种植面积之和与产量即四川柑橘总种植面积、总产量，表明这些市州具有极强的代表性，能够全面反映四川市州层面柑橘产业的效率比较优势状况。

3.4.3.3 结果与分析

（1）四川与其他柑橘主产区的横向比较。

全国九大柑橘主产区柑橘产业的效率比较优势指数见表3-19。

表3-19 全国九大柑橘主产区柑橘产业的效率比较优势指数

	2010年	2011年	2012年	2013年	2014年	2015年	2016年	2017年	2018年	2019年	2020年	均值
福建	2.01	1.97	1.84	1.89	1.81	1.83	1.25	1.77	1.63	1.59	1.56	1.74
江西	1.10	1.14	1.05	1.16	1.08	1.13	1.25	1.07	0.98	0.95	0.95	1.08
湖北	0.98	0.94	1.03	1.08	1.11	1.12	1.12	1.13	1.02	0.99	1.01	1.05
湖南	1.05	0.99	1.05	0.96	0.95	0.95	1.09	1.03	0.91	0.90	0.91	0.98
广东	1.68	1.63	1.86	1.70	1.62	1.63	1.66	1.66	1.45	1.43	1.41	1.61
广西	2.10	2.04	1.92	1.73	1.64	1.55	1.62	1.38	1.67	1.76	1.46	1.72
浙江	1.18	1.17	1.17	1.21	1.30	1.35	1.53	1.28	1.18	1.14	1.14	1.24
重庆	1.63	1.58	1.49	1.68	1.40	1.46	1.41	1.30	1.14	1.14	1.21	1.40
四川	0.94	1.33	1.34	1.36	1.35	1.38	1.70	1.46	1.27	1.23	1.20	1.32

由表3-19可见，考察期内，全国九大柑橘主产区中，仅湖南不具有柑橘产业效率比较优势，整体优势不强。从均值来看，无一主产区具有较强效率比较优势，除湖南外，其余8个主产区均具有一定效率比较优势。对比2010年和2020年数据可知，仅湖北、四川柑橘产业的效率比较优势指数上升了，其余7个主产区柑橘产业的效率比较优势指数均不同程度下降。其中下降幅度最大的是广西，负增长率达30.59%，主要原因在于广西柑橘产业快速扩种，柑橘种植和管理技术水平的提升相对滞后，叠加柑橘病虫害等自然灾害的严重影响，其效率比较优势逐渐下降。四川柑橘产业的效率比较优势增长率达27.66%，但农业供给侧结构性改革实施以来呈逐年下降趋势，2018—2020年均低于改革前的水平，主要原因在于各地柑橘产业采取"规模扩张"发展思路，不同程度忽视柑橘种植和管理技术水平的提升，同时小农、散户种植模式难以提升柑橘单产水平。2020年四川自然灾害频发，柑橘果品质量下降，加之供给量过大，柑橘销售价格大幅度下跌，橘农技术投入不足，效率比较优势指数降至考察期内除2010年外的最低值。

（2）四川20个柑橘种植市州的比较。

四川20个柑橘种植市州柑橘产业的效率比较优势指数见表3-20。

表3-20 四川20个柑橘种植市州柑橘产业的效率比较优势指数

	2010年	2011年	2012年	2013年	2014年	2015年	2016年	2017年	2018年	2019年	2020年	均值
成都	1.66	1.65	1.34	1.36	1.10	1.06	0.74	1.03	1.04	1.04	1.03	1.19
自贡	1.22	1.26	1.27	1.31	1.16	1.18	1.00	1.07	1.01	1.05	1.07	1.15

表3-20(续)

3

四川柑橘产业供给侧结构性改革现状分析

	2010年	2011年	2012年	2013年	2014年	2015年	2016年	2017年	2018年	2019年	2020年	均值
攀枝花	0.34	0.34	0.33	0.31	0.27	0.15	0.13	0.09	0.08	0.08	0.07	0.20
泸州	0.40	0.42	0.44	0.49	0.51	0.53	0.56	0.51	0.47	0.48	0.49	0.48
德阳	1.12	1.12	1.00	1.06	0.99	0.99	1.12	0.90	0.90	0.85	0.82	0.99
绵阳	1.13	1.12	1.07	1.02	1.13	1.11	1.78	1.01	1.10	1.06	1.07	1.15
广元	1.54	1.56	1.50	1.60	1.40	1.35	1.55	1.21	1.27	1.26	0.66	1.35
遂宁	1.60	1.58	1.53	1.47	1.67	1.75	1.56	1.65	1.94	1.94	1.88	1.69
内江	0.98	0.98	0.99	1.06	0.90	0.91	1.04	1.01	0.98	0.93	0.93	0.97
乐山	0.97	0.97	0.93	0.92	0.93	0.89	0.81	0.80	0.78	0.74	0.82	0.87
南充	1.57	1.58	1.52	1.54	1.58	1.54	1.68	1.50	1.10	1.10		1.45
眉山	0.58	0.55	0.52	0.52	0.64	0.64	0.56	0.74	0.79	0.80	0.80	0.65
宜宾	0.67	0.69	0.72	0.75	0.78	0.79	0.92	0.76	0.80	0.79	0.82	0.77
广安	0.78	0.78	0.77	0.77	0.69	0.67	0.75	0.68	0.72	0.75	0.72	0.74
达州	1.15	1.14	1.10	1.10	1.09	1.08	1.09	0.99	1.04	1.10	1.12	1.09
雅安	0.42	0.40	0.49	0.59	0.65	0.76	0.74	0.89	0.99	0.98	0.99	0.72
巴中	0.77	0.77	0.75	0.77	0.90	0.89	0.89	0.75	0.70	0.72	0.85	0.80
资阳	0.78	0.77	1.07	0.93	1.00	1.02	1.24	1.15	1.22	1.29	1.28	1.07
甘孜	0.59	0.57	0.48	0.47	0.50	0.62	0.44	0.41	0.25	0.23	0.24	0.44
凉山	0.73	0.72	0.79	0.83	1.00	0.96	0.90	0.87	0.89	0.93	0.93	0.87

分析表3-20的结果发现，考察期内，四川20个柑橘种植市州柑橘产业的效率比较优势指数普遍偏低，主要表现在：其一，3/5的市州不具有柑橘产业的效率比较优势。观察均值发现，遂宁（1.69）、南充（1.45）、广元（1.35）、成都（1.19）、自贡（1.15）、绵阳（1.15）、达州（1.09）、资阳（1.07）8个市的柑橘产业具有一定的效率比较优势，其中仅自贡、绵阳、遂宁、南充4个市历年柑橘产业的效率比较优势指数均在1.0以上；眉山、内江、广安等柑橘种植历史相对悠久的市州缺乏效率比较优势。其二，3/5的市州柑橘产业的效率比较优势下降。比较2010和2020年的数据可以发现，仅泸州、遂宁、眉山、宜宾、雅安、巴中、资阳、凉山柑橘产业的效率比较优势指数正增长，其余12个市州柑橘产业的效率比较优势均有不同程度的下降，其中成都、广元下降值超过0.5。其三，四川柑橘产业重点和非重点市州柑橘产业的效率比较优势指数差异较小且普遍偏低。从均值来看，11个柑橘产业重点市州柑橘产业的效率比较优势指数均值为0.96，9个非重点市州柑橘产业的效率比较优势指数均值

为 0.90。从农业供给侧结构性改革引起的效率比较优势变动来看，改革前，重点市州柑橘产业的效率比较优势指数均值为 0.97，非重点市州均值为 0.91；改革后，重点市州柑橘产业的效率比较优势指数均值为 0.93，非重点市州均值为 0.89。改革后，重点市州柑橘产业的效率比较优势指数均值比改革前下降了 0.04，负增长率为 4.12%；非重点市州柑橘产业的效率比较优势指数均值比改革前下降了 0.02，负增长率为 2.20%。

分析认为，四川各市州普遍缺乏柑橘产业的效率比较优势的主要原因在于快速扩种及大面积换种晚熟品种。资阳主要种植柠檬，受到换种晚熟品种的影响较小，因此效率比较优势稳定。省内柠檬的新兴产区遂宁亦因此保持了一定的效率比较优势。眉山、内江、广安等传统优势产区因老旧果园较多，改造难度大于南充等新兴优势产区，技术水平提高缓慢，在柑橘单产水平上缺乏优势，甚至很大程度上存在一定的劣势。农业供给侧结构性改革实施以来，各地普遍注重柑橘产业"规模扩张"，而对技术改进和投入的关注度不够，加之自然灾害带来的不可抗损失，出现了普遍缺乏柑橘产业的效率比较优势的局面，制约了四川柑橘产业在技术水平上的提升。

3.4.4　区位商

3.4.4.1　计算方法

区位商体现四川柑橘产业供给侧结构性改革在结构层面的比较情况。区位商是产业的效率与效应分析的定量工具，用以衡量某一产业在特定区域的相对集中程度，是一种较为普遍的集群识别方法，能够反映产业的专业化程度。本书使用该模型，计算方法如下：

$$LQ = \frac{e_{ij}/e_i}{E_j/E} \tag{3-6}$$

式（3-6）中，LQ 代表 i 地区 j 产业的区位商，e_{ij} 代表 i 地区 j 产业的产量，e_i 代表 i 地区农产品总产量，E_j 代表 i 地区上一级区域 j 产业的产量，E 代表 i 地区上一级区域农产品总产量。若 LQ>1，表示 i 产业在该地区的专业化程度较高，具有集群效应，其产品可以对外扩张或者输出；若 LQ = 1，表示 i 产业在该地区的产业专业化程度达到平均水平；若 LQ<1，表示 i 产业在该地区的产业专业化程度低于平均水平，以产品进口为主要导向。一般认为，只有区位商大于 1 的产业才能构成该地区的主导产业，对当地经

济发展起主导作用，区位商越大，集群效应越大，产业专业化水平越高。

3.4.4.2 数据来源

本书此部分研究涉及的数据包括全国九大柑橘主产区和四川20个柑橘种植市州的柑橘产量等相关数据。省级层面主产区（包括浙江、福建、江西、湖北、湖南、广东、广西、重庆和四川）柑橘产量等相关数据均来自《中国农村统计年鉴》，四川20个柑橘种植市州的柑橘产量数据均来自《四川统计年鉴》，所有数据的时间均为2010—2020年。

本书此部分研究选择的20个市州的柑橘产量之和即四川柑橘总产量，表明这些市州具有极强的代表性，能够全面反映四川市州层面柑橘产业的区位商状况。

3.4.4.3 结果与分析

（1）四川与其他柑橘主产区的横向比较。

全国九大柑橘主产区柑橘产业的区位商见表3-21。

表3-21　全国九大柑橘主产区柑橘产业的区位商

	2010年	2011年	2012年	2013年	2014年	2015年	2016年	2017年	2018年	2019年	2020年	均值
福建	5.41	5.40	5.19	5.27	5.28	5.25	5.65	5.52	5.27	5.03	4.70	5.27
江西	4.29	4.99	4.49	5.15	4.61	4.73	4.08	4.07	3.84	3.55	3.30	4.28
湖北	2.69	2.64	2.88	2.87	2.95	2.71	2.82	2.69	2.57	2.32	2.24	2.67
湖南	3.26	3.14	3.39	2.87	2.82	2.77	2.91	2.89	2.78	2.68	2.66	2.93
广东	3.12	3.02	3.06	3.19	3.13	3.11	3.10	2.57	2.44	2.29	2.18	2.84
广西	1.58	1.63	1.60	1.66	1.78	1.93	2.13	2.29	2.52	2.98	3.26	2.12
浙江	3.35	3.16	3.07	3.09	3.11	3.08	2.78	2.60	2.38	2.19	2.06	2.81
重庆	2.99	2.99	3.09	3.28	3.29	3.35	3.57	3.38	3.19	3.22	3.10	3.22
四川	1.55	2.22	2.23	2.15	2.14	2.13	2.20	2.09	1.97	1.87	1.78	2.03

由表3-21可见，考察期内，全国九大柑橘主产区柑橘产业的区位商均大于1，表明以上主产区的柑橘产业均具有集群效应，产业专业化程度高。从均值来看，福建（5.27）、江西（4.28）和重庆（3.22）柑橘产业的区位商均大于2.0，领先其余6个主产区；四川在九大柑橘主产区中区位商均值最低，但也超过了2.0。对比2010年和2020年数据可知，仅广西、重庆、四川柑橘产业的区位商上升，其余6个主产区柑橘产业的区位商均有不同程度的下降。其中下降幅度最大的是浙江，负增长率达38.37%；广西柑橘产业的区位商上升了1.68，领先其余8个主产区，反映

出广西柑橘产业在全国具有显著优势。四川柑橘产业的区位商增长率达14.84%，但历年均处于全国九大柑橘主产区末位，尤其是农业供给侧结构性改革实施以来呈逐年下降趋势，2018—2020年均低于2.0，是全国柑橘主产区中唯一一个区位商低于2.0的地区，主要原因在于四川各地快速扩种柑橘，存在大量小农户、散户种植的现象，尤其是非重点市州的柑橘产业专业化程度较低，最终拉低了全省柑橘产业的集群度和专业化水平。

（2）四川20个柑橘种植市州的比较。

四川20个柑橘种植市州柑橘产业的区位商见表3-22。

表3-22　四川20个柑橘种植市州柑橘产业的区位商

	2010年	2011年	2012年	2013年	2014年	2015年	2016年	2017年	2018年	2019年	2020年	均值
成都	1.48	1.51	1.26	1.31	1.10	1.09	1.13	1.60	1.37	1.38	1.40	1.33
自贡	1.54	1.57	1.56	1.59	1.38	1.37	1.38	1.44	1.41	1.46	1.49	1.47
攀枝花	0.15	0.15	0.14	0.13	0.12	0.06	0.06	0.04	0.04	0.04	0.04	0.09
泸州	0.33	0.34	0.36	0.40	0.42	0.44	0.44	0.39	0.39	0.41	0.42	0.40
德阳	0.38	0.38	0.34	0.37	0.34	0.34	0.34	0.28	0.28	0.27	0.26	0.32
绵阳	0.53	0.53	0.51	0.49	0.54	0.53	0.52	0.31	0.31	0.32	0.32	0.44
广元	0.57	0.56	0.53	0.55	0.48	0.46	0.44	0.34	0.34	0.31	0.16	0.43
遂宁	0.31	0.31	0.30	0.30	0.34	0.36	0.35	0.37	0.40	0.39	0.38	0.35
内江	1.67	1.66	1.64	1.73	1.45	1.45	1.38	1.31	1.33	1.33	1.33	1.48
乐山	0.85	0.85	0.81	0.80	0.81	0.77	0.72	0.71	0.72	0.75	0.82	0.78
南充	1.35	1.35	1.31	1.33	1.37	1.34	1.29	1.17	1.18	1.18	1.16	1.28
眉山	2.62	2.58	2.52	2.56	3.21	3.24	3.29	4.36	4.41	4.40	4.41	3.42
宜宾	1.32	1.33	1.35	1.39	1.40	1.38	1.34	1.10	1.18	1.15	1.18	1.29
广安	0.92	0.93	0.92	0.92	0.82	0.80	0.78	0.71	0.70	0.69	0.67	0.80
达州	0.84	0.84	0.81	0.80	0.79	0.79	0.79	0.72	0.71	0.70	0.71	0.77
雅安	0.40	0.39	0.48	0.58	0.64	0.76	0.79	0.92	0.96	0.99	1.02	0.72
巴中	0.18	0.18	0.17	0.17	0.20	0.20	0.20	0.16	0.16	0.16	0.18	0.18
资阳	1.97	1.97	2.75	2.39	2.60	2.68	3.09	2.89	3.22	3.23	3.28	2.73
甘孜	0.03	0.03	0.03	0.03	0.03	0.03	0.04	0.04	0.03	0.03	0.03	0.03
凉山	0.08	0.08	0.09	0.09	0.11	0.10	0.11	0.10	0.11	0.11	0.12	0.10

分析表3-22的结果可以看出，考察期内，四川20个柑橘种植市州柑橘产业的区位商存在较为明显差异，主要表现：其一，超过半数的市州柑橘产业区位商低于1.0。观察均值发现，眉山（3.42）历年柑橘产业的区

98

位商均在2.0以上，资阳（2.73）仅有2年柑橘产业的区位商略低于2.0，表明眉山、资阳已形成了相对成熟的柑橘产业集群，柑橘产业专业化程度高，在全省处于显著优势地位；内江（1.48）、自贡（1.47）、成都（1.33）、宜宾（1.29）和南充（1.28）柑橘产业的区位商大于1.0，表明柑橘产业能成为以上各市的主导产业；其余13个市州柑橘产业的区位商均低于1.0，其中甘孜（0.03）历年柑橘产业的区位商均不足0.05，处于全省柑橘种植市州末位。其二，各市州柑橘产业的区位商变化不明显。对比2010年和2020年数据可知，在7个正增长的市州中，仅眉山、资阳的增长值超过1.0，雅安增长值超过0.5，其余4个市州增长值均不足0.1；在13个负增长的市州中，广元降幅最大，但负增长值低于0.5，成都、自贡、遂宁、乐山、甘孜柑橘产业的区位商下降值均不足0.1。其三，四川柑橘产业重点和非重点市州柑橘产业的区位商差异较大。从均值来看，11个柑橘产业重点市州柑橘产业的区位商均值为1.32，9个非重点市州柑橘产业的区位商均值为0.43。从农业供给侧结构性改革引起的区位商变动来看，改革前，重点市州柑橘产业的区位商均值为1.26，非重点市州均值为0.44；改革后，重点市州柑橘产业的区位商均值为1.40，非重点市州均值为0.41。改革后，重点市州柑橘产业的区位商均值比改革前提高了0.14，增长率为11.11%；非重点市州柑橘产业的区位商均值比改革前下降了0.03，负增长率为6.82%。

据此认为，四川多数市州柑橘产业的区位商小于1.0的主要原因在于快速扩种以及小农户、散户种植方式的大量存在引发产业集群度不高。眉山、资阳作为四川柑橘产业传统优势产区，"头雁"效应显著，内江、自贡、成都、南充等重点市州进行农业供给侧结构性改革后，柑橘产业集群度和专业化水平得到提升。但除宜宾外的非重点市州和部分重点市州普遍存在柑橘产业集群度不高、专业化水平低的问题，柑橘产业难以成为上述地区的主导产业，制约了四川柑橘产业区位商的提升。

3.4.5 质量比较

四川柑橘产业供给侧结构性改革的质量比较主要体现在优果率、基地建设和品牌培育3个方面。其中，优果率没有公开的数据可供查询，经询问四川省农业农村厅得知，目前四川柑橘优果率为40%左右，调研发现仅眉山柑橘优果率能达到35%，成都柑橘优果率能达到30%，其余各地柑橘优果率均在 25% 以下；基地建设和品牌培育情况采用描述性统计方式呈现。

3.4.4.1 基地建设

（1）四川与其他柑橘主产区的横向比较。

经过农业供给侧结构性改革，四川晚熟柑橘和柠檬的规模以较快速度扩张，其中晚熟柑橘种植面积 153.33 千公顷，产量 210 万吨，均为全国第一；柠檬种植面积 53.33 千公顷，占全国柠檬种植面积的 80% 以上，是全国柠檬商品化栽培最早和最大的产区，现已基本形成川西 100 万亩晚熟柑橘、川中 100 万柠檬产业带。

农业供给侧结构性改革实施以来，四川为凸显柑橘产业的优势地位，采取"优势产业向优势区域聚集"的发展思路，按照"五网"（田网、路网、水网、电网、互联网）配套"三化"（规模化、标准化、机械化）联动要求，提升基地标准化水平，在区域性良种繁育基地和特色农产品优势区建设上取得了进展，详见表 3-23。

表 3-23　全国九大柑橘主产区柑橘基地建设成果比较　单位：个

地区	全国区域性 良种繁育基地	中国特色农产品 优势区	合计
广西	0	3	3
湖北	1	2	3
湖南	3	1	4
四川	1	4	5
广东	0	3	3
江西	1	4	5
福建	0	1	1
浙江	0	0	0
重庆	2	3	5

数据来源：整理农业农村部官网发布的相关数据，笔者统计计算后得到该表。

由表 3-23 可以看出，在全国九大柑橘主产区中，四川在柑橘类中国特色农产品优势区建设中和江西并列第一，但在柑橘类全国区域性良种繁育基地建设中落后于湖南和重庆。在已公布的三批国家级区域性良种繁育基地（柑橘类）中，在 2017 年第一批名单中湖南有两地入选，在 2021 年第三批名单中湖南又有一地入选，在 2017 年第一批名单中重庆有两地入选，均领先四川，在 2019 年第二批名单中四川资阳市雁江柑橘入选。在已公布的四批中国特色农产品优势区（柑橘类）中，2019 年第二批名单中内江和资中的血橙、广安的龙安柚、眉山的晚橘、资阳市安岳的柠檬入选，覆盖早中晚熟及橘橙柚柠檬等全品类。但同全国其他柑橘主产区相比，江西、重庆、广东均有三批次入选，广西有两批次入选，而四川仅有一批次入选，基地建设的可持续性不强。目前，雁江柑橘获中央财政支持，被认定为国家区域性良种繁育基地。省级财政支持建设安岳柠檬、蒲江柑橘等省级良繁基地及顺庆柑橘种业园区，优质苗木供应能力增长 30%。蒲江、安岳、资中已建成柑橘类国家现代水果产业园，该数量居全国前列。

（2）四川 20 个柑橘种植市州的比较。

农业供给侧结构性改革实施以来，四川 20 个柑橘种植市州柑橘类基地建设成果比较见表 3-24。

表 3-24　四川 20 个柑橘种植市州柑橘类基地建设成果比较

单位：个

地区	全国区域性良种繁育基地	中国特色农产品优势区	国家现代水果产业园	省级良种繁育基地	省级星级现代农业园区	合计
眉山	0	1	0	0	1	2
资阳	1	1	1	1	1	5
成都	0	0	1	1	0	2
南充	0	0	0	1	1	2
宜宾	0	0	0	0	0	0
内江	0	1	1	0	1	3
达州	0	0	0	0	0	0
自贡	0	0	0	0	1	1
泸州	0	0	0	0	0	0
广安	0	1	0	0	1	2
乐山	0	0	0	0	1	1
绵阳	0	0	0	0	0	0
德阳	0	0	0	0	0	0

表3-24（续）

地区	全国区域性良种繁育基地	中国特色农产品优势区	国家现代水果产业园	省级良种繁育基地	省级星级现代农业园区	合计
广元	0	0	0	0	0	0
雅安	0	0	0	0	0	0
巴中	0	0	0	0	0	0
凉山	0	0	0	0	0	0
遂宁	0	0	0	0	0	0
攀枝花	0	0	0	0	0	0
甘孜	0	0	0	0	0	0

由表3-24可见，资阳在柑橘类基地建设方面领跑四川，在全国区域性良种繁育基地、中国特色农产品优势区、国家现代水果产业园、省级良种繁育基地、省级星级现代农业园区5类名单中均有入选；内江柑橘产业入选3类名单，其中2类为国家级；眉山、成都、广安均入选2类名单，国家级、省级各1类；南充、自贡、乐山各入选1类省级名单。上述各市通过农业供给侧结构性改革加强了柑橘产业基地的建设。

分析发现，重点市州和非重点市州在柑橘产业基地建设方面的效果迥异。考察期内，9个非重点市州无一入选柑橘类基地建设5大类名单，表明非重点市州在柑橘基地建设方面不具优势，而重点市州中泸州、达州、凉山未入选，表明包括真龙柚、雷波脐橙等在内的知名柑橘品种尚未形成基地和园区化发展格局，农业供给侧结构性改革对上述市州柑橘产业的基地建设促进作用不显著，已然落后于其余8个重点市。

3.4.4.2 品牌培育

（1）四川与其他柑橘主产区的横向比较。

农业供给侧结构性改革实施以来，四川贯彻从"种好"到"卖好"再到"品牌建设"的发展思路，现有227个企业生产柑橘类无公害农产品，117个企业获证生产柑橘类绿色食品，110个企业认证生产柑橘类有机产品，柑橘类农产品地理标志产品（以下简称"地标产品"）获证数量达27个，柑橘类地标产品数量为全国第一（见表3-25）。

表 3-25 全国九大柑橘主产区柑橘类地标产品数量统计

地区	柑橘类"地标"产品数量/个	排名
广西	14	6
湖北	12	8
湖南	22	2
四川	27	1
广东	22	2
江西	13	7
福建	15	5
浙江	9	9
重庆	19	4

表 3-25 反映出全国九大柑橘主产区中仅浙江柑橘类地标产品数量少于 10 个，四川、湖南、广东柑橘类地标产品数量均大于 20 个，表明各主产区普遍重视柑橘品牌建设。农业供给侧结构性改革实施以来，四川柑橘产业共有 7 个柑橘品牌获证地标产品，显示出改革的良好效果。此外，在中国果品流通协会组织评选的"全国柑橘产业 30 强县（市）"中，四川省 6 个市州的 7 个县入选，位列全国榜首（见表 3-26）。

表 3-26 全国柑橘产业 30 强县（市、区）分布统计

地区	县（市、区）	数量/个
广西	融安县、容县、南宁市武鸣区、永福县	4
湖北	宜昌市夷陵区、秭归县、宜都市	3
湖南	石门县、新宁县、麻阳苗族自治县	3
四川	安岳县、蒲江县、丹棱县、东坡区、邻水县、井研县、富顺县	7
广东	大埔县	1
江西	南丰县、寻乌县、安远县、信丰县、宁都县	5
福建	平和县、永春县	2
浙江	常山县、象山县	2

表3-26（续）

地区	县（市、区）	数量/个
重庆	奉节县、忠县	2
陕西	城固县	1

实施农业供给侧结构性改革后，四川柑橘品牌得以强化，但与国内外其他柑橘类品牌如新西兰"佳沛"、美国"新奇士"、江西"赣南脐橙"、江西"南丰蜜橘"、云南"褚橙"、福建"琯溪蜜柚"等相比，仍有较大差距，四川柑橘产业在品牌影响力方面还须进一步加强。

（2）四川20个柑橘种植市州的比较。

表3-27显示了四川20个市州柑橘类"三品一标"产品分布情况。

表3-27　四川20个市州柑橘类"三品一标"产品分布情况

单位：个

市州	无公害农产品企业	绿色食品获证企业	有机产品认证企业	农产品地理标志产品	合计
眉山	19	23	7	1	50
资阳	1	2	8	3	14
成都	15	18	36	3	72
南充	32	4	15	4	55
宜宾	17	2	7	1	27
内江	65	16	1	1	83
达州	2	1	1	1	5
自贡	5	18	0	1	24
泸州	15	4	5	2	26
广安	7	12	1	1	21
乐山	16	2	4	1	23
绵阳	9	1	4	0	14
德阳	10	0	10	1	21
广元	1	1	4	0	6
雅安	0	10	2	1	13

表3-27(续)

市州	无公害农产品企业	绿色食品获证企业	有机产品认证企业	农产品地理标志产品	合计
巴中	5	3	1	0	9
凉山	1	0	1	2	4
遂宁	7	0	3	3	13
攀枝花	0	0	0	1	1
甘孜	0	0	0	0	0

表3-27显示,内江、成都、南充处于四川20个市州柑橘类"三品一标"产品数量排行榜的前三位,"三品一标"产品合计数量均超过50个,此外眉山合计数量为50个,以上4个市较之其他市州具有明显的柑橘品牌建设优势。宜宾、自贡、泸州、广安、乐山、德阳柑橘类"三品一标"产品数量均超过20个,表明以上6个市通过柑橘产业供给侧结构性改革提升了柑橘产品品牌优势。

表3-28显示了四川20个市州柑橘类地标产品品牌。

表3-28　四川20个市州柑橘类地标产品品牌

市州	柑橘类"地标"产品品牌
眉山	丹棱桔橙
资阳	安岳柠檬、雁江蜜柑、通贤柚
成都	金堂脐橙、蒲江杂柑、新都柚
南充	南部脆香甜柚、蓬安锦橙、仪陇元帅柚、西凤脐橙
宜宾	江安夏橙
内江	资中血橙
达州	达川安仁柚
自贡	贡井龙都早香柚
泸州	护国柚、真龙柚
广安	邻水脐橙
乐山	井研柑橘
绵阳	—

表3-28(续)

市州	柑橘类"地标"产品品牌
德阳	中江柚
广元	—
雅安	石棉黄果柑
巴中	—
凉山	凉山雷波脐橙、木里皱皮柑
遂宁	射洪金华清见、大英白柠檬、蓬溪矮晚柚
攀枝花	红格脐橙

表3-28表明，南充以4个柑橘类地标产品处于全省榜首，资阳、成都、遂宁分别以3个柑橘类地标产品并列全省第2。除绵阳、广元、巴中外，其余柑橘种植市州均有1个及以上柑橘类"地标产品"。

表3-29显示了全国柑橘产业30强县（市、区）中四川市州的分布情况。

表3-29 全国柑橘产业30强县（市、区）中四川市州的分布情况

市州	县（市、区）	数量/个
资阳	安岳县	1
成都	蒲江县	1
眉山	丹棱县、东坡区	2
广安	邻水县	1
乐山	井研县	1
自贡	富顺县	1

由表3-29可见，四川共有6个市州的7个县（市、区）上榜全国柑橘产业30强县（市、区），其中眉山2个县（区）处于全省第1位，显示出眉山柑橘产业通过农业供给侧结构性改革在柑橘强县方面取得突出效果。上榜的6个市均为重点市州。其中，眉山、资阳、成都、广安是四川柑橘产业传统优势市州，乐山和自贡的柑橘产业自农业供给侧结构性改革实施以来迅速发展，取得了较为显著的品牌建设效果。

3.5 四川柑橘产业供给侧结构性改革存在的问题

依据前述的分析结果可知，四川柑橘产业供给侧结构性改革在政策体系方面较完备，但在资源禀赋、规模、效率、结构等方面均不具有比较优势，在质量方面虽有显著提高但优果率远未达到既定目标，究其原因，既有政策失当、偏向问题，又有政策缺失问题，本节对此进行具体的描述性分析。

3.5.1 政策失当

3.5.1.1 过快扩大规模

近年来，在晚熟柑橘热销的带动下，四川柑橘种植规模不断扩大，成为继广西之后全国柑橘扩种速度最快的产区。尤其是在进入全国优势特色产业集群建设名单之后，四川各柑橘种植市州均加大了对柑橘产业发展的政策性支持，国家、省配套相关资金，市、县两级财政也加大了对柑橘产业的专项支持力度。对比《行动方案》目标，2020年四川柑橘种植面积超标5.17千公顷，但产量尚有11万吨未达标，主要原因在于南充、乐山、内江、广安、遂宁等地扩种的柑橘尚未挂果或尚未进入盛产期，这部分已有的种植面积和还未形成的产量均未统计。因此，无论是现有柑橘种植面积还是未来产量，四川柑橘产业的实际情况都远远高于既定的发展目标。

四川大面积扩种柑橘，虽然能够在未来3~5年中保持产量的稳定上升，但也产生了严重的同质化竞争局面。表3-30显示了2020年四川部分柑橘种植市竞争情况。

表3-30　2020年四川部分柑橘种植市竞争情况

	柑橘产业发展目标	柑橘种植面积统计值/千公顷	柑橘种植面积实际值/千公顷	扩种制约因素
眉山	中国晚熟柑橘之乡	60.83	70.70	已出现黄龙病
南充	中国晚熟柑橘之乡	33.69	72.04	种植水平不高，配套设施不健全

表3-30（续）

	柑橘产业 发展目标	柑橘种植 面积统计值 /千公顷	柑橘种植 面积实际值 /千公顷	扩种制约因素
乐山	中国晚熟 柑橘之乡	12.93	68.70	局部适宜种植

由表3-30可见，2020年眉山、南充、乐山3个市柑橘实际种植面积均超过100万亩（约66.70千公顷），远高于统计值，且还在不断增加。2017年年底，南充市政府提出了打造"200万亩晚熟柑橘基地"的计划，并大力度补贴柑橘建园。2017—2020年，南充新增柑橘种植面积超过70万亩（约46.49千公顷），但种植水平不高、配套设施不健全等制约了南充柑橘产业的发展。调研发现，南充产的春见（耙耙柑）较之眉山丹棱同类产品每千克售价低2~3元，南充产的不知火（丑柑）较之成都蒲江同类产品每千克售价低3~4元。乐山井研县入选全国柑橘30强县，但乐山并非全域适种柑橘，在不适宜区大面积种植柑橘存在较大隐患。眉山虽然在柑橘面积、产量、产值等方面居全省领先地位，但区域土地承载力有限，若继续快速扩种必将突破耕地红线，加剧耕地"非粮化"风险。

四川柑橘种植市州同质化竞争加剧实则是个别地方政府主导柑橘生产和投资活动，存在越位问题。"一哄而起""盲目跟风"地发展柑橘产业现象时有出现，柑橘产品同质化和产能过剩的问题日趋严重。

此外，由于柑橘产业在四川承担了乡村振兴功能，部分市州以生产为导向实施的柑橘产业振兴也是造成四川柑橘产业产能过剩的原因之一，因盲目扩大生产规模，又囿于资源环境的不匹配，这些地区的柑橘产品品质不高，需求低迷，柑橘产业产能过剩问题日益突出。尤为值得注意的是，如果淘汰了低端柑橘品种产能，在一定时间内极易导致部分橘农没有收入，部分市州政府在发现该问题后也难以快速调整，使得产能过剩问题更为严重，更加剧了同质化竞争。

3.5.1.2 种植品种雷同

由于春见（耙耙柑）等晚熟柑橘具有一定的价格优势，四川各柑橘种植市州均大面积种植相同品种。目前，除黄果柑、资中血橙、雷波脐橙、柠檬及各种柚类未出现全省种植情况外，春见（耙耙柑）、不知火（丑柑）、爱媛38、沃柑等品种均呈现各市普遍种植的局面。一些地方片面关注品种效益，忽视了地方自然条件的区别，在眉山、成都等地的春见（耙耙柑）、不知火（丑柑）等品种带来良好收益的情况下，盲目跟风发展相同品种。这样不利于地方品牌建设，因品质参差不齐还会影响四川晚熟柑橘的整体形象，造成柑橘价格下跌，尤其是高端果难以卖到和品质相匹配的价格，严重影响四川柑橘产业供给侧结构性改革目标的实现。

3.5.1.3 规模经营与农民增收的矛盾加剧

农业供给侧结构性改革实施以来，四川柑橘产业通过政策引导，吸引外来资本和企业介入，提高了产业的整体规模，"大园区+小业主"模式获得了各级政府的大力倡导与推广。但不可否认，随着柑橘规模经营的推进，部分农民从土地增收和发展的空间受到不同程度的挤压，规模经营与农民增收的矛盾加剧，"少则盈，多则亏"的现象已经在四川柑橘产业中出现。

一方面，农民将橘园流转后，可获得固定的土地租金收入，还可以通过被业主雇佣获得劳务收入，但是并非全部流转了土地的农民都会获得雇佣，且雇佣也有一定的时间限制，因此农民的劳务收入并不稳定。同时，业主规模经营也无法保证一定会盈利，仍然存在亏损的风险，因而农民的土地租金收入也存在一定的风险。另一方面，近年来成都等经济相对发达的地区的房地产商也涌入柑橘领域，其本身对农业和柑橘产业缺乏基本的了解，园区或基地管理主要依靠外聘人员，其收入按日或按月发放，工作质量缺乏考核，怠工现象不同程度地存在。此外，技术性用工成本不断增加也影响了企业收益，最终影响橘农收入。调研发现，在眉山，1位熟练的柑橘套袋工1日的劳务费为150~180元，为了保护柑橘越冬，眉山所有的柑橘都要套袋，为柑橘种植增加了额外成本。而疏花疏果的工费则是130~160元/日，再加上餐费，一日劳务费支出可达200元。按每年打药6~8次计算，开沟施肥、打药、套袋等人工成本高于肥料、农药的物料成本，由于成本不断上升，在销售收入增长乏力的情况下，必然导致参与企业经营的农民的收益下降。

对于没有参与土地流转而自主经营的橘农散户而言，种植规模一般较小，竞争能力相对较弱，参加专业合作社后，如果再遇利益分享机制缺失或不合理的情况，橘农只能获取最低价收购、统一采购和技术指导等低层次收益，难以获取加工和销售环节的收益。

目前，四川在柑橘产业供给侧结构性改革的政策支持中通过直接扶持企业进入柑橘生产环节的做法与国际经验中鼓励公司进入农业的产前、中、产后的经营性服务领域的做法仍有差距。

3.5.2 政策偏向

3.5.2.1 重产轻储

四川柑橘产业供给侧结构性改革政策重视柑橘种植，但对冷（冻）库建设的重视度不足。调研发现，目前，成都蒲江县一个450立方米的冷（冻）库可以储藏约80吨柑橘，配4 000~5 000个果筐、100个托盘，建库成本约40万元。投入使用后，月租金约1.5万元，2~3年可以回本并实现盈利。特大规格的不知火（丑柑）在蒲江县的冷（冻）库收购价为12元/千克，运到浙江金华能卖到16~18元/千克，比上市高峰期高出3~4元/千克，由此可见，冷（冻）库延长了柑橘货架期和销售期，促进了橘农增收。由于蒲江县也是四川猕猴桃优势产区，冷（冻）库每年12月至次年5月用于储藏柑橘，每年8月至次年2月用于储藏猕猴桃，因此冷（冻）库使用率可达90%以上。但是四川其他柑橘种植市州的冷（冻）库使用周期相对较短，使用率不高，在缺乏政策支持和政府项目补贴的情况下，"用半年凉半年"的担忧造成了四川柑橘冷（冻）库数量不足。同时，由于规模的不断扩张，冷（冻）库容量有限，在柑橘上市高峰期必然出现"一库难求"的情况，难以通过储藏缓解柑橘大量集中上市的销售压力。

3.5.2.2 重鲜销轻加工

从前述分析结果来看，目前，四川柑橘果品以鲜销为主，加工方面主要为清洗、分选、打蜡与包装等初级加工。调研发现，全省柑橘果品清洗、分级、包装、预冷等采后商品化处理设施设备明显不足，采后商品化处理率不足30%。除了在产地采取直接在市场销售鲜果的方式外，外销果品基本都利用生产线进行初级加工分选后再销售，但是除眉山、成都、资阳外，四川其他柑橘种植市州基本没有初级与精深加工企业，原有的橙汁、柑橘（桔子）罐头企业也因原料果供给不足或价格过高而大面积减产，产能几近萎缩。全省用于橙汁加工的柑橘不足总量的1%，严重落后于全国其他柑橘主产区。同时，四川柑橘产业加工品种类较少，主产品仅有橙汁、柑橘罐头、柠檬切片等，近年来市场需求量增大的果冻未有开发，果酒、精油、面膜等新兴产品尚未实现经济效益，加工品欠缺创造性。

3.5.2.3 重销售额轻销售模式

柑橘销售额是各地柑橘产业竞争的核心指标，但对销售模式的关注与创新在相当程度上被改革政策制定者忽视。调研发现，目前四川柑橘散户种植比例为70%~80%，柑橘销售仍然处于自主营销和个体营销的阶段，陷于"路边摊提篮小卖""小货车违停乱卖"等低端无序形式。一方面，订单农业和合作性营销组织发育力度不足，虽然从事营销的企业和人员较多，但基本上各自为战，既缺乏联合营销，也缺乏第三方物流企业的参与，过多的中间销售环节削弱了柑橘价格竞争力；另一方面，由于市场价格信息来源渠道不畅，缺乏价格干预机制，橘农容易误判销售形势，惜售或抛售均对柑橘价格造成不良影响，影响橘农收入。此外，农产品短视频或直播带货形式在四川柑橘产业中未得到有效应用，地方官员带货虽效果显著但不能成为营销主力军，橘农对直播带货等新兴营销形式缺乏基本了解，不敢轻易尝试。相较于浙江在全省范围选塑"村播"，大力发展农产品带货的创新举措，四川从省到地方均欠缺农产品带货意识，更无实质性提升措施，已然制约了四川柑橘产业市场营销的创新发展。

3.5.3 政策缺失

3.5.3.1 忽视市场需求

对于已经不符合消费者喜好的柑橘品种，个别地方政府却固守品牌效力，片面注重规模的扩大，忽视品种改良、品质提升，致使柑橘销售价格大幅度下跌，橘农收益严重缩水。调研发现，雅安石棉黄果柑虽是"名牌"柑橘，但该品种本身酸度较高，色泽偏淡，剥皮易脏手，须吐籽，在激烈的柑橘市场竞争中，较之高甜、形美、易剥皮的春见（耙耙柑）等品种已无竞争力，但市、县两级政府仍然不注重品种改良和品质提升，在"规模搞上去"的政策指挥棒下，橘农不断扩种，2020年黄果柑价格跌至1元/千克的最低价，引发橘农强烈不满，最终导致橘农上访等群体性事件。因此，注重规模扩张而忽视市场需求的政策选择使四川柑橘产量在持续增加的同时，柑橘品种、品质等并没有根据市场变化而做出调整，柑橘的市场销售压力日益增大。

3.5.3.2 忽视产品质量安全

质量安全是农业供给侧结构性改革的重要目标，是农产品在市场存活的底线要求，没有质量安全保证的农产品，在激烈的市场竞争中绝无立足之地。然而目前，四川柑橘从省到地方，从业主规模经营到橘农小规模经营，都不同程度地存在忽视产品质量安全的现象。四川柑橘产业供给侧结构性改革重视柑橘产品外观、含糖量等显性质量的提升，而对柑橘的标准化生产、投入品管理、质量检验检疫、质量可追溯体系等方面的政策支持力度不够，令行禁止措施不硬，尤其是对于散户种植的监管缺失，制约了四川柑橘产品的市场销路和产业效益。同时，近年来，四川自然风险加大，高温、干旱、大风、冰冻、冰雹、洪涝、泥石流等频发，非重点市州和部分重点市州的柑橘产业基础设施薄弱，现代装备运用不足，防灾减灾手段不多，导致四川柑橘果品质量整体下降，严重制约四川柑橘产业持续健康发展。

3.5.3.3 缺失市场预警和风险机制

从前文的分析结果来看，四川柑橘产业供大于求压力不断加大，必须依托完善的市场信息系统进行市场预警指导，这样才能有效引导和调控柑橘市场平稳有序发展，避免橘农收益大幅度减少。但是四川柑橘产业目前尚无政府主导的市场预警系统，市县政府提供的产业信息仅能反映局部市场的供销情况，省级柑橘产销市场信息严重缺失。虽然蒲江、丹棱等地的柑橘协会能够为会员提供部分产销信息并适时公布销售价格变动趋势，但从全省范围看，大部分橘农难以准确获取何时增减种植面积、怎样调整品种结构、售期是否需要延长或压缩、如何选择销售渠道等关键性信息，盲目扩种、盲目惜售、盲目抛售等"三盲"跟风从众的情况相当普遍。橘农种植的随机性和柑橘价格的波动性使得四川柑橘生产总体上缺乏稳定性，橘农的经济效益难以得到保障。调研发现，2020年3月，由于春见（耙耙柑）此前销售价格高并引发采购商抢货，蒲江橘农误以为市场形势良好，期待高价而惜售，错失销售良机，而经历高价抢货风后的采购商大幅流失，产地成交量急剧减少，造成不知火（丑柑）价格下跌50%，橘农经济效益受损严重。同时，四川柑橘生产的风险防范机制尚未建立，缺乏政策性保险保障，鉴于灾害性天气多发的风险，也难有商业保险进入该领域，更没有相应的价格应急机制，风险防范体系的缺失严重制约了四川柑橘产业进一步发展提升，并对橘农从事柑橘行业的积极性造成了很大的影响。

3.5.3.4 缺失推广技术的机制

近年来，在国家和四川不断加大对农业科技扶持力度的情况下，四川在柑橘品种选育、栽培技术等方面不断加大投入，研发了一大批的先进实用技术。但由于四川将政策扶持的重点放在了科技研发方面，对科技推广应用体系建设的扶持则相对不足，政府主导的技术推广体系在衰减，新型的推广体系尚不健全，造成大量先进的实用技术在实际中的应用却非常的少。比如，针对四川柑橘普遍存在的病虫害种类多、分布广、为害重和防治难的问题，四川省农科院研究出了柑橘农药减施增效技术，可使化学农药利用率提高 10%~15%，1 个生产季节减少施用化学农药 4~5 次，节约化学农药用量 20%~35%，每亩节约防治成本 200 元以上，具有良好的经济和生态效益。但在缺乏政策支持的情况下，散户橘农宁可多施化学农药也不愿承担技术推广成本，且技术实施周期长，技术要点较为复杂，造成了橘农对柑橘农药减施增效的积极性不高，降低了这一技术的普及率。

3.5.3.5 政策体系不完善

柑橘是四川优势特色产业，各级政府虽然从多方面加大了对其的政策扶持力度，但现有的政策多为文件、会议精神、领导指示等，执行效果难以量化考核；同时，各种鼓励政策鲜有具体奖补标准，流于形式，在实际操作过程中难以落到实处。比如，在柑橘产业供给侧结构性改革的资金投入、信贷支持、基地建设、土地制度、科技支撑等方面，目前多数沿用的是乡村振兴等方面的政策，缺乏系统性、针对性的柑橘产业供给侧结构性改革政策体系，即便柑橘产业进入优势特色产业集群建设名单，从省到地方均欠缺柑橘产业建设规划，特色优势产业的地位没有相符合和相配的产业扶持。又如，关于橘农的信贷、保险支持等方面，欠缺具体实施标准，很少开展实际业务，尤其是 2019—2020 年灾害性天气多发，橘农的损失难以获得政策性补偿。

3.6 本章小结

本章在实证检验四川柑橘产业的供给和需求匹配状况，找出四川柑橘产业存在的结构性问题的基础上，梳理改革政策框架，明确改革总目标，并对照目标分析了供给侧结构性改革以来四川柑橘产业的比较优势，针对统计分析结果找出四川柑橘产业供给侧结构性改革存在的问题，得出的主要结论如下：

（1）四川柑橘产业面临总量过剩、结构性过剩、低品质类型过剩等供需错配问题。

四川历年柑橘产业供需结构偏离度均明显高于全国。改革前，四川柑橘产业供需结构偏离度均值为 7. 73%，高出全国水平 92. 77%；改革后，均值为 9. 36%，高出全国水平 573. 38%。除 2018 年、2019 年外，改革后四川柑橘产业供需结构偏离度均高于改革前，反映出四川柑橘产业在改革中并未实现供需平衡的目标，供过于求矛盾加剧，并由此导致四川柑橘价格逐年下跌。过剩的产能主要集中在鲜果供给方面，加工业持续萎缩。改革前，四川柑橘（橘瓣）罐头原果年均需求量为 2 520. 62 吨，改革后下降为 2 245. 07 吨。改革前，四川橙汁原果年均需求量为 310. 44 吨，改革后下降为 108. 57 吨。由于晚熟柑橘鲜销市场潜力大，售价高，原有加工品种柑橘基本无人种植，现有加工品种柑橘由于收购价格高于 1 元/千克，在罐头及橙汁加工企业原料供给市场缺乏竞争力，造成柑橘加工企业缺乏本地原料果。四川柑橘国内鲜食需求量在改革前年均增加 11. 44 万吨，改革后年均增加 15. 26 万吨，改革以来一直保持 300 万吨以上的年需求量。但四川柑橘鲜果出口占比较小且不稳定。改革前，年均鲜果出口 1 311. 78 吨，改革后年均鲜果出口 2 093. 47 吨，通过改革，出口量明显提升，但占全省总供给量的比重仍不足 1%，主要原因在于四川柑橘鲜果未达到国外防控有害生物的检疫要求，难以获得植物保护部门签发的植物健康证书，出口受限，在国际竞争中已明显落后于江西等国内其他柑橘主产区。

（2）四川柑橘产业供给侧结构性改革政策体系较完备，但在资源禀赋、规模、效率、结构方面不具比较优势。

农业供给侧结构性改革实施以来，四川从省到地方出台了一系列改革及产业扶持政策，涵盖改革目标任务、规划布局、要素配置、组织经营、市场体系、质量安全等方面，体系完整，为四川柑橘产业供给侧结构性改革的实施提供了行动指南，但目标实现程度不高。从省级层面的比较来看，考察期内，四川柑橘产业的资源禀赋系数均值低于 2.0，规模比较优势指数均值大于 2.0，效率比较优势指数和区位商均值均大于 1.0，在全国九大柑橘主产区中分别处于第 9 位、第 5 位、第 5 位、第 9 位，处于中等和末位水平，未能体现出明显优势。农业供给侧结构性改革实施以来，四川柑橘产业在国家级柑橘基地建设和"三品一标"等柑橘品牌建设方面成果显著，但优果率不足 30%，远未达到改革目标。同时，规模比较优势指数波动下降，效率比较优势指数和区位商逐年下降，且多数年份低于改革前水平。从市州层面的比较来看，考察期内，超过半数的四川柑橘种植市州柑橘产业资源禀赋系数、规模比较优势指数、效率比较优势指数和区位商均值均小于 1.0，在产业资源禀赋、规模、效率、专业化程度等方面不具有比较优势。11 个重点市州通过农业供给侧结构性改革不同程度提升了规模比较优势和区位商，但效率比较优势明显下降；9 个非重点市州在产业集聚和专业化程度方面常年处于低位水平，在柑橘基地和品牌建设方面也处于较低水平，拉大了同重点市州的差距。

（3）政策失当、偏向、缺失制约了四川柑橘产业供给侧结构性改革的推进。

改革以来，政策存在失当现象，表现为规模过快扩大、种植品种雷同、规模经营与农民增收的矛盾加剧；政策表现出偏向趋势，重产轻储，重鲜销轻加工，重销售额轻销售模式；政策在多个关键环节出现缺失，忽视市场需求，忽视产品质量安全，市场预警和风险机制缺失，推广技术的机制缺失，政策体系不完善。上述问题影响了四川柑橘产业供给侧结构性改革目标的实现，阻碍了四川柑橘产业的提档升级。

基于本章的研究，可以判断，四川柑橘产业供给侧结构性改革已进入深水区，如果缺乏宏观改革政策的正确导向，支持政策调整不力，优势产区规划布局失当，以量代质，重供轻需，不能未雨绸缪，不能准确预判形势，那么在国内竞争全面加剧和经济下行导致的需求低迷的现实困境下，四川柑橘产业急剧波动的可能性较大，并存在质量安全危机、价格崩盘危机、橘农信心危机、资本逃离危机等较大产业动荡的风险。基于此，必须通过构建科学的指标体系对四川柑橘产业供给侧结构性改革绩效进行评价，以定量分析结果找准阻碍改革推进的深层次原因并予以纠正，深入分析将在本书的第 4 章、第 5 章、第 6 章、第 7 章进行。

4 四川柑橘产业供给侧结构性改革绩效评价指标体系的构建

从整体评价和局部评价来进行分类，绩效评价方法可分为不需要绩效评价指标的方法和需要评价指标的方法。其中，不需要绩效评价指标的方法方面，如比较法，只须对被评价对象进行相互比较即可得出绩效结果，投入产出比即为此种方法的表现形式；需要评价指标的方法方面，如量表法，则需要选取合适的量化指标，用以衡量被评价对象的绩效水平。如果多个绩效指标共同完成对一个被评价组织或一个被评价对象绩效的评价，这些绩效指标即构成一个绩效指标体系，由于多个指标可以从多角度、多层面反映绩效事实，可信度较之单个绩效指标明显更高，对农业供给侧结构性改革绩效进行评价应构建完整的绩效指标体系。柑橘产业供给侧结构性改革绩效评价，应将柑橘产业供给侧结构性改革政策目标作为绩效评价的核心标准，以结果为导向展开柑橘产业供给侧结构性改革绩效评价。

4.1 四川柑橘产业供给侧结构性改革绩效评价的步骤与指标构建思路

4.1.1 总体思路

农业供给侧结构性改革实施以来，学界运用定性方法对有关问题展开大量研究，但尚未有学者采用定量方法就农业供给侧结构性改革绩效进行研究，亦没有学者针对具体农业产业供给侧结构性改革绩效进行评价。仅有的农业供给侧结构性改革能力评价采用相对简单的熵值法，缺乏对全要素生产率这个农业供给侧结构性改革的核心目标的有效关注，更缺乏从具体农业产业全要素生产率视角评价改革政策实施效果的研究。鉴于此，本书在现有研究的基础上，拓展了直接对比改革政策实施前后相关数据的研究思路，按照效率、效应两个逻辑层次，以效率评价有针对性地分析投入与产出之间的关系，以效应评价体现因果关系并反映改革政策执行情况，实证检验农业供给侧结构性改革对四川柑橘产业生产效率提升的有效性，以获取更为全面稳健的研究结果；同时，采用市州层面数据，更加精确地识别改革效果，减少政策估计偏差，有效剥离政策叠加效应。

4.1.2　指标体系构建原则

农业供给侧结构性改革过程是不断变化发展和演进的复杂过程，涉及多个要素，有的要素可以被量化，有的要素却难以被量化。因此，对柑橘产业供给侧结构性改革绩效进行评价，首先需要将纷繁复杂的要素进行简化，筛选出能够量化、易于计算、综合性强、指向鲜明、评价度高、科学、真实可靠的绩效指标，进而构建完整的指标体系。指标选取须遵循以下4项原则：

（1）系统科学性原则。柑橘产业供给侧结构性改革绩效涉及规模、效率、结构、质量、收益等多个层面的主体，在指标体系设计过程中要注意总体权衡，不能以偏概全，选取的指标应具有代表性，能够集中、准确、全面、均衡地反映柑橘产业供给侧结构性改革的全过程，符合投入、产出的逻辑。同时，为确保评价结果能够科学合理、公平公正反映客观实际，应从柑橘产业供给侧结构性改革的总目标出发，对不同层次、不同角度的目标进行合理分解，然后结合实际进行指标确认，指标既不能过少也不宜过多，因此还需要进一步筛选出与研究内容契合度高的指标，这样构建的指标体系就更加客观。通过筛选与确定指标，绩效评价基本可以完整地、系统地体现柑橘产业供给侧结构性改革的效果。

（2）目标导向性原则。构建绩效评价指标体系的关键在于选取的指标应该能够全面、客观、准确、及时地反映柑橘产业发展状况，反映柑橘产业供给侧结构性改革的真实水平。选取的评价指标应着眼于改革目标，要能反映改革所涉及的各个层面的主要特征，能够充分体现改革的本质内涵和基本要求，而且要具有较强的代表性和综合性，能够准确描述改革绩效大小。在确保最终评价结果能全面、客观、准确反映柑橘产业供给侧结构性改革绩效的同时，也可对各级党政机关、科研机构、柑橘生产单位及柑橘产业从业人员等的行为产生引导作用。

（3）数据可获得性原则。在构建评价指标体系的过程中，不仅要考虑其全面性、完整性，而且还必须考虑数据的可获得性。如果某个或多个指标数据的可获得性不足或者存在多项缺失，则必然导致指标的解释力度不够、科学度不够，甚至会出现数据造假的极端情况。同时在选取指标过程中对指标的概念、涉及的范围、计算的方法要有足够清晰的认识，能够得到当前学术界的认同，或已在此前的学术研究中得到公认或验证，这样的指标才具有良好的质量，同时也具有可操作性。相反，如果选取的指标难以被量化，或在研究涉及的时间跨度内无法找到对应的资料，或者不被同行专家所认同，即使选取这样的指标也难以获得有效评价结果。

（4）独立性原则。进行绩效评价时，指标选取还应遵循独立性原则，尽可能避免重复或雷同。重复性的指标不仅会增大评价的工作量，也会对评价的准确度造成不利影响，最终导致评价结果无效。因此，要从柑橘产业供给侧结构性改革绩效评价体系中的各个要素中筛选出不重复的、指向鲜明的、真实独立的指标，务求准确而不贪多贪易。

4.1.3 绩效评价主要目标

一是体现农业供给侧结构性改革政策的效率性。本书选择经济模式进行绩效评价，将成本即投入作为重要指标纳入评价范畴，因此柑橘生产中各项要素投入必须体现效率性，其实质就是利用最少的要素投入来实现柑橘产业产值的最大化。柑橘产业供给侧结构性改革政策的效率性评价，应通过科学的方法对要素投入产出关系做出分析，尤其是从理论上推算出基于绩效评价的投入产出调整值，进一步分析在既定的产出水平下如何调整投入要素使得生产达到最优状态，并提出改进政策的建议。

二是体现农业供给侧结构性改革政策的有效性。柑橘产业供给侧结构性改革绩效评价，必须对农业供给侧结构性改革政策发挥作用的真实情况进行评价，重点是考核改革政策是否起到了提高柑橘全要素生产率的目的，科学评价农业供给侧结构性改革对具体农业产业全要素生产率的影响效应，进而提出改进政策的建议。

4.2 四川柑橘产业供给侧结构性改革绩效评价方法比选

4.2.1 方法比较

选择正确、合理、科学的绩效评价方法是政策评价的重要支撑环节。柑橘产业供给侧结构性改革绩效评价不仅要对改革政策执行状况做出判断，还要分析影响改革政策执行和效果的原因，找出影响改革政策发挥作用的主要因素，并基于评价结果提出调整和完善改革政策的建议[①]。表4-1显示了针对柑橘产业供给侧结构性改革政策的效率和效应等不同评价目的的典型评价方法[②]。

表4-1　典型评价方法

评价目的	主要评价问题	典型方法	方法简介
政策效率评价	经济效率	价值评价法	包括支付意愿法、享乐价格法、机会成本法等，主要思路是将政策产生的成本与效益货币化，从而评价政策效率
		采用面板数据的计量经济模型	包括数据包络分析法、方向性距离函数法等，主要分析政策实施等系列因素对经济活动的影响
	生态环境效率	地理加权回归法	利用非参数估计的方法将政策数据的生态信息和空间位置引入回归系数中，分析回归系数变化情况
	社会影响效率	时间序列模型	将时间因素作用考虑在内，建立时间滞后变量模型，评价政策实施前后产生的各种影响
	时间空间效率	空间计量经济法	结合空间效应遥感解译技术、GIS 技术、CA-Markov 模型等分析数据的空间影响

[①] 王军锋，邱野，关丽斯. 中国环境政策与社会经济影响评估：评估内容与评估框架的思考 [J]. 未来与发展，2017，41（2）：1-8.

[②] 曲超. 生态补偿绩效评价研究：以长江经济带为例 [D]. 北京：中国社会科学院大学，2020.

表4-1(续)

评价目的	主要评价问题	典型方法	方法简介
政策效应评价	因果关系分析	Logistic 回归法	主要用于分析某类事件发生的概率与自变量之间的关系,适用于因变量为二值变量(或多分类)的情形,属于概率型回归方法
		工具变量法	某变量与模型中随机解释变量高度相关,但与随机误差项不相关,用此变量与模型中相应回归系数可得到一致估计量,该变量称为工具变量
		断点回归法	以个体某一关键变量是否大于临界值判断该个体是否受到政策干预。小于临界值的个体可以作为一个控制组来反映该个体未受到干预时的情况,临界值附近样本的差别可反映干预和结果变量之间的因果联系,以此计算政策的效应变量。分为精确断点回归和模糊断点回归两种类型
		双重差分法	允许存在不可观测因素的影响,但假定它们是不随时间变化的,利用面板数据建立双固定效应模型并估计参数
		匹配分析法	对于没有采用或不便采用实验方法区分实验组和控制组的数据,可以采用一种近似实验的方法,在控制协变量之后,使具有相同特征的个体对政策具有相同的反应

本书针对绩效评价的两个核心环节效率评价和因果关系分析分别选择了两种方法,即数据包络分析法(DEA)和双重差分法(DID)。

4.2.2 方法选择

(1)效率评价——数据包络分析法(DEA)。

数据包络分析法(data envelopment analysis,DEA)是根据多项投入指标和多项产出指标,利用线性规划的方法,对具有可比性的同类型决策单元(DMU)进行相对有效性评价的一种数量分析方法[①]。近年来,DEA 被

---

① SEIFORD L M. Data envelopment analysis:the evolution of state of the art (1978-1995) [J]. Journal of Production Analysis,1996,7:99-137.

广泛应用于生产效率的研究和评价中，其优势主要在于：一是无须无量纲化处理数据；二是客观性强，无须设定指标权重，以投入产出的实际数据得到最优效率的值，能够排除主观因素的影响；三是能够定量分析非DEA有效的原因，从而为评价者提供更为直观有效的信息。但是，DEA也有一定的局限性，主要体现在评价结果只有有效和无效两种，可能出现大量决策单元有效，并无法对所有决策单元是否有效进行排序，且有效或无效均为相对情况而非绝对有效或无效，因此，使用DEA进行绩效评价的关键在于设计合理的评价性指标。

（2）效应评价——双重差分法（DID）。

双重差分法（differences-in-differences，DID）是进行经济政策效果评价的主要方法之一，主要研究因变量处理前后的变化。DID能够有效控制被解释变量和解释变量之间的相互影响效应，控制和消除不可观测的个体异质性对被解释变量的影响[1]。为了评价某项政策实施所带来的净影响，设定两个统计样本数据组：一组为处理组（实验组），该组受到政策影响；另一组为控制组（对照组），该组没有受到同一政策影响。然后，选取一项要评价的经济（或其他）指标，按照政策实施前后（时间）进行差分，第一次得到两组变化量，并消除个体不随时间变化的异质性；第二次差分消除随时间变化的增量，得到政策实施的净效应。

学者陈林、陈强研究认为，双重差分模型须满足以下基本条件：一是保证每个样本具有同等机会接受同一实验处理，即随机分组；二是保证实验发生时间的随机性，即随机事件[2]；三是控制组不受处理的影响；四是实验组与控制组样本是统计意义上的同质个体，即同质性[3]；五是实验期间实验变项（政策冲击）只出现一次，即实验处理的唯一性[4]。因此，双重差分模型对实验的要求较高，在实践中证明样本具有随机性和同质性存在较大难度。

① 曲超. 生态补偿绩效评价研究：以长江经济带为例 [D]. 北京：中国社会科学院大学，2020.
② 陈林，伍海军. 国内双重差分方法的研究现状与潜在问题 [J]. 数量经济技术经济，2015（7）：133-148.
③ 陈强. 高级计量经济学及Stata应用 [M]. 2版. 北京：高等教育出版社，2014：41.
④ 吴滨. 政策评价方法综述 [J]. 统计理论与实践，2021（6）：15-22.

4.3 四川柑橘产业供给侧结构性改革绩效评价指标体系的设定

4.3.1 效率评价指标

柑橘产业供给侧结构性改革政策效率评价主要是对改革政策在柑橘生产效率提升过程中发挥的作用进行分析，为管理和决策提供参考。本书该部分绩效评价选取数据包络分析法（DEA），因此，评价指标首先应满足 DEA 对决策单元（DMU）与指标间的数量关系要求。按照杨福霞（2022）等学者的观点，为确保结果的有效性，DMU 数量应大于 3 倍投入指标与产出指标数量之和，或大于 2 倍投入指标与产出指标数量乘积①。本书在对四川柑橘产业供给侧结构性改革绩效进行评价时，涉及效率评价部分分为省级层面和市州层面，其中省级层面的 DMU 数量为 9，市州层面的 DMU 数量为 20，为保证评价指标的统一性，在参考祁春节等学者相关研究成果的基础上，确定投入指标 3 个，产出指标 1 个，合计 4 个，符合 DEA 法对指标数量的要求。

在省级层面的评价中，本书选取柑橘的每 666.67 平方米的主产品产值（元）为产出指标，选取柑橘的每 666.67 平方米的人工成本（元）、土地成本（元）、物质与服务费（元）等指标作为投入指标。在市州层面的评价中，本书选取柑橘的每 666.67 平方米的主产品产值（元）为产出指标，选取柑橘的每 666.67 平方米的人工成本（元）、土地成本（元）、物质与服务费（元）等指标作为投入指标。

4.3.2 效应评价指标

柑橘产业供给侧结构性改革政策效应评价主要研究农业供给侧结构性改革政策与四川 20 个柑橘种植市州柑橘全要素生产率提升之间的因果关系。如果四川柑橘产业供给侧结构性改革可被视为自然实验或准实验，我们可以通过比较享受了政策扶持和未享受政策扶持的市州柑橘产业生产效

---

① 杨福霞，郑凡，杨冕. 中国种植业劳动生产率区域差异的动态演进及驱动机制 [J]. 资源科学，2019，41（8）：1563-1575.

率情况来了解改革产生的效果。但实际上存在两个难以克服的因素：一是由于不同市州柑橘种植的自然环境的状况存在较大差别，直接进行比较并不能说明改革的效果是资源禀赋还是政策所致；二是由于同一市州不同时期的柑橘生产状况不一致，存在"大小年"等差异，直接进行比较也不能说明是自然因素与政策因素各自发挥了怎样的影响。因此，需要分离影响各市州柑橘全要素生产率的政策效应、时间效应、自然效应等，进而测算改革政策效应。

本书该部分绩效评价将柑橘产业供给侧结构性改革视为一项"准自然实验"，采用双重差分法（DID）评估农业供给侧结构性改革政策对柑橘全要素生产率的影响。考察期为 2010—2020 年，符合 DID 对政策实施 2 年以上的要求；样本数量为 220，符合 DID 对样本量大于 100 的要求。农业供给侧结构性改革实施以来，以四川柑橘产业重点发展（扶持）的 11 个市州为处理组（实验组），以 9 个非重点发展（扶持）的市州为控制组（对照组）。由于农业供给侧结构性改革启动时间为 2015 年 11 月，四川贯彻实施时间为 2016 年年初，因此将 2016 年作为政策冲击年份。在参考吕岩威（2022）、朱晓俊（2021）等学者相关研究成果[1]的基础上，本书选取柑橘全要素生产率为被解释变量，选取柑橘产业供给侧结构性改革政策为核心解释变量，选取柑橘生产资源禀赋、地方经济发展水平、财政支持水平、从业人员规模、柑橘产业结构 5 个指标为控制变量。控制变量中，柑橘生产资源禀赋采用各市州柑橘生产的资源禀赋系数表征，地方经济发展水平采用各市州人均地区生产总值（元）表征，财政支持水平采用各市州一般公共预算支出中农林水事务所占比重表征，从业人员规模以各市州三次产业就业人员中第一产业就业人员所占比重表征，柑橘产业结构以各市州柑橘产业综合比较优势指数表征。上述相关指标均通过相应的价格指数进行平减处理，以消除价格的影响。

---

① 朱晓俊，丁家鹏. 兴边富民行动 20 年政策效果评价及展望：以内蒙古样本为例［J］. 黑龙江民族丛刊，2021，4（183）：75-84.

4.4　本章小结

本章研究了四川柑橘产业供给侧结构性改革绩效评价的主要思路、总体框架、指标体系、评价方法及指标选择。效率评价方法选取数据包络分析法（DEA），效应评价方法选取双重差分法（DID）。参考其他学者对农业供给侧结构性改革绩效评价问题的研究，遵照计量模型和方法对指标数量和样本数量的要求，考察期设定为2010—2020年，选取1个产出指标、3个投入指标构建效率评价指标体系，选取1个被解释变量、1个核心解释变量、5个控制变量构建效应评价指标体系，力求评价结果更加科学、严谨。

5 基于 DEA-Malmquist 模型的四川柑橘产业供给侧结构性改革效率评价

本章选择 DEA-Malmquist 模型对全国九大柑橘主产区及四川 20 个柑橘种植市州的数据进行研究，通过柑橘全要素生产率测算进行柑橘产业供给侧结构性改革效率评价，并进一步分析四川及 20 个柑橘种植市州在既定的产出水平下如何调整投入要素使得柑橘生产达到最优状态。

5.1 理论分析

数据包络分析方法（data envelopment analysis，DEA）由查尼斯（Charnes）、库伯（Coopor）和罗兹（Rhodes）于 1978 年提出[1]，指出 DEA 是对同质的决策单元（DMU）确定其相对有效性的一种数学规划方法。该方法的原理主要是通过保持决策单元（decision making units，DMU）的输入或者输入不变，借助于数学规划和统计数据确定相对有效的生产前沿面，将各个决策单元投影到 DEA 的生产前沿面上，并通过比较决策单元偏离 DEA 前沿面的程度来评价它们的相对有效性[2]。

2007 年，库伯（Coopor）、赛福德（Seiford）和托恩（Tone）认为，运用 DEA 方法进行绩效评价可以发现之前数据分析方法尝试对不同组织形

---

① CHARNES A, COOPER W W, RHODES E. Measuring the efficiency of decision making units [J]. European Journal of Operational Research, 1978, 2 (6): 429-444.

② NODEHI M, ARANI A A, TAGHVAEE V M. Sustainability spillover effects and partnership between East Asia & Pacific versus North America [J]. Interactions of Social, Environment and Economy, 2022, 15: 311-339.

式潜力进行分析时存在的众多不足之处，因此，DEA 的优势之一是能够对之前的效率研究结果进行重新审视①。朱杰（Zhu）提供了多种用于绩效评价和基准测试的 DEA 电子表格模型，认为 DEA 可以广泛地应用于政府和非营利部门绩效评价②。2011 年，库伯（Coopor）、赛福德（Seiford）和朱杰（Zhu）发表文章，给出了 DEA 的新定义，即 DEA 是评价一组同质决策单元（DMU）效率的数据导向方法。DEA 不需要过多假设条件，并不直接对数据进行综合，无须对数据进行无量纲化处理，无须进行任何权重假设，而以决策单元输入输出的实际数据求得最优权重，排除了很多主观因素，具有很强的客观性，因此可以在实务中进行更为广泛的应用。2013 年，谢尔曼（Sherman）和朱杰（Zhu）把 DEA 描述为平衡基准，基准可以使决策者找出最佳改进策略③，根据 DEA 结果，决策者可以识别效率最低的单元或部门，还可以评估低效率单元或部门效率低下的幅度，并探讨潜在的改进方法，同时可以通过研究高效率的单元或部门确定最优做法，针对整个组织传递有价值的信息以促进绩效改进。

进一步来说，DEA 是一种前沿面导向的方法论，而非回归分析类的中心化导向，即不通过集中的数据拟合回归线的分析方法，而是用分段的线性面覆盖在现有数据的上方④。鉴于此，DEA 更擅长揭示运用其他方法不能发现的隐含问题，如有效性内涵，或一个决策单元（DMU）比另一个决策单元（DMU）更有效的内在意义，DEA 可以直观地解释以上问题而无须构建线性假设以及各种各样的线性和非线性回归模型⑤。

———————

① COOPER W W, SEIFORD L M, TONE K. Data envelopment analysis: a comprehensive text with models［M］. Berlin: Springer Group, 2007: 52.

② ZHU J. Quantitative models for performance evaluation and benchmarking: data envelopment analysis with spreadsheets［M］. Berlin: Springer Group, 2009: 13.

③ SHERMAN H D, ZHU J. Analyzing performance in service organizations［J］. Sloan Management Review, 2013, 54（4）: 36-42.

④ SEIFORD L M, THRALL R M. Recent development in DEA: the mathematical programing approach to frontier analysis［J］. Journal of Econometrics, 1990, 46（1）: 7-38.

⑤ COOK W D, TONE K, ZHU J. Data envelopment analysis: prior to choosing a model［J］. O-MEGA, 2014, 44: 1-4.

5.2　评价模型的建立

5.2.1　模型设定

DEA 于 1978 年由美国运筹学家查尼斯（Charnes）和库伯（Coopor）提出，将每个被评价对象作为一个决策单元（decision making units, DMU），视 DMU 为一个整体，通过分析投入、产出比率，确定有效生产前沿面，根据分析各 DMU 与有效生产前沿面的距离，判断各 DMU 的 DEA 有效性。

Malmquist 指数法于 1953 年由瑞典经济学家和统计学家马姆奎斯特·斯滕（Malmquist Sten）提出[1]，1978 年卡夫（Caves）将其与 DEA 理论相结合，广泛用于全要素生产率的测算。1994 年法勒（Fare）、格罗斯科普夫（Grosskopf）等将 BCC 模型引入 Malmquist 生产效率指数的计算，其构造基础是距离函数（distance function）[2]。若存在 n 个决策单元，每个决策单元在 t 期有 m 种投入和 s 种产出，则可做如下表示：$x_j^t = (x_{1j}^t + x_{2j}^t, \cdots, x_{mj}^t)^T$ 表示第 j 个决策单元在 t 期的输入，$y_j^t = (y_{1j}^t + y_{2j}^t, \cdots, y_{sj}^t)^T$ 表示第 j 个决策单元在 t 期的输出。其中，x_j^t 和 y_j^t 均为正数，$t = 1, 2, \cdots, T$。

根据 DMU 构造 t 期规模报酬不变的生产可能集，如式（5-1）所示。

$$S^t(V) = \left\{ (x^t, y^t) \mid x^t \geq \sum_{j=1}^{n} x_j^t \lambda_j, \ y^t \sum_{j=1}^{n} y_j^t \lambda_j, \right.$$

$$\left. \sum_{j=1}^{n} \lambda_j = 1, \ \lambda_j \geq 0, \ j = 1, 2, \cdots n \right. \tag{5-1}$$

根据 DMU 构造 t 期规模报酬可变的生产可能集，如式（5-2）所示。

$$S^t(C) = \left\{ (x^t, y^t) \mid x^t \geq \sum_{j=1}^{n} x_j^t \lambda_j, \ y^t \sum_{j=1}^{n} y_j^t \lambda_j, \right.$$

$$\left. \sum_{j=1}^{n} \lambda_j = 1, \ \lambda_j \geq 0, \ j = 1, 2, \cdots n \right. \tag{5-2}$$

---

[1]　MALMQUIST S. Index numbers and indifference surfaces [J]. Trabajos De Estadistica, 1953, 4（2）：209-242.

[2]　YU G, WEI Q L, BROCKETT P. A Generalized data envelopment analysis model [J]. Annals of Operations Research, 1996, 66：47-89.

若规模报酬不变，设定 (x^t, y^t) 在第 t 期的距离函数为 $D_c^t(x^t, y^t)$，在第 $t+1$ 期的距离函数为 $D_c^{t+1}(x^t, y^t)$；(x^{t+1}, y^{t+1}) 在第 t 期的距离函数为 $D_c^t(x^{t+1}, y^{t+1})$，在第 $t+1$ 期的距离函数为 $D_c^{t+1}(x^{t+1}, y^{t+1})$。

若规模报酬可变，设定 (x^t, y^t) 在第 t 期的距离函数为 $D_v^t(x^t, y^t)$，在第 $t+1$ 期的距离函数为 $D_v^{t+1}(x^t, y^t)$；(x^{t+1}, y^{t+1}) 在第 t 期的距离函数为 $D_v^t(x^{t+1}, y^{t+1})$，在第 $t+1$ 期的距离函数为 $D_v^{t+1}(x^{t+1}, y^{t+1})$。

在第 t 期的技术水平下，从第 t 期到 $t+1$ 期的技术效率变化如式（5-3）所示。

$$M^t = \frac{D_c^t(x^{t+1}, y^{t+1})}{D_c^t(x^t, y^t)} \tag{5-3}$$

在第 $t+1$ 期的技术水平下，从第 t 期到 $t+1$ 期的技术效率变化如式（5-4）所示。

$$M^{t+1} = \frac{D_v^{t+1}(x^{t+1}, y^{t+1})}{D_v^{t+1}(x^t, y^t)} \tag{5-4}$$

在此基础上，利用式（5-3）和式（5-4）的几何平均数计算第 t 期到 $t+1$ 期生产效率的变化情况，如式（5-5）所示。

$$\text{Mal}_i = M(x^t, y^t, x^{t+1}, y^{t+1}) = (M^t \times M^{t+1})^{\frac{1}{2}}$$

$$= \left[\frac{D_c^t(x^{t+1}, y^{t+1})}{D_c^t(x^t, y^t)} \times \frac{D_c^t + 1(x^{t+1}, y^{t+1})}{D_c^{t+1}(x^t, y^t)} \right]^{\frac{1}{2}} \tag{5-5}$$

在此基础上，按照 1997 年雷和德斯黎（Ray & Desli）提出的 Malmquist 指数分解模型，得到式（5-6）。

$$\text{Mal}_i = \left[\frac{D_c^t(x^{t+1}, y^{t+1})}{D_c^t(x^t, y^t)} \times \frac{D_c^t + 1(x^{t+1}, y^{t+1})}{D_c^{t+1}(x^t, y^t)} \right]^{\frac{1}{2}}$$

$$= \frac{D_c^{t+1}(x^{t+1}, y^{t+1})}{D_v^t(x^t, y^t)} \times \left[\frac{D_v^t(x^t, y^t)}{D_v^{t+1}(x^t, y^t)} \times \frac{D_v^t(x^{t+1}, y^{t+1})}{D_v^{t+1}(x^{t+1}, y^{t+1})} \right]^{\frac{1}{2}} \times$$

$$\left[\frac{D_c^t(x^{t+1}, y^{t+1})/D_v^t(x^{t+1}, y^{t+1})}{D_c^t(x^t, y^t)/D_v^t(x^t, y^t)} \times \frac{D_c^t(x^{t+1}, y^{t+1})/D_v^{t+1}(x^{t+1}, y^{t+1})}{D_c^{t+1}(x^t, y^t)/D_v^{t+1}(x^t, y^t)} \right]$$

$$\tag{5-6}$$

Malmquist 生产率指数能够体现从 t 到 $t+1$ 期绩效的变化趋势，若 Malmquist 生产率指数值>1，表示效率提升；若 Malmquist 生产率指数值=

1，表示效率未变；若 Malmquist 生产率指数值<1，则表示效率降低。Malmquist 生产率指数可以表示为技术效率变动（effch）与技术进步指数变动（tech）的乘积。

effch 表示综合技术效率变动程度，体现 DMU 的管理手段和方法是否得当及管理决策是否正确。若 effch>1，表明技术效率得到改善；若 effch = 1，表明技术效率不变；若 effch<1，表明技术效率恶化。tech 表示技术进步或创新的程度，体现 DMU 的生产要素质量和技术水平是否提升。若 tech>1，表明被评价主体提高了生产要素质量，科技水平进步程度较大；若 tech = 1，表明技术水平不变；若 tech<1，表明生产要素质量下降，科技运用水平下降。

法勒（Fare）在查尔斯（Charnes）于 1985 年提出 BCC 模型的基础上，将 BCC 模型引入 Malmquist 生产率指数的计算，进一步将 effch 分解为纯技术效率变化指数（pech）和规模效率变化指数（sech）。pech 表示投入要素在使用上的效率，体现 DMU 利用生产技术的有效程度。sech 表示要素投入规模的适合程度，体现 DMU 的投入与产出是否匹配，各项生产要素投入是否达到最优组合。

5.2.2 指标定义

依据有效、适用、合规原则，本书选取柑橘每 666.67 平方米的主产品产值为产出指标，选取柑橘每 666.67 平方米的人工成本、土地成本、物质与服务费等指标作为投入指标。相关计算公式如下：

人工成本 = 家庭用工折价 + 雇工费用

土地成本 = 流转地租金 + 自营地折租

物资与服务费 = 化肥费 + 肥料费 + 农药费 + 其他直接和间接费用

其中，肥料费为化肥费和农家肥费之和，其他直接和间接费用为租赁作业费、燃料动力费、技术服务费、工具材料费、修理维护费、固定资产折旧、保险费、管理费、财务费、销售费之和。上述每项指标均通过相应的价格指数进行平减处理，以消除价格的影响。

5.2.3 研究对象选取

5.2.3.1 省级层面
考虑到数据的可获得性，本书分别选取 2010—2020 年中国及 9 个柑橘主产省（自治区、直辖市）的柑橘成本收益等相关数据。其中，柑主产省（自治区、直辖市）为福建、江西、湖北、湖南、广东、广西、重庆、四川；橘主产省（自治区、直辖市）为浙江、福建、江西、湖北、湖南、广东、重庆、四川。2020年，上述8个柑主产省（自治区、直辖市）的产量占全国柑产量的90.53%，8个橘主产省（自治区、直辖市）的产量占全国橘产量的87.30%，数据具有较强的代表性。

由于DEA要求DMU数量至少大于2倍投入与产出指标数量乘积，且柑、橘、柑橘的全要素生产率须分类测算，因此每类DMU中均加入了"全国平均"，以此保证DEA分析结果有效且更为直观显示各省（自治区、直辖市）与同期全国平均水平的差异。

5.2.3.2 市州层面

考虑到四川20个柑橘种植市州柑橘产业的全要素生产率将作为下一章进行效应评价的被解释变量，因此本书选取2009—2020年四川20个柑橘种植市州的柑橘成本收益等相关数据。20个柑橘种植市州分别为成都、自贡、攀枝花、泸州、德阳、绵阳、广元、遂宁、内江、乐山、南充、眉山、宜宾、广安、达州、雅安、巴中、资阳、甘孜、凉山。其中，重点市州包括成都、自贡、泸州、内江、乐山、南充、眉山、广安、达州、资阳、凉山，共计11个；非重点市州包括攀枝花、德阳、绵阳、广元、遂宁、宜宾、雅安、巴中、甘孜，共计9个。2020年，上述20个市州的柑橘种植面积和产量均占四川柑橘种植面积和产量的100%，数据具有较强的代表性。

5.2.4　数据来源

5.2.4.1 省级层面

福建、江西、湖北、湖南、广东、广西、重庆、浙江及全国平均柑和橘各项指标数据均来自《全国农产品成本收益资料汇编》（2011—2021年）。四川的相关数据由四川省农业农村厅办公室向笔者提供，以供学术研究。获取数据后，笔者结合前述相关研究结果初步检验了数据真实性，后又在四川农业大学园艺学院和四川省农科院相关专家的指导下就四川省农业农村厅提供的全部数据进行了分析检验，确认了数据的准确性，为研究结果的真实性和科学性打下必要基础。上述各省（自治区、直辖市）及全国柑橘的成本与收益数据，由考察期内各年份柑和橘的种植面积及产量加权得出，相关原始数据来自《中国农业统计资料》和FAO官方数据。涉及价格指数平减的数据均来自《中国统计年鉴》（2011—2021年）。

5.2.4.2 市州层面

四川20个柑橘种植市州柑橘产业中可用于本书该部分研究的各项指标数据均未公开。如前所述，四川省农业农村厅于2022年2月向笔者公开了20个柑橘种植市州的柑橘产值数据。在2022年1月至2月，在四川农业大学园艺学院、四川农业大学研究生院、四川省农科院相关人员帮助下，笔者以点对点函件形式向20个市州农业农村局办公室或经作科室申请公开。在获取全部数据后，笔者结合前述相关研究结果初步检验了数据真实性，后又在四川农业大学园艺学院和四川省农科院相关专家的指导下就各市州农业农村局提供的全部数据进行了分析检验，确认了数据的准确性，以确保研究结果的真实性和科学性。涉及价格指数平减的数据均来自《四川统计年鉴》（2010—2021年）。

5.3 全国九大柑橘主产区柑橘产业供给侧结构性改革效率评价

5.3.1 全国柑橘、柑、橘全要素生产率变化及其构成

使用DEAP2.1软件，我们计算出2011—2020年中国柑橘全要素生产率（见表5-1）。

表5-1 2011—2020年中国柑橘全要素生产率及其分解

年份	柑橘					柑					橘				
	effch	tech	pech	sech	TFP	effch	tech	pech	sech	TFP	effch	tech	pech	sech	TFP
2011	0.931	0.994	0.969	0.961	0.925	0.889	0.985	1.049	0.848	0.876	0.823	1.105	0.890	0.924	0.909
2012	0.897	1.053	0.977	0.918	0.945	0.950	1.056	0.900	1.055	1.003	1.030	0.920	0.895	1.150	0.947
2013	1.194	0.977	1.061	1.125	1.046	1.104	0.890	1.127	0.980	0.982	1.301	0.819	1.276	1.020	1.066
2014	0.939	1.059	0.948	0.990	0.994	1.176	1.245	1.005	1.170	1.464	1.024	0.814	1.003	1.021	0.834
2015	0.877	1.009	0.977	0.897	0.884	0.870	1.088	0.889	0.979	0.946	0.948	0.879	1.022	0.928	0.834
2016	0.982	1.210	1.032	0.952	1.189	0.867	1.155	0.938	0.924	1.002	0.949	1.307	0.967	0.981	1.240
2017	1.076	0.955	0.996	1.080	1.027	1.007	0.935	1.023	0.984	0.941	1.142	0.943	1.049	1.089	1.077
2018	0.932	1.055	0.976	0.955	0.984	0.999	0.941	0.983	1.016	0.940	0.954	1.174	0.953	1.001	1.120

表5-1（续）

年份	柑橘					柑					橘				
	effch	tech	pech	sech	TFP	effch	tech	pech	sech	TFP	effch	tech	pech	sech	TFP
2019	0.958	0.899	1.048	0.914	0.861	1.164	0.788	1.055	1.104	0.917	0.860	1.070	0.881	0.976	0.920
2020	1.089	0.820	1.007	1.082	0.894	0.950	0.989	0.980	0.969	0.939	1.210	0.693	1.155	1.048	0.839
2011—2020	0.983	0.988	0.999	0.985	0.971	0.992	0.999	0.992	0.999	0.991	1.014	0.956	1.002	1.012	0.970

由表5-1可见，考察期内，中国柑橘全要素生产率及其构成具有以下4个特点。

（1）柑橘全要素生产率变化源于综合技术效率和技术进步的共同作用。从柑类来看，2016年以前，effch较低，技术进步不能完全弥补效率的损失，导致全要素生产率持续波动；2016年后，tech持续无效，综合技术效率快速提高的年份，由于技术退步，全要素生产率无法得到提升。从橘类来看，2014年以前，技术进步指数低下，全要素生产率指数主要受综合技术效率影响；2014年后，技术进步成为影响全要素生产率的主要因素，技术进步快的年份，即使综合技术效率下降，全要素生产率也能提高。从柑橘来看，全要素生产率受综合技术效率和技术进步的共同影响，2014年以前，综合技术效率是影响全要素生产率的主要因素；2014—2016年，全要素生产率指数的增减趋势同技术进步指数基本一致；2017—2018年，即使技术明显进步，但由于综合技术效率下降较快，全要素生产率随之下降；2018年后，技术进步持续下降，但综合技术效率持续提升，由此带来了全要素生产率的提高。

（2）技术进步波动在不同的柑橘种类上体现出迥异的阶段性特征。2011年以来，柑橘技术进步在品种和熟期结构调整上发挥了重要作用，晚熟杂柑种植在四川等南方地区获得普遍推广，不易剥皮、口感酸涩的部分传统橘类逐渐被春见、不知火（丑柑）、清见等晚熟杂柑替代，因此2011—2014年柑类技术进步较快。同期的橘类广受黄龙病影响，技术难以攻克，2014年江西、广东、福建、广西等地橘类大面积非正常减产。2015年以来，受益于农业供给侧结构性改革等政策性扶持，柑和橘类技术进步水平提高较快。2017年、2018年晚熟柑橘市场销售价格高，极大地提高了果农种植的积极性，但小农生产模式忽视技术水平提升的重要性，叠加规模快速扩张的发展思路，导致柑类技术进步缓慢，同期橘类技术则稳定发展。2020年，受新冠疫情和强降雨、高温等天气影响，早熟柑橘品种受损严重，江西等地柑橘减产超过 10%，导致橘类技术水平由此跌至考察期内最低值，由于疫情对晚熟品种的冲击主要在于采摘和销售环节，通过技术手段可以有效留树保鲜，延后上市期，因此柑类受疫情的影响不明显，技术进步水平稳中有升。

（3）纯技术效率和规模效率是影响柑橘全要素生产率的重要因素。2011—2020 年柑橘、柑、橘的综合技术效率均出现不规则波动，表明柑橘生产资料利用效率变化较大，生产规模不稳定。从纯技术效率来看，2015 年以前，柑和橘类波动较大，2015 年以来，柑类波动趋缓，而橘类在较快下降后又快速上升。从规模效率来看，柑橘的规模效率波动幅度略大于纯技术效率波动幅度，柑和橘类的规模效率波动幅度小于纯技术效率波动幅度，尤其是 2015 年后，柑类有 3 年、橘类有 4 年的规模效率均大于 1，表明经过农业供给侧结构性改革，中国柑橘投入、产出比例匹配度逐渐提高，规模趋于合适。但也应该看到，虽波动幅度不大但考察期内中国柑橘的 pech 和 tech 波动多呈短期性，时增时减，主要原因在于柑橘黄龙病蔓延趋势加深和极端气象灾害频发加深了柑橘经营规模的不确定性；同时，南方地区柑橘种植规模快速扩张，中晚熟品种阶段性和区域性供过于求导致柑橘增产不增收，影响了橘农种植和管理的积极性，由此导致柑橘生产中资源配置的合理状态难以持续。

（4）柑橘、柑、橘类的全要素生产率及其构成具有明显差异。考察期内，柑橘和橘类的全要素生产率指数均值均低于柑类[①]。考察期内，柑橘和橘类的全要素生产率指数各有 4 年大于 1，柑类只有 3 年大于 1，但是柑类的全要素生产率指数波动幅度明显小于橘类。主要原因在于通过品种及熟期结构调整，全国晚熟杂柑占比扩大，受疫情及极端气象灾害的影响弱于橘类；同时，中国 80% 以上的晚熟杂柑产于四川，而四川并未出现黄龙病，因此柑类在技术进步指数方面明显高于橘类，进而影响到全要素生产率指数的变化。橘类综合技术效率指数有 5 年大于 1，纯技术效率指数有 5 年大于 1，规模效率指数有 7 年大于 1，表明橘类在资源配置和生产规模方面优于柑类，但技术进步波动较大，尤其是 2020 年受疫情影响，技术进步水平严重下降，拉低了全要素生产率。

[①] 本书此研究结果与方国柱等学者之前的研究结果不同，主要原因在于本书的研究区域包括了四川，四川是中国最大的晚熟柑橘产区，加入四川柑橘统计数据对测算结果影响较大。

5.3.2　全国柑橘、柑、橘全要素生产率的区域变化及其构成

考察期内，中国不同省（自治区、直辖市）的柑橘、柑、橘全要素生产率及其构成具有明显差异（见表5-2）。

表5-2　2011—2020年中国柑橘主产省（区、市）全要素生产率及其分解

分类	地区	effch	tech	pech	sech	TFP	排名
柑橘	全国平均	0.988	0.995	0.987	1.002	0.983	—
	福建	1.004	0.988	1.001	1.003	0.991	3
	江西	0.957	0.964	1.000	0.957	0.923	7
	湖北	0.954	0.975	1.000	0.954	0.930	6
	湖南	0.954	0.983	1.000	0.954	0.938	5
	广东	1.000	0.975	1.000	1.000	0.975	4
	重庆	1.005	1.016	1.000	1.005	1.021	1
	四川	1.005	1.006	1.001	1.004	1.011	2
	mean	0.983	0.988	0.999	0.985	0.971	—
柑	全国平均	0.984	1.009	0.987	0.997	0.993	—
	福建	1.046	0.992	1.033	1.012	1.037	1
	江西	1.033	1.002	1.000	1.033	1.035	2
	湖北	0.912	0.993	0.913	0.998	0.905	8
	湖南	0.974	1.012	1.000	0.974	0.986	6
	广东	1.000	0.982	1.000	1.000	0.982	7
	广西	0.992	1.008	1.005	0.987	1.000	3
	重庆	1.000	0.997	1.000	1.000	0.997	4
	四川	0.990	0.999	0.997	0.993	0.989	5
	mean	0.992	0.999	0.992	0.999	0.991	—
橘	全国平均	1.028	0.930	1.014	1.014	0.956	—
	浙江	1.048	0.995	1.033	1.015	1.043	1
	福建	1.024	0.933	1.000	1.024	0.955	6
	江西	0.952	0.935	0.957	0.995	0.890	8

表5-2(续)

5

基于 DEA-Malmquist 模型的四川柑橘产业供给侧结构性改革效率评价

分类	地区	effch	tech	pech	sech	TFP	排名
	湖北	1.048	0.977	1.000	1.048	1.024	2
	湖南	0.980	0.936	1.000	0.980	0.917	7
	广东	1.027	0.939	1.000	1.027	0.964	5
	重庆	1.000	0.982	1.000	1.000	0.982	4
	四川	1.025	0.982	1.020	1.004	1.006	3
	mean	1.014	0.956	1.002	1.012	0.970	—

从柑橘类来看,主要存在以下4个特点。

(1) effch 和 tech 共同低下是中国柑橘主产省(自治区、直辖市)柑橘全要素生产率负增长的原因。由表5-2可见,考察期内,全要素生产率负增长的5个柑橘主产省(自治区、直辖市)中,江西、湖北、湖南3省的 effch 和 tech 均低于1.0,且低于全国平均水平;同时,上述3省的 tech 均大于 effch,由此导致上述3省柑橘的全要素生产率低于1且低于全国全要素生产率的平均水平。这反映出上述3省柑橘生产的投入和产出不匹配,各项生产要素投入未达到最优组合,技术进步相对缓慢,一些地方也存在类似的问题。福建、广东柑橘生产的综合技术效率大于1.0,但技术进步指数较低,阻碍了生产效率的提高。

(2) sech 是中国柑橘主产省(自治区、直辖市)柑橘生产综合技术效率存在差异的主要原因。考察期内,各柑橘主产省(自治区、直辖市)柑橘生产的 pech 差异较小,仅福建和四川的 pech 大于1,效率得到提升;其余各地的 pech 等于1,效率不变。各地 sech 差异明显,其中福建、重庆、四川的 sech 均大于1.0,柑橘生产要素情况得到了改善,效率得到提升;广东的 sech 等于1,效率不变;而江西、湖北、湖南3省的 sech 均低于1.0,且远低于全国平均水平,由此导致上述3省的 effch 小于1.0,表明上述3省柑橘生产存在投入过量、产出不足的问题。

(3) 中国柑橘全要素生产率增长的地区差异显著。考察期内,仅重庆、四川的柑橘全要素生产率为正增长,增长率分别为2.1%和1.1%,其余各地均为负增长。考察期内,全国平均柑橘全要素生产率为负增长,增长率为-1.7%;福建的柑橘全要素生产率的负增长率低于全国平均水平,为-0.9%;而江西、湖北、湖南、广东的柑橘全要素生产率的负增长率均

135

大于全国平均水平，分别为-7.7%、-7.0%、-6.2%、-2.5%。

（4）中国柑橘没有明显的全要素生产率提升情况良好并占绝对优势的主产区。表5-3显示了2011—2020年中国柑橘全要素生产率指数在均值以下的主产区。

表5-3　2011—2020年中国柑橘全要素生产率指数在均值以下的主产区

年份	全要素生产率均值	全要素生产率在均值以下的地区	频次统计
2011	0.925	江西、广东、重庆、四川	
2012	0.945	全国平均、江西、湖北、广东	
2013	1.046	全国平均、福建、湖北、湖南	
2014	0.994	江西、湖南	6次（江西），4次（湖北、湖南、广东、四川），3次（全国平均、福建），2次（重庆）
2015	0.884	江西、湖北	
2016	1.189	全国平均、福建、湖北、湖南	
2017	1.027	福建、广东、四川	
2018	0.984	江西、广东、重庆	
2019	0.861	江西、四川	
2020	0.894	湖南、广东、四川	

由表5-3可见，考察期内，仅2013年、2016年、2017年中国柑橘全要素生产率均值大于1.0，其余各年全要素生产率均低于1.0。各主产省（自治区、直辖市）中，重庆情况相对最好，仅2011年、2018年低于均值，且较多年份的排名居前。福建7年大于均值，3年小于均值。湖北、湖南、广东、四川6年大于均值，4年小于均值，但4省的情况有所不同：四川的实际值虽然小于均值，但与均值的差距始终小于0.13，且2017年全要素生产率大于1.0；湖北和湖南均有1年与均值差距大于0.30；广东的实际值与均值的差距始终低于0.20，但有3年差距均大于0.15；江西有6年低于均值，全要素生产率提升情况处于末位，且同全国平均水平的差距较大，制约了全国柑橘全要素生产率的提升。

从柑类来看，主要存在以下5个特点。

（1）effch 和 tech 共同低下是中国柑类主产省（自治区、直辖市）全要素生产率非正增长的原因。由表5-2可见，考察期内，全要素生产率非正增长的6个柑类主产省（自治区、直辖市）中，湖北、湖南、广西、四川4省（自治区、直辖市）的 effch 均低于1.0，且低于各自的 tech，由此导致上述4省（自治区、直辖市）柑类的全要素生产率未得到提升。柑类的8个主产区中，有7个主产区的 tech 都低于全国平均水平；5个主产区的 tech 均为负增长；广东和重庆的 effch 虽未下降，但技术进步不足；而湖南在柑类生产中技术进步较快，有效弥补了效率损失。

（2）sech 是中国柑类主产省（自治区、直辖市）effch 存在差异的主要原因。考察期内，仅2个省（自治区、直辖市）的 pech 负增长；而 sech 负增长的有4个省（自治区、直辖市），且其中3个省（自治区、直辖市）的 sech 均小于 pech。在 pech 不变的情况下，江西、湖南、广东、重庆的 sech 不同，因而它们的 effch 差异较大，其中江西的 sech 增长率为3.3%，湖南的 sech 增长率为−2.6%，2省的 effch 增长率相差5.9%。广西的 pech 为正增长，但由于 sech 负增长1.3%，最终 effch 不足1.0。上述情况反映出多数中国柑类主产区产出与投入的比例不匹配，未能实现产出最大化。

（4）中国柑类全要素生产率增长的地区差异显著。考察期内，仅福建、江西的柑类全要素生产率为正增长，增长率分别为3.7%和3.5%，广西的柑类全要素生产率无变化，其余各地均为负增长。在全要素生产率为负增长的地区中，湖北、湖南、广东、四川的全要素生产率指数均低于全国平均水平，湖北以−9.5%的增长率处于全要素生产率指数排名的末位，湖北和四川也是 effch 和 tech 均负增长的省份。上述情况反映出较多中国柑类主产区在资源配置、生产规模和技术进步方面存在较大提升空间。

（5）中国柑类没有明显的全要素生产率提升情况良好并占绝对优势的主产区。表5-4显示了2011—2020年中国柑类全要素生产率指数在均值以下的主产区。

表 5-4 2011—2020 年中国柑类全要素生产率指数在均值以下的主产区

年份	全要素生产率均值	全要素生产率在均值以下的地区	频次统计
2011	0.876	江西、湖南、重庆、四川	
2012	1.003	江西、湖北、广东、广西、重庆、四川	
2013	0.982	福建、湖北、湖南、广东	
2014	1.464	全国平均、福建、广西、重庆、四川	
2015	0.946	江西、湖北、广东、广西	6 次（湖南、广西），5 次（江西、湖北、广东、四川），4 次（福建、重庆），3 次（全国平均）
2016	1.002	全国平均、江西、湖北、湖南、广西	
2017	0.941	福建、湖南、广东	
2018	0.940	湖南、广东、广西、重庆	
2019	0.917	全国平均、福建、江西、四川	
2020	0.939	湖北、湖南、广西、四川	

由表 5-4 可见，考察期内，仅 2012 年、2014 年、2016 年中国柑类全要素生产率均值大于 1.0，其余各年全要素生产率均下降，但除 2011 年外全要素生产率均值均在 0.90 以上。各主产省（自治区、直辖市）中，情况相对最好的福建和重庆均有 4 年低于均值，其中福建有较多年份的排名均居前。江西、湖北、广东、四川各有 5 年小于均值，但 4 省的情况有所不同：四川的实际值虽然小于均值，但与均值的差距始终小于 0.28，有 2 年与均值的差距小于 0.10，且 2014 年全要素生产率大于 1.0；湖北和广东均有 1 年与均值差距大于 0.30，湖北 2015 年全要素生产率仅为 0.398，且较多年份的排名靠后，最终湖北全要素生产率处于全国柑类主产区的末位；江西的实际值与均值的差距始终低于 0.25，但其中有 3 年全要素生产率低于 0.80；湖南和广西均有 6 年低于均值，但在广西低于均值的年份中，差值最大的 2014 年广西柑类全要素生产率为 1.149，其余年份差值均小于 0.25，2012 年、2015 年广西柑类全要素生产率均超过 0.93，因此广西柑类全要素生产率指数在主产区中排名第 3。

从橘类来看，主要存在以下 4 个特点。

（1）tech 低下是中国橘类主产省（自治区、直辖市）全要素生产率非正增长的原因。由表 5-2 可见，考察期内，全国橘类主产区的 effch 具有良好的增长势头，仅江西、湖南 2 省小于 1，但仍在 0.90 以上。全国的橘类主产区的 tech 均大于等于 1.0，这表明，在橘类生产中，各地的技术研发和推广成效不显著，技术短板阻碍了生产效率的提升。福建的 tech 仅为 0.933，在全国橘类主产区中处于末位，即使 effch 贡献了 2.4% 的增长率，仍然弥补不了技术进步下降对全要素生产率的负面影响，导致福建橘类全要素生产率增长率为-4.5%，在全国橘类主产区全要素生产率排名中倒数第 3。

（2）投入要素在使用上的效率不佳，拉低了中国橘类生产的综合技术效率。考察期内，仅江西、湖南、重庆的橘类生产区的 sech 未正增长，但各橘类主产区的 pech 普遍未得到提高，仅浙江、四川的橘类生产区的 pech 正增长，江西的 pech 负增长，其余 5 个橘类主产区的 pech 均不变。这反映出中国橘类生产未能有效利用生产技术，不能使产出最大化，虽然产出与投入的比例较匹配，但是投入要素的使用效率不高，阻碍了综合技术效率的提升。

（3）中国橘类全要素生产率增长的地区差异显著。考察期内，仅浙江、湖北、四川的橘类全要素生产率为正增长，增长率分别为 4.3%、2.4% 和 0.6%，其余各地均为负增长。在全要素生产率负增长的地区中，福建、江西、湖南的全要素生产率指数均低于全国平均水平，江西以-11.0% 的增长率处于全要素生产率指数末位，而江西和湖南也是 effch 和 tech 均负增长的省份。上述情况反映出中国橘类生产区的全要素生产率较低，原有的优势产区在全国的竞争力下降。

（4）中国橘类没有明显的全要素生产率提升情况良好并占绝对优势的主产区。表 5-5 显示了 2011—2020 年中国橘类全要素生产率指数在均值以下的主产区。

表 5-5 2011—2020 年中国橘类全要素生产率指数在均值以下的主产区

年份	全要素生产率均值	全要素生产率在均值以下的地区	频次统计
2011	0.909	全国平均、福建、江西、广东	
2012	0.947	全国平均、江西、湖南、广东、四川	
2013	1.066	全国平均、浙江、江西、湖北、湖南、重庆	
2014	0.834	江西、湖南、重庆、四川	7 次（江西），6 次（全国平均），5 次（湖南、广东、四川），4 次（福建、湖北、重庆），3 次（浙江）
2015	0.834	全国平均、福建、江西、湖北、重庆、四川	
2016	1.240	全国平均、浙江、湖北、四川	
2017	1.077	浙江、福建、湖北、广东	
2018	1.120	全国平均、福建、江西、广东	
2019	0.920	江西、湖南	
2020	0.839	湖南、广东、重庆、四川	

由表 5-5 可见，考察期内，仅 2013 年、2016 年、2017 年、2018 年中国橘类全要素生产率均值大于 1.0，其余各年全要素生产率均下降，且 2014 年、2015 年、2020 年全要素生产率均值均在 0.90 以下。各主产省（自治区、直辖市）中，情况相对最好的浙江有 3 年低于均值，且较多年份的排名均居前；湖北虽有 4 年小于均值，但其中 3 年的全要素生产率均大于 1，其全要素生产率指数在全国橘类主产区中排名第 3；江西有 7 年低于均值，且较多年份江西的橘类全要素生产率指数均低于 0.80，2018 年与 2019 年，江西橘类全要素生产率指数低于均值的差值均大于 0.40，拉低了全国橘类全要素生产率的水平，其全要素生产率在全国柑类主产区中处于末位，由此反映出江西橘类生产区相对于其他主产区已明显落后的问题。

5.3.3 分析与讨论

本书采用 2011—2020 年中国柑橘生产成本与收益数据，运用 DEA-Malmquist 指数法，对中国柑橘主产省（自治区、直辖市）柑橘、柑、橘类全要素生产率演进及其分解进行测度,分析中国柑橘全要素生产率的动态演进特点,探究柑橘、柑、橘全要素生产率的区域差异。根据上述分析结果,本书得出以下结论。

(1)从整体来看,2011—2020年中国柑橘全要素生产率总体呈下降趋势,且年际波动较大。考察期内,中国柑橘、柑、橘的全要素生产率均值增长率分别为-2.9%、-0.9%、-3.0%。综合技术效率和技术进步共同影响柑橘全要素生产率的增长,黄龙病蔓延趋势加深和极端气象灾害频发加深了柑橘生产规模的不确定性,阶段性和区域性供过于求导致柑橘生产中资源配置难以达到合理状态,阻碍了全要素生产率的提升。柑橘、柑、橘的综合效率和技术进步存在较大差异,柑类技术进步明显优于橘类,但橘类综合技术效率更为稳定,其pech和sech均高于柑类。

(2)从主产省(自治区、直辖市)来看,柑橘、柑、橘类均没有明显的全要素生产率提升情况良好并占绝对优势的主产区。8个柑类主产区中有6个主产区全要素生产率非正增长,有7个主产区tech低于全国平均水平,仅福建实现了pech和sech的双正增长。8个橘类主产区全部存在tech负增长的问题,其中5个主产区全要素生产率为负增长,3个主产区全要素生产率指数低于全国平均水平。对比来看,全部主产区的柑类技术进步指数高于橘类,较多主产区的橘类规模效率指数高于柑类,较多主产区的柑类全要素生产率增长情况优于橘类。中国柑橘主产区普遍存在投入过量、产出不足、技术研发和推广成效不显著、技术进步缓慢的多重问题,阻碍了生产效率的提升。

5.4 四川柑橘产业供给侧结构性改革效率评价

5.4.1 四川柑橘全要素生产率变化及其构成

使用DEAP2.1软件,我们可以计算出2010—2020年四川柑橘全要素生产率(见表5-6)。

表5-6 2010—2020年四川柑橘全要素生产率及其分解

年份	effch	tech	pech	sech	TFP
2010	1.022	0.920	0.989	1.033	0.940

表5-6（续）

年份	effch	tech	pech	sech	TFP
2011	0.980	1.000	0.938	1.044	0.980
2012	0.725	1.403	0.938	0.773	1.018
2013	1.213	0.819	1.182	1.026	0.994
2014	0.987	0.539	0.959	1.029	0.531
2015	0.972	0.884	1.051	0.925	0.860
2016	1.219	0.789	1.164	1.047	0.961
2017	0.671	1.429	0.945	0.710	0.959
2018	1.043	0.991	1.083	0.963	1.033
2019	0.792	1.306	0.924	0.857	1.035
2020	1.005	1.001	0.842	1.194	1.006
2010—2020	0.951	0.972	0.996	0.954	0.925

由表5-6可见，考察期内，四川柑橘全要素生产率及其构成具有以下4个特点。

（1）四川柑橘全要素生产率变化源于综合技术效率和技术进步的共同作用。考察期内，全要素生产率指数低于1.0的年份共计7年，其中effch和tech均无效的年份有2年，单纯effch无效的年份有2年，单纯tech无效的年份有3年。在全要素生产率指数大于1.0的5年中，单纯effch无效的年份有2年，由于技术进步弥补了效率的损失；单纯tech无效的年份仅1年，由于效率的提高弥补了技术进步的不足。

（2）农业供给侧结构性改革促进了四川柑橘技术进步，由此提升了全要素生产率。改革后，四川柑橘全要素生产率指数均值为0.999，改革前均值为0.887。改革后仅有2年全要素生产率指数低于1.0，且均在0.95以上；改革前仅有1年大于1.0，且有2年低于0.90并在2014年出现0.531的极低值。改革后四川柑橘effch均值为0.946，较之改革前均值下降了0.037；而tech均值为1.103，较之改革前上升了0.175。这表明，通过改革，四川柑橘技术效率并未提高还略微下降，但技术进步得到促进，从而提高了全要素生产率。

（3）纯技术效率和规模效率是影响柑橘全要素生产率的重要因素。考察期内，effch低于1.0的年份共计6年，其中pech和sech均无效的年份有 3 年，单纯 pech 无效的年份有 2 年，单纯 sech 无效的年份有 1 年。在 effch 大于 1.0 的 4 年中，单纯 pech 无效的年份有 2 年，由于规模效率的提高弥补了纯技术效率的损失；单纯 sech 无效的年份仅 1 年，由于纯技术效率的提高弥补规模效率的不足。

（4）农业供给侧结构性改革没有促进四川柑橘管理和要素投入的改善。改革后，四川柑橘 pech 均值为 0.992，较之改革前下降了 0.018；sech 均值 0.954，较之改革前下降了 0.018。改革前，四川柑橘 pech 虽有 4 年无效，但均大于 0.90；改革后，pech 有 3 年无效，且 2020 年快速下降为考察期内最低值，这与前文发现 2020 年新冠疫情叠加极端自然灾害频发导致柑橘果园失管的研究结果一致。改革前，四川柑橘 sech 有 2 年无效，但仅 2012 年低于 0.90；改革后 sech 仅 2 年有效，且 2017 年快速下降为考察期内最低值，2019 年也低于 0.90。这反映出四川柑橘生产中要素投入与产出的比例不匹配，生产力下降。

5.4.2 四川 20 个柑橘种植市州柑橘全要素生产率的变化及其构成

5.4.2.1 各市州柑橘全要素生产率均值变化及分解

考察期内，四川 20 个柑橘种植市州的柑橘全要素生产率均值及其构成具有一定差异（见表 5-7）。

表 5-7 2010—2020 年四川 20 个柑橘种植市州柑橘全要素生产率均值及其分解

市州	effch	tech	pech	sech	TFP	排名
成都	0.986	0.973	0.998	0.988	0.959	5
自贡	0.970	0.967	0.974	0.996	0.938	7
攀枝花	0.935	0.970	0.976	0.958	0.907	15
泸州	0.983	0.977	0.997	0.986	0.961	4
德阳	0.936	0.966	0.955	0.981	0.905	16
绵阳	0.910	0.977	0.913	0.997	0.889	18
广元	0.860	0.975	0.901	0.955	0.839	20
遂宁	0.964	0.972	0.977	0.986	0.937	8
内江	0.949	0.965	0.962	0.986	0.916	12
乐山	0.964	0.979	0.976	0.988	0.945	6

表5-7（续）

市州	effch	tech	pech	sech	TFP	排名
南充	0.962	0.971	1.000	0.962	0.934	9
眉山	1.019	0.982	1.003	1.017	1.001	1
宜宾	0.955	0.971	0.961	0.994	0.927	10
广安	0.920	0.975	0.960	0.958	0.896	17
达州	0.942	0.964	0.995	0.947	0.909	14
雅安	1.004	0.973	1.269	0.791	0.977	2
巴中	0.937	0.975	1.061	0.883	0.914	13
资阳	0.944	0.982	0.973	0.970	0.927	10
甘孜	0.882	0.969	1.000	0.882	0.855	19
凉山	1.005	0.966	1.126	0.893	0.971	3
mean	0.951	0.972	0.996	0.954	0.925	—

由表5-7可见，四川20个柑橘种植市州柑橘全要素生产率均值及其构成具有以下3个特点。

（1）四川20个市州柑橘生产效率差异较小且普遍无效。考察期内，仅眉山柑橘全要素生产率指数均值大于1.0，除绵阳、广元、广安、甘孜4个市州外，其余15个市州柑橘全要素生产率指数均值均大于0.90但不足1.0，反映出眉山在四川柑橘生产效率方面的相对优势及其余市州在生产效率提升上的普遍乏力。广元处于全省柑橘全要素生产率指数均值末位，主要原因在于柑橘产业并非广元主导产业，广元对柑橘技术和管理水平提升的关注度不够；同时，2008年大实蝇虫害对广元柑橘产业造成毁灭性打击，多年来其负面影响仍难以被彻底消除，由此更彰显柑橘产品质量安全的极端重要性。

（2）effch和tech共同低下是四川20个市州柑橘全要素生产率不高的原因。考察期内，仅眉山、雅安、凉山的effch均值大于1.0，20个市州的tech均值都小于1.0，10个市州的effch均值低于平均水平，9个市州的tech均值低于平均水平。这反映出20个市州柑橘生产中技术进步相对缓慢，管理水平不高，阻碍了生产效率的提高。

（3）sech是四川20个市州柑橘生产综合技术效率整体低下的主要原因。考察期内，20个市州柑橘的pech均值大于sech均值，11个市州的

pech 均大于 sech。其中，眉山、雅安、巴中、凉山 4 个市州的 pech 均大于1.0，南充、甘孜 2 个市州的 pech 等于 1.0，但除眉山外，均由 sech 较低导致 effch 无效。全省仅眉山柑橘 sech 大于 1.0，雅安、巴中、甘孜、凉山4 个市州的 sech 均低于 0.9，拉低了全省水平，反映出以上 4 个市州在柑橘生产中的投入与产出的比例失当，各项生产要素投入未达到最优组合。

5.4.2.2 四川 20 个市州柑橘全要素生产率时间值变化

考察期内，四川 20 个柑橘种植市州的柑橘全要素生产率在不同年份呈现出较大差异（见表 5-8）。

表 5-8 2010—2020 年四川 20 个柑橘种植市州柑橘全要素生产率时间值变化

	2010	2011	2012	2013	2014	2015	2016	2017	2018	2019	2020
成都	0.927	1.018	0.867	1.017	0.439	0.91	1.204	1.502	0.951	1.088	1.014
自贡	0.901	1.024	1.026	0.972	0.445	0.838	0.989	1.073	0.991	1.279	1.066
攀枝花	0.901	0.859	0.904	0.923	0.739	0.789	0.889	0.915	1.068	1.039	1.007
泸州	0.916	1.055	1.077	1.178	0.534	0.955	0.996	0.903	1.004	1.058	1.079
德阳	0.928	1.026	0.897	0.951	0.459	0.935	0.967	0.843	1.264	0.881	1.047
绵阳	0.933	0.983	0.997	1.032	0.584	0.941	0.921	0.607	1.042	0.904	0.997
广元	0.955	0.971	0.996	0.942	0.459	0.827	0.942	0.811	0.972	1.086	0.545
遂宁	0.938	1.093	1.014	0.956	0.517	0.878	0.947	1.07	1.077	1.031	0.965
内江	0.984	1.065	1.102	0.968	0.449	0.799	0.954	0.978	0.998	1.009	1.009
乐山	0.923	0.964	1.030	0.988	0.495	0.856	0.959	1.024	1.075	1.179	1.118
南充	0.994	1.053	1.009	1.009	0.511	0.847	0.938	0.945	1.18	0.978	1.004
眉山	0.949	1.035	1.013	0.971	0.624	0.913	0.993	1.402	1.009	1.311	1.003
宜宾	0.917	1.047	1.031	1.045	0.507	0.837	0.963	0.839	1.089	1.035	1.090
广安	0.937	0.974	1.025	1.097	0.405	0.847	0.978	0.907	0.993	1.023	0.945
达州	0.952	0.961	0.935	1.148	1.000	0.849	0.990	0.921	0.945	0.946	1.012
雅安	0.972	0.988	1.197	1.227	0.577	0.918	0.972	1.029	1.021	1.062	0.958
巴中	0.944	0.904	0.962	0.78	0.596	0.818	0.985	0.84	0.97	1.051	1.413
资阳	1.055	0.884	1.577	0.836	0.534	0.860	0.766	0.981	1.107	0.864	1.075
甘孜	0.819	0.778	0.779	0.861	0.837	0.760	0.911	0.913	0.888	0.919	0.968

表5-8（续）

	2010	2011	2012	2013	2014	2015	2016	2017	2018	2019	2020
凉山	0.979	0.979	1.117	1.093	0.582	0.846	1.020	1.010	1.089	1.075	1.045
mean	0.940	0.980	1.018	0.994	0.531	0.860	0.961	0.959	1.033	1.035	1.006

由表5-8可见，考察期内，四川20个柑橘种植市州柑橘全要素生产率时间值变化具有以下3个特点。

（1）农业供给侧结构性改革实施后，四川20个市州柑橘全要素生产率有所提高。对比改革前后20个市州柑橘全要素生产率指数均值可以发现，除绵阳、达州外，其余18个市州均为正增长，其中，成都、自贡、眉山、巴中柑橘全要素生产率指数均值增长值均超过0.20。改革前，20个市州柑橘全要素生产率指数均值都小于1.0；改革后，有12个市州柑橘全要素生产率指数均值大于1.0。改革后，凉山柑橘全要素生产率指数均大于1.0，成都、眉山、乐山3个市州中柑橘全要素生产率指数仅有1年低于1.0，反映出上述各市州通过改革提升了柑橘全要素生产率。

（2）重点市州通过农业供给侧结构性改革拉大了同非重点市州在柑橘全要素生产率提高方面的差距。改革后，11个重点市州柑橘全要素生产率指数均值为1.036，较之改革前提高了0.125；9个非重点市州柑橘全要素生产率指数均值为0.972，较之改革前提高了0.094，重点和非重点市州柑橘全要素生产率指数均值在改革后的差距达0.063，较之改革前提高了0.031。重点市州中，改革后内江、广安、达州、资阳4个市柑橘全要素生产率均值不足1.0，但均大于0.95，其余7个市州均大于1.0，其中，成都、眉山均大于1.1，领跑全省，反映出上述重点市州取得了良好的改革效果。

（3）四川没有明显的柑橘全要素生产率提升情况良好并占绝对优势的市州，眉山的情况最好。表5-9显示了2010—2020年四川20个市州柑橘全要素生产率指数与均值的对比情况。

表 5-9　2010—2020 年四川 20 个市州柑橘全要素生产率指数与均值的对比情况

年份	全要素生产率均值	全要素生产率在均值以下的市州	频次统计
2010	0.94	成都、自贡、攀枝花、泸州、德阳、绵阳、遂宁、乐山、宜宾、广安、甘孜	10次（甘孜），9次（广元），8次（广安），7次（攀枝花、遂宁、南充）6次（德阳、绵阳、乐山、达州、巴中），5次（自贡、内江），4次（成都、眉山、宜宾、资阳），3次（泸州），2次（雅安、凉山）
2011	0.98	攀枝花、广元、乐山、广安、达州、巴中、资阳、甘孜、凉山	
2012	1.018	成都、攀枝花、德阳、绵阳、广元、遂宁、南充、眉山、达州、巴中、甘孜	
2013	0.994	自贡、攀枝花、德阳、广元、遂宁、内江、乐山、眉山、巴中、资阳、甘孜	
2014	0.531	成都、自贡、德阳、广元、遂宁、内江、乐山、南充、宜宾、广安	
2015	0.86	自贡、攀枝花、广元、内江、乐山、南充、宜宾、广安、达州、巴中、甘孜、凉山	
2016	0.961	攀枝花、绵阳、广元、遂宁、内江、乐山、南充、资阳、甘孜	
2017	0.959	攀枝花、泸州、德阳、绵阳、广元、南充、宜宾、广安、达州、巴中、甘孜	
2018	1.033	成都、自贡、泸州、广元、眉山、广安、达州、雅安、巴中、甘孜	
2019	1.035	德阳、绵阳、遂宁、内江、南充、广安、达州、资阳、甘孜	
2020	1.006	绵阳、广元、遂宁、南充、眉山、广安、雅安、甘孜	

由表 5-9 可见，考察期内，四川 20 个柑橘种植市州的柑橘全要素生产率指数均有在均值以下的情况，表明 20 个市州中没有明显的全要素生产率提高良好并占绝对优势的地区。其中，眉山情况最好，虽有 4 年低于均值，但其中有 3 年均大于 1.0。总计数据中眉山有 6 年大于 1.0，除 2014 年外，无一年低于 0.9。

观察改革后的年度变化可知，改革后凉山每年都高于均值，成都、自贡、乐山、宜宾4市仅1年低于均值，眉山虽有2年低于均值，但此2年柑橘全要素生产率指数均大于1.0。改革后，凉山历年柑橘全要素生产率指数均大于1.0，成都、乐山、眉山仅1年略低于1.0。

5.4.2.3 四川20个市州柑橘全要素生产率时间值分解

四川20个柑橘种植市州柑橘全要素生产率分解结果如表5-10至表5-13所示。

表5-10 四川20个柑橘种植市州柑橘全要素生产率分解（effch）

市州	effch										
	2010	2011	2012	2013	2014	2015	2016	2017	2018	2019	2020
成都	1.000	1.000	0.665	1.164	0.766	1.081	1.559	1.000	1.000	0.828	1.033
自贡	0.993	1.006	0.753	1.211	0.814	0.975	1.271	0.765	0.986	0.976	1.058
攀枝花	0.993	0.840	0.666	1.151	1.342	0.863	1.158	0.629	1.097	0.777	1.043
泸州	1.010	1.035	0.791	1.469	0.969	1.033	1.246	0.633	1.010	0.827	1.035
德阳	1.023	1.008	0.633	1.176	0.858	1.089	1.263	0.586	1.284	0.663	1.074
绵阳	1.029	0.962	0.738	1.229	1.060	1.046	1.158	0.424	1.032	0.695	1.009
广元	1.052	0.950	0.735	1.174	0.833	0.893	1.157	0.588	0.969	0.827	0.548
遂宁	1.034	1.117	0.683	1.105	0.999	1.021	1.171	0.783	1.073	0.785	0.971
内江	1.084	1.051	0.784	1.207	0.865	0.929	1.237	0.682	0.989	0.790	0.983
乐山	1.018	0.952	0.731	1.136	0.933	0.942	1.181	0.731	1.068	0.892	1.154
南充	1.098	1.042	0.710	1.257	0.976	0.949	1.154	0.685	1.176	0.751	0.996
眉山	1.030	1.046	0.738	1.101	1.188	0.986	1.205	1.000	1.000	1.000	1.000
宜宾	1.005	1.052	0.725	1.298	0.944	0.968	1.209	0.592	1.078	0.809	1.061
广安	0.945	1.066	0.646	1.380	0.775	0.961	1.237	0.630	0.997	0.784	0.975
达州	1.051	0.953	0.662	1.430	0.956	1.016	1.288	0.617	0.988	0.740	0.971
雅安	1.071	0.967	0.883	1.529	1.046	0.991	1.256	0.705	1.041	0.792	0.992
巴中	1.041	0.884	0.710	0.972	1.081	0.883	1.196	0.615	0.967	0.800	1.422
资阳	1.000	0.984	1.016	1.000	1.000	1.000	1.000	0.661	1.149	0.645	1.083
甘孜	0.902	0.762	0.574	1.073	1.519	0.874	1.186	0.619	0.913	0.719	0.928
凉山	1.078	0.983	0.768	1.375	1.114	0.984	1.321	0.701	1.107	0.841	1.002

表 5-11　四川 20 个柑橘种植市州柑橘全要素生产率分解（tech）

市州	tech										
	2010	2011	2012	2013	2014	2015	2016	2017	2018	2019	2020
成都	0.927	1.018	1.304	0.874	0.573	0.841	0.773	1.502	0.951	1.314	0.981
自贡	0.907	1.018	1.363	0.802	0.547	0.860	0.778	1.402	1.005	1.311	1.008
攀枝花	0.907	1.022	1.356	0.802	0.551	0.914	0.768	1.455	0.974	1.338	0.965
泸州	0.907	1.018	1.363	0.802	0.551	0.925	0.800	1.426	0.994	1.278	1.043
德阳	0.907	1.018	1.418	0.809	0.535	0.859	0.766	1.438	0.985	1.329	0.975
绵阳	0.907	1.022	1.352	0.840	0.551	0.900	0.796	1.432	1.010	1.300	0.988
广元	0.907	1.022	1.356	0.802	0.551	0.926	0.814	1.380	1.003	1.314	0.994
遂宁	0.907	0.978	1.484	0.866	0.517	0.860	0.808	1.367	1.003	1.314	0.994
内江	0.907	1.013	1.405	0.802	0.519	0.860	0.771	1.433	1.009	1.278	1.027
乐山	0.907	1.013	1.409	0.869	0.531	0.909	0.812	1.400	1.007	1.322	0.969
南充	0.906	1.011	1.421	0.802	0.524	0.893	0.813	1.380	1.004	1.302	1.009
眉山	0.921	0.989	1.371	0.882	0.525	0.926	0.824	1.402	1.009	1.311	1.003
宜宾	0.913	0.995	1.423	0.805	0.537	0.865	0.796	1.416	1.011	1.278	1.027
广安	0.991	0.914	1.587	0.795	0.523	0.881	0.790	1.439	0.996	1.305	0.970
达州	0.906	1.008	1.412	0.802	0.531	0.835	0.769	1.491	0.957	1.278	1.042
雅安	0.907	1.022	1.356	0.802	0.551	0.926	0.774	1.460	0.981	1.340	0.965
巴中	0.907	1.022	1.356	0.802	0.551	0.926	0.824	1.365	1.004	1.314	0.994
资阳	1.055	0.898	1.552	0.836	0.534	0.860	0.766	1.484	0.963	1.339	0.993
甘孜	0.907	1.022	1.357	0.802	0.551	0.869	0.768	1.476	0.972	1.278	1.043
凉山	0.908	0.997	1.455	0.795	0.522	0.860	0.772	1.441	0.984	1.278	1.043

表 5-12　四川 20 个柑橘种植市州柑橘全要素生产率分解（pech）

市州	pech										
	2010	2011	2012	2013	2014	2015	2016	2017	2018	2019	2020
成都	1.000	1.000	0.913	1.095	0.874	0.988	1.158	1.000	1.000	0.983	0.997
自贡	0.943	0.986	0.772	1.196	0.802	0.991	1.275	0.819	0.956	1.030	1.063
攀枝花	0.958	0.835	0.746	1.116	1.366	0.787	1.137	0.739	1.663	0.866	0.882
泸州	0.946	1.014	0.821	1.437	0.973	1.080	1.200	0.872	0.892	0.910	0.963
德阳	0.992	0.992	0.735	1.135	0.878	0.987	1.244	0.630	1.397	0.572	1.352
绵阳	0.968	0.954	0.763	1.224	1.068	1.072	1.098	0.486	0.969	0.723	0.995
广元	1.329	0.270	1.896	1.952	1.000	1.000	1.000	1.000	1.000	1.000	0.239
遂宁	0.986	1.232	2.283	1.001	0.320	0.966	1.123	0.928	0.999	0.895	0.973
内江	1.019	1.022	0.799	1.201	1.102	0.790	1.203	0.912	0.920	0.809	0.923
乐山	0.962	0.936	0.987	0.876	0.892	0.984	1.159	0.876	1.052	0.967	1.084
南充	1.000	1.000	0.899	1.112	1.000	1.000	1.000	1.000	1.000	1.000	1.000
眉山	0.889	1.160	1.000	0.747	1.200	0.962	1.161	1.000	1.000	1.000	1.000
宜宾	0.961	1.024	0.728	1.293	0.943	1.006	1.195	0.713	0.988	0.868	1.006
广安	0.912	1.071	0.665	1.429	0.734	1.009	1.254	0.979	0.985	1.039	0.743
达州	0.970	0.922	0.765	1.330	1.211	1.395	1.000	1.000	1.000	0.955	0.646
雅安	0.994	0.954	0.964	1.458	1.060	3.334	1.761	1.664	1.000	1.000	1.000
巴中	1.002	0.961	1.144	0.987	1.277	0.773	1.205	1.038	1.084	1.318	1.001
资阳	1.000	0.987	1.013	1.000	1.000	1.000	1.000	1.000	1.000	0.791	0.940
甘孜	1.000	1.000	1.000	1.000	1.000	1.000	1.000	1.000	1.000	1.000	1.000
凉山	1.011	1.038	0.899	1.614	1.150	1.165	1.306	2.227	2.504	1.000	0.249

表 5-13　四川 20 个柑橘种植市州柑橘全要素生产率分解（sech）

市州	sech										
	2010	2011	2012	2013	2014	2015	2016	2017	2018	2019	2020
成都	1.000	1.000	0.728	1.063	0.877	1.095	1.346	1.000	1.000	0.842	1.037
自贡	1.053	1.020	0.975	1.013	1.014	0.984	0.996	0.934	1.031	0.948	0.996
攀枝花	1.036	1.007	0.894	1.031	0.982	1.097	1.018	0.851	0.660	0.897	1.182

表5-13（续）

5　基于DEA-Malmquist模型的四川柑橘产业供给侧结构性改革效率评价

市州	sech										
	2010	2011	2012	2013	2014	2015	2016	2017	2018	2019	2020
泸州	1.068	1.021	0.963	1.022	0.995	0.957	1.039	0.726	1.133	0.910	1.075
德阳	1.031	1.016	0.861	1.036	0.977	1.104	1.015	0.931	0.919	1.159	0.794
绵阳	1.063	1.008	0.967	1.004	0.993	0.976	1.055	0.872	1.065	0.961	1.015
广元	0.792	3.516	0.388	0.601	0.833	0.893	1.157	0.588	0.969	0.827	2.295
遂宁	1.048	0.906	0.299	1.104	3.121	1.057	1.043	0.843	1.074	0.877	0.998
内江	1.064	1.029	0.981	1.005	0.785	1.176	1.029	0.748	1.075	0.976	1.064
乐山	1.057	1.017	0.741	1.298	1.045	0.958	1.019	0.835	1.015	0.922	1.064
南充	1.098	1.042	0.789	1.131	0.976	0.949	1.154	0.685	1.176	0.751	0.996
眉山	1.158	0.902	0.738	1.474	0.990	1.025	1.038	1.000	1.000	1.000	1.000
宜宾	1.046	1.028	0.995	1.004	1.001	0.962	1.012	0.831	1.091	0.932	1.056
广安	1.037	0.995	0.971	0.966	1.056	0.953	0.987	0.644	1.012	0.755	1.311
达州	1.084	1.034	0.866	1.075	0.789	0.728	1.288	0.617	0.988	0.775	1.502
雅安	1.078	1.013	0.916	1.049	0.987	0.297	0.713	0.423	1.041	0.792	0.992
巴中	1.038	0.921	0.621	0.984	0.847	1.142	0.992	0.593	0.893	0.607	1.420
资阳	1.000	0.997	1.003	1.000	1.000	1.000	1.000	0.661	1.149	0.815	1.152
甘孜	0.902	0.762	0.574	1.073	1.519	0.874	1.186	0.619	0.913	0.719	0.928
凉山	1.066	0.947	0.854	0.852	0.969	0.844	1.011	0.315	0.442	0.841	4.028

由表5-10至表5-13可见，我们将四川20个柑橘种植市州柑橘全要素生产率分解后，发现其变化具有以下4个特点。

（1）从综合技术效率（effch）来看，考察期内，眉山的effch均值大于1.0，且仅有2年低于1.0，表明眉山的柑橘生产技术效率处于领先地位；雅安和凉山的effch均值大于1.0，分别有6年和5年低于1.0，表明以上2个市州柑橘生产的技术效率总体上得到了改善，但并不稳定；其余17个市州的effch均值均低于1.0，表明上述市州的柑橘生产管理和政策决策都存在问题，技术效率总体低下。单独观察改革后的时间均值，可以发现成都、自贡、乐山、眉山4市均大于1.0，表明以上4市通过农业供给侧结构性改革促进了柑橘生产技术效率的提升，其余7个重点市州均值虽小于 1.0，但均大于 0.9，相较于非重点市州有一定的进步。

（2）从技术进步（tech）来看，考察期内，四川 20 个市州的 tech 均值都小于 1.0，表明各市州在柑橘生产中技术进步不足，创新程度不够，生产要素质量未有明显提高，科技水平发展不足。其中，眉山和资阳的 tech 均值为 0.982，高于其余 18 个市州，但仍不足 1.0，由此反映出四川柑橘产业普遍重视"规模扩张"，却不同程度地存在忽视技术水平提升的现状。单独观察改革后的时间均值，可以发现所有市州均大于 1.0，其中眉山（1.109 8）、达州（1.107 4）领先其余市州，表明各市州通过农业供给侧结构性改革明显促进了柑橘生产技术进步，相较于其余 18 个市州，眉山和达州的提升尤为快速。

（3）从纯技术效率（pech）来看，考察期内，眉山、雅安、甘孜、凉山 4 个市州的 pech 均值大于 1.0，有 2~3 年低于 1.0，表明上述 4 个市州的柑橘生产能够有效利用生产技术，使产出最大化，投入要素使用效率高；其余 16 个市州的 pech 均值均低于 1.0，表明上述市州的柑橘生产投入要素使用效率相对低下。单独观察改革后的时间均值，可以发现成都、自贡、乐山、眉山、凉山 5 个市州均大于 1.0，表明以上 5 个市州通过农业供给侧结构性改革提高了柑橘生产投入要素的使用效率，生产技术得到有效利用；此外，南充、广安的均值等于 1.0，表明以上 2 市的技术效率未下降但也没有获得实质性提高。

（4）从规模效率（sech）来看，考察期内，眉山的 sech 均值大于 1.0，且仅有 3 年低于 1.0，表明眉山的柑橘生产投入和产出较匹配，各项生产投入要素达到最优组合，且波动较小，柑橘产业生产力相对较高。其余 19 个市州的 sech 均值均低于 1.0，其中自贡、绵阳、宜宾均在 0.99 以上，接近 1.0，但也暴露出投入与产出不匹配，各项要素的投入未能使产出最大化的问题。单独观察改革后的时间均值，可以发现成都、广元、眉山、达州、凉山 5 个市州均大于 1.0，表明以上 5 个市州通过农业供给侧结构性改革使柑橘生产各项生产投入要素达到最优组合，提高了生产力；其中成都、眉山、达州、凉山均为重点市州，表明重点市州取得了相对较好的改革效果。

5.4.3 分析与讨论

从整体来看，考察期内，四川省 20 个市州中仅眉山柑橘全要素生产率指数均值大于 1.0，其余 19 个市州柑橘生产效率的提升普遍无效且差异较小，主要原因在于 effch 和 tech 共同低下。考察期内，仅眉山、雅安、凉山的 effch 均值大于 1.0，20 个市州的 tech 均值都小于 1.0。20 个市州柑橘的 pech 均值大于 sech 均值，除眉山外，均由 sech 偏低导致综合技术效率变化较小。

从重点市州和非重点市州的比较来看，重点市州通过农业供给侧结构性改革拉大了同非重点市州在柑橘全要素生产率提高方面的差距。改革后，11 个重点市州柑橘全要素生产率指数均值为 1.036，9 个非重点市州柑橘全要素生产率指数均值为 0.972，二者的差值较之改革前提高了 0.031。改革后，重点市州中，除内江、广安、达州、资阳外，其余 7 个市州柑橘全要素生产率均值大于 1.0；其中，成都、眉山均大于 1.1，体现出良好的改革效果。

5.5 四川柑橘产业供给侧结构性改革效率的 DEA 改进

5.5.1 计算方法

结合各 DMU 的原始投入和产出规模，我们可以使用 DEAP2.1 软件计算出体现各 DMU 到达 DEA 有效的距离和方向的投入冗余量和产出不足量，进一步分析资源配置的问题所在。其中，测算投入冗余量的目的为找到在既定的产出水平下，为使生产达到最优状态，各投入要素需要调整的具体数量。投入冗余率表示在产出不变的情况下，为使 DMU 有效，各项投入应以此比例降低；产出不足率表示在投入不变的情况下，为使 DMU 有效，产出以此比例增加。针对本书的研究内容，产出不足的调整没有实际意义，我们仅对四川 20 个柑橘种植市州柑橘产业供给侧结构性改革进行投入冗余分析，进一步明确各地柑橘产业供给侧结构性改革效率的改进方向，为改革实践提供依据和参考。

5.5.2 四川柑橘投入调整

表 5-14 显示了 2020 年四川柑橘投入调整情况。

表 5-14　2020 年四川柑橘投入调整情况　　　　单位：元

分类	指标	冗余量（调整值）
柑橘	每 667 平方米人工成本	0
	每 667 平方米土地成本	0
	每 667 平方米物质与服务费	0
柑	每 667 平方米人工成本	−180.67
	每 667 平方米土地成本	−18.593
	每 667 平方米物质与服务费	−141.383
橘	每 667 平方米人工成本	−69.599
	每 667 平方米土地成本	−6.504
	每 667 平方米物质与服务费	−45.078

由表 5-14 可知，在保持每 667 平方米柑类主产品产值不变的情况下，人工、土地和资金 3 种要素都存在不同程度的投入过量问题。其中，四川柑类生产中每 667 平方米的人工成本投入 1 762.730 元，土地成本投入 133.727 元，物质与服务费投入 1 616.597 元，这样就能使主产品产值达到 7 392.910 元。在保持每 667 平方米橘类主产品产值不变的情况下，人工、土地和资金 3 种要素亦存在不同程度的投入过量问题。其中，四川橘类生产中每 667 平方米的人工成本投入 1 560.451 元，土地成本投入 145.816 元，物质与服务费投入 1 010.682 元，这样就能使主产品产值达到 4 225.950 元。

通过比较分析可知，四川柑类人工成本、土地成本、物质与服务费的投入过剩量均大于橘类，尤其是人工成本和物质与服务费，柑类投入冗余量每 667 平方米均大于 100 元。结合调研结果发现，橘农在种植春见、清见、不知火、沃柑（均为柑类）等收益相对较高的品种时，普遍进行单果套袋，可有效解决日灼、虫鸟叼啄等问题，达到果实外观好、售价高等目的，但同时也在一定程度上增加了人工成本，由于柑橘套袋机械操作不易、价格较高，散户甚至家庭农场、合作社种植时不愿使用，组织工人手工套袋，以日结的方式支付。调研发现，在眉山、成都等地，1 名熟练的套袋工 1 日的工资（不含两顿饭）可达 300 元，非重点市州的套袋工日工资也不低于 150 元（不含两顿饭）。在 2016—2018 年四川柑橘售价大幅提高的情况下，套袋等人工费用的增加对橘农收益的影响尚不明显，因为套袋能提高果品品质，中高端果的收益因此上涨。但 2019 年至今，包括四川柑橘在内的全国柑橘售价大幅下跌，套袋工人的工资仍在不断提高，尤其是相当数量的低端果在没有必要套袋的情况下也全部套袋，叠加套袋工人技术水平参差不齐，套袋时机及松紧程度掌握不好，不仅没有提高果品品质，还在一定程度上降低了果实甜度，口感不佳加剧了售价低位运行窘境，最终影响四川柑橘产值的提升。

与此同时，四川柑类和橘类生产中，不同程度地存在包括肥料和农药费在内的物质与服务费投入过量问题。调研发现，虽然散户种植仍是当前四川柑橘产业的主要模式，但大量散户橘农并不具备柑橘种植技术，参加政府主导的柑橘种植技术培训机会较少，技术员现场指导也难以深入散户种植领域，加之对散户种植及销售的监管不严，部分散户通过增加化肥和农药施用量提高果品外观和甜度，在相当程度上增加了投入费用。农业供给侧结构性改革实施以来，虽然对化肥农药等施用量的监管和处罚力度增加，但仅对家庭农场、合作社等产生了一定的效果，对大量散户的约束有限，未能有效降低农药化肥等费用，叠加近年来四川自然灾害频发的不利影响，为了保证果品基本品质，该部分费用投入不降反升。

5.5.3 四川 20 个柑橘种植市州柑橘投入调整

表 5-15 显示了 2020 年四川 20 个柑橘种植市州柑橘投入调整情况。

表 5-15 2020 年四川 20 个柑橘种植市州柑橘投入调整情况

单位：元

市州	投入指标		
	每 667 平方米人工成本	每 667 平方米土地成本	每 667 平方米物质与服务费
	冗余量（调整值）	冗余量（调整值）	冗余量（调整值）
成都	−682.767	−100.201	−450.618
自贡	−339.495	−77.961	−474.266
攀枝花	−602.361	−66.901	−356.890
泸州	−369.722	−79.353	−512.185
德阳	−566.581	−89.407	−505.003
绵阳	−501.285	−104.317	−616.166

表5-15（续）

市州	投入指标		
	每667平方米人工成本	每667平方米土地成本	每667平方米物质与服务费
	冗余量（调整值）	冗余量（调整值）	冗余量（调整值）
广元	−44.275	−11.543	−223.219
遂宁	−368.198	−94.646	−899.437
内江	−242.983	−59.173	−459.481
乐山	−351.588	−82.955	−475.245
南充	0	0	0
眉山	0	0	0
宜宾	−294.281	−71.756	−481.311
广安	−339.464	−47.612	−273.623
达州	−168.773	−18.781	−117.244
雅安	0	0	0
巴中	−50.192	−12.966	−353.184
资阳	−266.253	−23.198	−140.989
甘孜	0	0	0
凉山	−115.535	−15.066	−98.553

由表5-15可见，对四川20个柑橘种植市州2020年柑橘各项投入冗余量进行比较分析，发现其变化具有以下4个特点。

（1）保持每667平方米柑橘主产品产值不变的情况下，四川绝大多数市州都存在不同程度的投入过量问题。除南充、眉山、雅安、甘孜外，其余16个市州均在人工、土地、资金3种要素上存在投入过量现象。其中，成都、绵阳、遂宁分别在人工成本、土地成本、物质与服务费方面有较高冗余量。

（2）从人工成本来看，南充、眉山、雅安、甘孜4个市州无须调整，广元、内江、达州、巴中、凉山5个市州需要减少的投入数额低于全省平均水平，其余11个市州需要减少的投入数额均高于全省平均水平。其中，成都、攀枝花、德阳、绵阳4个市州每667平方米柑橘生产需要减少的人工成本投入数额均在500元以上，表明以上市州相较于其他市州在柑橘生

乡村振兴背景下农产品供给侧结构性改革绩效评价研究——以四川柑橘产业为例

产的人工投入上的过量问题更严重，主要原因在于地方经济发展水平较高，在一定程度上拉高了人工成本，如果产值不能有较大幅度的增加，相对高昂的人工成本将继续拉低上述 4 个市州的柑橘生产效率。

（3）从土地成本看，南充、眉山、雅安、甘孜 4 个市州无须调整，广元、广安、达州、巴中、资阳、凉山 6 个市州需要减少的投入数额低于全省平均水平，其余 10 个市州需要减少的投入数额均高于全省平均水平。其中，成都、德阳、绵阳、遂宁、乐山 5 个市州每 667 平方米柑橘生产需要减少的土地成本投入数额均在 80 元以上，表明以上市州相较于其他市州在柑橘生产的土地投入上的过量问题更严重，主要原因在于成都、德阳、绵阳的经济发展水平较高，在一定程度上拉高了土地成本，遂宁和乐山的经济发展水平低于成都等地，但近年来流转了较多土地甚至不惜占用耕地种植柑橘，导致土地成本直接或间接增加，如果产值不能有较大幅度的增加，相对高昂的土地成本及已占用耕地退出柑橘种植后会变向拉高土地成本，该问题将继续拉低上述 5 个市州的柑橘生产效率。

（4）从物质与服务费看，南充、眉山、雅安、甘孜 4 个市州无须调整，广元、广安、达州、资阳、凉山 5 个市州需要减少的投入数额低于全省平均水平，其余 11 个市州需要减少的投入数额均高于全省平均水平。其中，成都、自贡、泸州、德阳、绵阳、遂宁、内江、乐山、宜宾 9 个市州每 667 平方米柑橘生产需要减少的物质与服务投入数额均在 400 元以上，攀枝花、巴中需要减少的数额也在 300 元以上，表明四川绝大多数市州在柑橘生产的资金投入上的过量问题较严重。结合调研结果发现，四川各市州不同程度地存在滥施农药、化肥现象，这是物质与服务费投入过量的直接原因。如前文所述，四川柑橘产业同质化竞争激烈，一些地方为了提高收益，过量使用农药、化肥，使柑橘果实变大、色泽鲜艳、甜度增加，尤其是非重点市州由于自然环境条件相对较差，通过农药、化肥等"外力"弥补光照、水分、土壤酸碱度等"先天不足"。在非重点市州通过此类手段生产出品质尚好的果品的竞争压力下，重点市州也陷入以多施农药、化肥换品质提升的模式。结合前文分析结果，四川柑橘在出口方面存在相当程度的劣势的主要原因之一是未达到进口国家检验检疫要求，因此，以牺牲"绿色、安全"换取收益的投入模式已经明显影响了四川柑橘产业的提档升级，且并未带来收益的增加，还在相当程度上制约了四川柑橘生产效率的提升，成为当前四川柑橘产业供给侧结构性改革亟须矫正的问题。

5.6 本章小结

本章运用 DEA-Malmquist 模型测算包括四川在内的全国九大柑橘主产区及四川 20 个柑橘种植市州柑橘全要素生产率，以此进行四川柑橘产业供给侧结构性改革效率评价，在此基础上，进一步分析四川及 20 个柑橘种植市州在既定的产出水平下如何调整投入要素使得柑橘生产达到最优状态，得出以下五点结论：

（1）四川柑橘全要素生产率指数 4 次低于全国均值，落后于福建和重庆，但与均值的差距较小。考察期内，在全国九大柑橘主产区中，重庆的情况相对最好，仅 2011 年、2018 年低于均值，且较多年份的排名靠前；福建仅有 3 年小于均值；湖北、湖南、广东、四川均有 4 年小于均值，但四川与均值的差距始终小于 0.13，且 2017 年全要素生产率大于 1.0，优于其他主产区。

（2）农业供给侧结构性改革促进了四川柑橘技术进步，但没有促进四川柑橘管理和要素投入的改善。改革前，四川柑橘全要素生产率指数仅有 1 年大于 1.0；改革后，四川柑橘全要素生产率指数均值为 0.999，仅有 2 年的全要素生产率指数低于 1.0，且均在 0.95 以上；改革后四川柑橘 effch 均值 0.946，较之改革前均值下降了 0.037；而 tech 均值 1.103，较之改革前上升了 0.175，表明通过改革，四川柑橘技术效率并未提高还略微下降，但取得了较大的技术进步，从而提高了全要素生产率；改革后四川柑橘 pech 均值和 sech 均值较之改革前均出现下降，2020 年 pech 快速下降，为考察期内最低值，2017 年 sech 快速下降，为考察期内最低值，反映出改革过程中四川柑橘生产管理不善，要素投入与产出的比例不匹配，生产力下降。

（3）四川 20 个市州柑橘生产效率差异较小且普遍无效，主要原因在于 effch 和 tech 共同低下。考察期内，仅眉山柑橘全要素生产率指数均值大于 1.0，除绵阳、广元、广安、甘孜 4 个市州外，其余 15 个市州柑橘全要素生产率指数均值均大于 0.90 但不足 1.0。考察期内，仅眉山、雅安、凉山的 effch 均值大于 1.0，20 个市州的 tech 均值均小于 1.0，10 个市州的 effch 低于均值，9 个市州的 tech 低于均值，反映出 20 个市州柑橘生产中技术进步相对缓慢，管理水平不高，阻碍了生产效率的提高；20 个市州柑橘的 pech 均值都大于 sech 均值，除眉山外，均由 sech 偏低导致综合技术效率未有提高。

（4）农业供给侧结构性改革实施后四川 20 个市州柑橘全要素生产率有所提高，并拉大了重点市州同非重点市州的差距。改革前，20 个市州柑橘全要素生产率指数均值都小于 1.0；改革后，有 12 个市州柑橘全要素生产率指数均值大于 1.0。通过改革，凉山柑橘全要素生产率指数历年均大于 1.0，成都、眉山、乐山 3 个市州柑橘全要素生产率指数均仅有 1 年低于 1.0。改革后，11 个重点市州柑橘全要素生产率指数均值为 1.036，较之改革前提高了 0.125；9 个非重点市州柑橘全要素生产率指数均值为 0.972，较之改革前提高了 0.094；重点和非重点市州柑橘全要素生产率指数均值在改革后的差距为 0.063，该差距较之改革前提高了 0.031。重点市州中，内江、广安、达州、资阳 4 个市改革后柑橘全要素生产率均值不足 1.0，但均大于 0.95；其余 7 个市州均大于 1.0，其中，成都、眉山均大于 1.1，领跑全省，反映出重点市州取得了良好的改革效果。

（5）四川柑橘生产存在投入过量、产出不足的问题，人工、土地、资金等生产要素投入未达到最优组合且波动较大。除南充、眉山、雅安、甘孜外，其余 16 个市州均在人工、土地、资金 3 种要素上存在投入过量现象。其中，成都、绵阳、遂宁分别在人工成本、土地成本、物质与服务费方面的冗余量较高。广元、内江、达州、巴中、凉山 5 个市州在人工成本方面，广元、广安、达州、巴中、资阳、凉山 6 个市州在土地成本方面，广元、广安、达州、资阳、凉山 5 个市州在物质与服务费方面，需要减少的投入数额均低于全省平均水平。除地方经济发展水平较高必然拉高人工、土地成本的因素外，无必要套袋耗费大量人工，流转大量土地用作柑橘种植，同质化竞争加剧滥施农药和化肥，这些是四川 20 个市州柑橘生产投入过量的主要原因，在相当程度上制约了四川柑橘生产效率的提升。

基于本章的研究，可以判断，四川 20 个市州柑橘全要素生产率有不同程度的提高，其原因究竟是农业供给侧结构性改革政策执行，还是资源禀赋、地方经济发展、财政支持、从业人员规模、产业结构的综合作用？农业供给侧结构性改革对重点市州和非重点市州柑橘全要素生产率提高的影响程度有何不同？仅凭改革前后的直接数据对比难以解决这些问题。因此，我们应通过效应评价更准确评估农业供给侧结构性改革对四川柑橘全要素生产率的影响，具体分析将在第 6 章进行。

6 基于 DID 模型的四川柑橘产业供给侧结构性改革效应评价

目前，关于柑橘产业供给侧结构性改革绩效评价的研究，国内学者未采用实证研究的方法来分析改革政策效应。个别研究虽然定量分析了农业供给侧结构性改革的影响效应，但均是将改革政策实施前后的相关数据进行直接比较分析，无法排除其他因素的影响；同时，目前学术界中关于柑橘全要素生产率的研究日益增多，但缺少从柑橘全要素生产率视角评价农业供给侧结构性改革政策实施效果的研究。鉴于此，在上一章测算出2010—2020 年四川 20 个柑橘种植市州柑橘全要素生产率的基础上，本章采用双重差分模型（DID）评价农业供给侧结构性改革对四川柑橘全要素生产率的影响效应，为提出政策建议提供实证依据。

6.1 理论分析

1985 年，两位普林斯顿大学的学者发表论文，首次将双重差分模型应用于项目评价，该模型能很好地解决样本自选择带来的内生性问题，特别适用于衡量某项政策出台后产生的边际效应，因此在此后的国外研究中，双重差分模型被广泛应用于西方各项公共政策或项目实施效果的定量评估，如科尔（Cole）、葛若福瓦（Grafova）、皮蓬（Pippel）、索斯滕（Thorsten）均采用双重差分模型展开研究，比较了接受初级保健政策的儿童与在对照点接受初级保健的儿童的结果[①]，探讨了社区经济环境对老年

---

① COLE M B, QIN Q Y, SHELDRICK R C, et al. The effects of integrating behavioral health into primary care for low-income children [J]. Health Services Research, 2019, 54 (6): 1203-1213.

人健康自我评价的影响①，识别了科研机构研发合作与企业产品和过程创新绩效之间的关系②，评价了银行监管对收入分配的影响③。

国内引入双重差分模型始于 2005 年，周黎安和陈烨将我国农村税费改革试点视为一次"准实验"，对农村税费改革的政策效果进行了系统的双重差分实证检验④。与静态比较法直接对比样本在政策前后的均值变化不同，双重差分模型是使用个体数据进行回归，从而判断政策的影响是否具有显著的统计意义。相对于传统办法，双重差分模型有效控制了被解释变量和解释变量之间的相互影响效应，能够避免政策作为解释变量所存在的内生性问题，如果样本是面板数据，双重差分模型不仅可以利用解释变量的外生性，还可以控制不可观测的个体异质性对被解释变量的影响⑤。

双重差分模型的理论框架建立在自然实验（natural experiment）基础上，存在随机扰动和无关因素的影响。而我国经济学界常用的自然实验概念，实为准实验（quasi-experiment）。与自然实验不同，准实验的实验样本挑选与分组是实验者人为进行的，因此无法在实验环境中完全随机地选择并分组实验对象，所以其样本选择及分组只能尽力接近随机。

双重差分研究必须满足以下基本假设⑥：

一是随机分组，即保证每个样本有同等机会接受同一实验的处理。

二是随机事件，即保证实验发生时间的随机性。

三是控制组不受实验变项的任何影响。

四是同质性，即实验组与控制组样本是统计意义上的同质个体。

五是实验处理（政策实施）的唯一性，即实验期间应保证实验变项只出现一次。

① GRAFOVA I B, FREEDMAN V A, LURIE N, et al. The difference-in-difference method: assessing the selection bias in the effects of neighborhood environment on health [J]. Economics & Human Biology, 2014, 13: 20-33.

② PIPPEL G, SEEFELD V. R&D cooperation with scientific institutions: a difference-in-difference approach [J]. Economics of Innovation and New Technology, 2016, 25 (5): 455-469.

③ THORSTEN B, ROSS L, ALEXEY L. Big bad banks? The winners and losers frombank deregulation in the United States [J]. The Journal of Finance, 2010, 65 (5): 1637-1667.

④ 周黎安，陈烨. 中国农村税费改革的政策效果：基于双重差分模型的估计 [J]. 经济研究, 2005 (8): 44-53.

⑤ 陈林，伍海军. 国内双重差分方法的研究现状与潜在问题 [J]. 数量经济技术经济, 2015 (7): 133-148.

⑥ MEYER BRUCE D. Natural and quasi-experiments in Economics [J]. Journal of Business and Economy Statistics, 1995, 13 (2): 151-161.

以双重差分模型进行政策评估的研究由于无法准确控制所有无关因素与误差,所以只须保证无关因素和误差导致的随机扰动期望值等于零即可。

6.2 评价模型的建立

6.2.1 模型设定

除了极少数自然实验外,受社会成本、产业特性、地区差异等因素的影响,现实中的具体农业产业供给侧结构性改革政策大多采用准实验方法实施,要克服异质性和选择偏差问题,需要为实验组找到一个自然产生的控制组。如果将柑橘产业供给侧结构性改革视为自然实验或准实验,我们可以通过比较柑橘全要素生产率状况来了解改革产生的效果。但尚有两个难以克服的因素:一是由于不同地区其自然环境的状况迥异,直接进行比较,无法判断柑橘全要素生产率提高或降低的现象是自然资源本身所致还是政策导致;二是同一地区不同时期的柑橘生长状况不同,存在"大小年"现象,对不同时期进行比较,无法评估自然因素与政策因素各自的作用。因此,需要分离影响柑橘全要素生产率的政策效应、时间效应和自然效应等。本书以四川20个柑橘种植市州的面板数据为基础,运用双重差分模型考察横向柑橘产业供给侧结构性改革对20个市州柑橘全要素生产率的影响。

2015年11月,中共中央正式提出供给侧结构性改革,2016年年初,农业供给侧结构性改革开始实施。2016年,四川省人民政府制定出台《四川省人民政府办公厅关于印发推进农业供给侧结构性改革加快四川农业创新绿色发展行动方案的通知》(川办函〔2016〕174号),其中特别制定了四川柑橘产业行动方案,从规模、效率、结构、质量等方面对全省柑橘产业提出了具体发展目标。同年,四川省农业厅将成都、自贡、泸州、内江、乐山、南充、眉山、广安、达州、资阳、凉山11个市州列为全省柑橘产业重点发展(扶持)地区。

鉴于此,首先,本书设置分组虚拟变量 $treat_i$,以农业供给侧结构性改革实施以来四川柑橘产业重点发展(扶持)的11个市州为处理组(实验组),赋值为1;以未纳入重点发展(扶持)的9个市州为控制组(对照组），赋值为 0。其次，本书设置时间虚拟变量 $time_t$，由于四川柑橘产业供给侧结构性改革启动时间及重点市州确定时间均为 2016 年，因此将 2016 年作为政策冲击年份，2016 年及以后年份的 $time_t$ 赋值为 1，2016 年之前的赋值为 0。考察期为 2010—2020 年，符合 DID 对政策实施 2 期（年）以上的要求；样本数量为 220，符合 DID 对样本量大于 100 的要求。由此，构建具体模型如下：

$$TFP_{it} = \beta_0 + \beta_1 treat_i \times time_t + \beta_2 X_{it} + \mu_i + \lambda_t + \varepsilon_{it} \qquad (6-1)$$

式（6-1）中，i 表示市州；t 表示年份；TFP_{it} 表示被解释变量柑橘全要素生产率；$treat_i \times time_t$ 为分组虚拟变量和时间虚拟变量的交互项，表示柑橘产业供给侧结构性改革政策的实施情况；X_{it} 为一系列控制变量；β_1 为核心解释变量的估计系数，反映政策的净效应；μ_i 为个体固定效应；λ_t 为时间固定效应；ε_{it} 为随机干扰项。

6.2.2 变量定义

6.2.2.1 被解释变量

借鉴已有研究成果，本书选取 2010—2020 年四川 20 个柑橘种植市州柑橘全要素生产率为被解释变量。在指标选择方面，本书选取柑橘的每 666.67 平方米的主产品产值（元）为产出指标，选取柑橘的每 666.67 平方米的人工成本（元）、土地成本（元）、物质与服务费（元）等指标为投入指标。

6.2.2.2 核心解释变量

本书选取四川 20 个柑橘种植市州柑橘产业供给侧结构性改革政策（$treat_i \times time_t$）为核心解释变量。本书采用双重差分项衡量，若该市州入选重点市州，且观测时间在入选时间之后，$treat_i \times time_t$ 取值为 1，否则为 0。

6.2.2.3 控制变量

借鉴已有文献①，本书选取柑橘生产资源禀赋（cre）、地方经济发展水平（pgdp）、财政支持水平（finance）、从业人员规模（labour）、柑橘产业结构（indu）5 个指标为控制变量。其中，柑橘生产资源禀赋采用 20 个市州柑橘生产的资源禀赋系数表征，地方经济发展水平采用 20 个市州人均地区生产总值（元）表征，财政支持水平采用 20 个市州一般公共预算支

---

① 曲超. 生态补偿绩效评价研究：以长江经济带为例［D］. 北京：中国社会科学院大学，2020.

出中农林水事务所占比重表征，从业人员规模以 20 个市州三次就业人员中第一产业就业人员所占比重表征，柑橘产业结构以 20 个市州柑橘产业综合比较优势指数表征。上述相关指标均通过相应的价格指数进行平减处理，以消除价格的影响，并均进行取对数处理。

6.2.3 数据来源与统计描述

2010—2020 年四川 20 个柑橘种植市州柑橘全要素生产率数据来自第六章的测算结果，柑橘生产资源禀赋、综合比较优势指数（综合比较优势指数 $=\sqrt{规模比较优势指数 \times 效率比较优势指数}$）数据来自第四章的测算结果。20 个市州人均地区生产总值、一般公共预算支出及农林水事务支出、三次就业人员数及第一产业就业人员数等数据均来自《四川统计年鉴》（2011—2021 年）。涉及价格指数平减的指数数据来自《四川统计年鉴》（2011—2021 年）。变量的描述性统计结果如表 6-1 所示。

表 6-1 变量的描述性统计结果

变量	符号	样本量	平均值	标准差	最小值	最大值
柑橘全要素生产率	TFP	220	0.943	0.174	0.445	1.413
政策虚拟变量	treat×time	220	0.25	0.433	0	1
柑橘生产资源禀赋	cre	220	0.946	0.958	0.010 4	4.441
地方经济发展水平	pgdp	220	42 523	20 138	13 792	109 611
财政支持水平	finance	220	1.089	0.293	0.395	1.965
从业人员规模	labour	220	1.12	0.305	0.323	1.967
柑橘产业结构	indu	220	0.856	0.435	0.166	2.097

6.3 实证结果与分析

6.3.1 平行趋势检验

平行趋势检验是DID政策绩效评价的重要前提之一①，具有平行趋势可以保证政策实验组和对照组在样本分配上是完全随机的。2016年是四川柑橘产业实施农业供给侧结构性改革的重要时间节点，应对此时间点之前的柑橘全要素生产率进行平行趋势检验，以95%的置信区间得到四川20个市州柑橘全要素生产率指数平行趋势检验结果（见图6-1）。

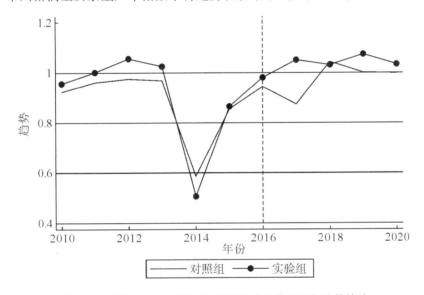

图6-1　四川20个市州柑橘全要素生产率指数平行趋势检验

由图6-1可见，2010—2015年，四川20个市州柑橘全要素生产率指数没有明显好转，实验组与控制组的柑橘全要素生产率指数在农业供给侧结构性改革实施前具有基本一致的趋势，满足平行趋势假定。同时，政策实施当年即对柑橘全要素生产率产生较显著的影响，表明农业供给侧结构性改革对四川柑橘全要素生产率的影响不存在滞后效应。

① BECK T，LEVINE R，LEVKOV A. Big bad banks? the winners and losers from bank deregula-tion in the United States [J]. The Journal of Finance，2010，65（5）：1637-1667.

6.3.2 DID 设置

本书使用 Stata 15 软件对面板数据进行处理。面板数据由数据集中的每个横截面单位的一个时间序列组成，因此具有横截面数据未有的优势，便于解决内生性问题[①]。一般来讲，对于面板数据的处理主要采取固定效应和随机效应两种方法[②]，原始数据可判断其为时间维度或横截面维度，但 Stata 软件并不能自动识别数据维度，因此首先要用 xtset 命令设置面板数据的维度（year，location）[③]。目前，学者们普遍选用固定效应模型（时间、地点固定），即将每一期的数据减去前几期数据的均值（其命令 fe 含义为 fixed effect）[④]。本书借鉴学者们的研究方法，采用双向固定效应模型考察农业供给侧结构性改革对四川柑橘全要素生产率的影响效应，设置回归命令如下[⑤]：

gen time =（year >= 2016）& ! missing（year）// 政策执行时间为 2016 年

gen gd = treated * time// 需要估计的交叉项

reg waterq gd time treated，r// OLS 回归

xtset year loc// 根据时间、地点两个维度对面板数据进行设定

xtreg waterq gd time treated，fe// 固定效应模型的面板数据回归

reg waterq gd 各控制变量，r// 含各控制变量的 OLS 回归

xtreg waterq gd 各控制变量，fe"// 含各控制变量的固定效应模型的面板数据回归

① FERRARO P J, HANAUER M M. Quantifying causal mechanisms to determine how protected areas affect poverty through changes in ecosystem services and infrastructure [J]. Proceedings of the National Academy of Sciences, 2014, 111 (11): 4332-4337.

② FABRICE D, JANE C, CRISTINA M, et al. The role of ecological theory and practice in poverty alleviation and environmental conservation [J]. The Ecological Society of America, 2006, 4 (10): 533-540.

③ FARLEY J, COSTANZA R. Payments for ecosystem services: from local to global [J]. Ecological Economics, 2010, 69: 2060-2068.

④ PATTANAYAK S K, WUNDER S, FERRARO P J. Show me the money: do payments supply environmental services in developing countries [J]. Review of Environmental Economics and Policy, 2010, 4 (2): 254-274.

⑤ 吕越，陆毅，吴嵩博，等."一带一路"倡议的对外投资促进效应：基于2005—2016年中国企业绿地投资的双重差分检验 [J]. 经济研究，2019, 54 (9): 187-202.

6.3.3 基准回归结果

本书采用双向固定效应模型考察农业供给侧结构性改革对四川柑橘全要素生产率的影响效应，回归方程（2）中加入柑橘生产资源禀赋（cre）、地方经济发展水平（pgdp）、财政支持水平（finance）、从业人员规模（labour）、柑橘产业结构（indu）等控制变量。基准回归结果如表6-2所示。

表6-2　基准回归结果

变量	回归（1）	回归（2）
treat×time	0.130** [2.029]	0.123* [1.813]
lncre		−0.008 [−0.066]
lnpgdp		0.182 [1.150]
lnfinance		−0.107** [−2.110]
lnlabor		−0.251 [−1.346]
lnindu		1.068*** [4.258]
_cons	−0.111*** [−7.047]	−1.68 [−1.038]
个体固定效应	yes	yes
时间固定效应	yes	yes
R^2	0.778	0.822
N	220	220

注：中括号内的数值为t值，*、**、***分别表示显著性水平为10%、5%、1%，本结果通过Stata 15软件计算。

结果显示，无论是否加入控制变量，交互项系数值均为正。加入控制变量前，treat×time系数在基本回归过程中通过了5%的显著性水平检验，实验组比对照组的柑橘全要素生产率指数上升了0.130个百分点；加入控制变量后，treat×time系数在基本回归过程中通过了10%的显著性水平检验，实验组比对照组的柑橘全要素生产率指数上升了 0.123 个百分点，表明相对于非重点市州，农业供给侧结构性改革政策的实施提升了重点市州的柑橘全要素生产率。

5 个控制变量的回归结果显示：柑橘生产资源禀赋系数为负且不显著，表明自然资源条件适宜的市州中，一方面橘农"靠山吃山"意识较重，对生产投入的重视程度不够，导致柑橘全要素生产率提高乏力；另一方面市州间同质化竞争激烈，即使加大投入，柑橘产值也未取得相匹配的提高，导致市州间柑橘全要素生产率的差异较小。地方经济发展水平系数为正但不显著，表明较高的经济发展水平伴随着较强的柑橘生产基础设施投资能力，有利于实现生产要素利用的规模效应，提高柑橘全要素生产率；但四川 20 个市州人均地区生产总值差异较小且年际间变化不大，对柑橘全要素生产率的影响不明显。财政支持水平系数为负，但通过 5% 显著性水平检验，表明 20 个市州不同程度地存在财政投入过量问题，财政支持数额的不断增加拉高了人工成本、土地成本、物质与服务费，对柑橘全要素生产率的负向影响加强。从业人员规模系数为负且不显著，表明随着劳动力数量的不断增加，一方面劳动力缺乏专业素养，并未掌握种植技术和知识，仅受利益驱使从事柑橘种植，无法促进生产效率的提升；另一方面套袋、打药、铺地膜等工种的增多在一定程度上刺激了劳动力需求，拉高了人工成本，对柑橘全要素生产率产生负向影响。柑橘产业结构系数为正，通过 1% 显著性水平检验，表明产业结构的优化、综合比较优势的提升是提高柑橘全要素生产率的重要驱动力。

6.3.4 稳健性检验

借鉴吕岩威等（2022）的研究，本书主要采取反事实、安慰剂进行稳健性检验[1]。

6.3.4.1 反事实检验

借鉴吕越等（2019）的研究，本书通过改变政策实施窗期来进行反事实检验[2]。本书选取四川柑橘产业供给侧结构性改革实施前的时期作为研

[1] 吕岩威，戈亚慧，耿涌. 水资源税改革是否提升了水资源绿色效率？[J]. 干旱区资源与环境，2022，36（8）：77-83.

[2] 吕越，陆毅，吴嵩博，等."一带一路"倡议的对外投资促进效应：基于2005—2016年中国企业绿地投资的双重差分检验[J]. 经济研究，2019，54（9）：187-202.

究期（2010—2015年），分别假设政策实施实践为2013年和2014年，并进行估计。如果上述两个时期的政策处理效应依然显著，表明柑橘全要素生产率变化很可能受其他因素的影响，而非农业供给侧结构性改革重点扶持政策的作用。反事实检验结果如表6-3所示。

表6-3 反事实检验结果

变量	提前至2013年	提前至2014年
treat×time	−0.057	−0.114
	[−0.809]	[−1.348]
lncre	−0.017	−0.015
	[−0.131]	[−0.122]
lnpgdp	0.189	0.19
	[1.296]	[1.304]
lnfinance	−0.095 *	−0.107 *
	[−1.899]	[−1.954]
lnlabor	−0.261	−0.283
	[−1.382]	[−1.486]
lnindu	1.068 ***	1.043 ***
	[4.206]	[4.079]
_ cons	−1.708	−1.71
	[−1.142]	[−1.142]
个体固定效应	yes	yes
时间固定效应	yes	yes
R^2	0.819	0.822
N	220	220

注：中括号内的数值为 t 值，* 、** 、*** 分别表示显著性水平为10%、5%、1%，本结果通过Stata 15软件计算。

由表6-3可见，将政策实施时间设定在2013年或2014年，交互项系数均不显著，据此可以排除其他潜在的不可观测因素对估计结果的影响，亦表明农业供给侧结构性改革政策具有稳健性，该政策的实施确实有助于四川11个柑橘产业重点市州柑橘全要素生产率的提高。

6.3.4.2 安慰剂检验

为了避免主观选择的偏差，进一步排除随机因素和遗漏变量等影响，参考卢盛峰等（2021）的做法，本书通过随机抽取享受重点扶持政策市州并随机产生改革政策实施时间进行安慰剂检验[①]。本书从 20 个市州中随机选取 11 个市州作为虚拟实验组，并随机选取改革政策实施时间，形成虚拟政策双重差分项并进行基准回归，将上述过程重复 300 次，安慰剂检验结果如图 6-2 所示。

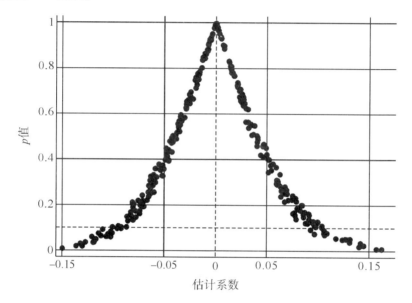

图 6-2　安慰剂检验结果

由图 6-2 可见，估计系数集中分布在 0 附近，较为符合正态分布，且 88% 的估计值的 p 值大于 0.1，即在 10% 的水平上不显著，表明估计结果不太可能是偶然得到的，因而不太可能受其他政策或者随机性因素的影响。结果表明，农业供给侧结构性改革政策能提高四川柑橘全要素生产率，核心结论具有稳健性。

① 卢盛峰，董如玉，叶初升. "一带一路" 倡议促进了中国高质量出口吗：来自微观企业的证据 [J]. 中国工业经济，2021（3）：80-98.

6.4 本章小结

本章针对四川柑橘产业供给侧结构性改革政策在重点市州的实施情况，利用 2010—2020 年四川 20 个柑橘种植市州的面板统计数据，采用 DID 模型研究了农业供给侧结构性改革是否有效提高了四川柑橘全要素生产率。基本结论如下：

（1）基准回归结果显示农业供给侧结构性改革促进了四川柑橘全要素生产率的提高。本章使用 DID 模型检验农业供给侧结构性改革对四川 20 个市州柑橘全要素生产率的影响，treat×time 的系数在基本回归过程中，各回归计算结果均通过显著性水平检验。其中，加入控制变量前，treat×time 系数通过了 5% 的显著性水平检验，实验组比对照组的柑橘全要素生产率指数上升了 0.130 个百分点；加入控制变量后，treat×time 系数通过了 10% 的显著性水平检验，实验组比对照组的柑橘全要素生产率指数上升了 0.123 个百分点，表明相对于非重点市州，农业供给侧结构性改革政策的实施提升了重点市州的柑橘全要素生产率。5 个控制变量中，财政支持水平通过 5% 显著性水平检验，柑橘产业结构系数为正，通过 1% 显著性水平检验，表明以上控制变量与农业供给侧结构性改革政策效应有较强关联性，其他控制变量与四川 20 个市州柑橘全要素生产率关系不大。

（2）稳健性检验结果显示农业供给侧结构性改革有助于四川柑橘全要素生产率的提高。本章主要采取反事实、安慰剂等两个方面进行稳健性检验，通过改变政策实施窗期来进行反事实检验，将政策实施时间设定在 2013 年或 2014 年，交互项系数均不显著，可以排除其他潜在的不可观测因素对估计结果的影响；通过随机抽取享受重点扶持政策市州并随机产生改革政策实施时间进行安慰剂检验，结果发现估计系数集中分布在 0 附近，且 88% 的估计值的 p 值大于 0.1，表明农业供给侧结构性改革政策能提高四川柑橘全要素生产率，核心结论具有稳健性。

基于本章的研究，可以判断，农业供给侧结构性改革能够提高四川柑橘全要素生产率，同时，柑橘产业结构优化有助于柑橘全要素生产率的提高，但财政投入过量阻碍了柑橘全要素生产率的提高。因此，农业供给侧结构性改革在四川 11 个柑橘重点市州取得了良好的效果及经验，可为全省乃至其他柑橘主产区的柑橘产业供给侧结构性改革提供有益借鉴和参考。

7 推进四川柑橘产业供给侧结构性改革的总体思路与具体路径

本书的第 5 章和第 6 章采用 DEA-Malmquist 指数法和双重差分法对四川柑橘产业供给侧结构性改革绩效进行了科学评价，并找到了绩效改进的具体目标及制约四川柑橘全要素生产率提高的影响因素。同时，第 3 章对四川柑橘产业供需匹配情况进行了测算，对产业比较优势进行了分析，发现了四川柑橘产业供给侧结构性改革存在的不足和隐患。农业供给侧结构性改革作为一项公共政策，其推进主责在政府，社会、橘农等也须全力配合，本章基于前述研究，从推进改革的总体思路、任务设计两个维度探讨推进四川柑橘产业供给侧结构性改革的路径建议。

7.1 推进四川柑橘产业供给侧结构性改革的总体思路

推进四川柑橘产业供给侧结构性改革的总体思路分为以下 5 个方面。

7.1.1 加强柑橘产业供给侧结构性改革的组织领导，重视产业改革绩效

7.1.1.1 避免政府越位干预柑橘生产和投资行为

应避免政府生产导向的产业振兴行为，尤其应及时纠正市州间搞柑橘规模竞赛的行为。农民种什么，种多少，应由市场需求决定而不是政府决定，个别地方政府为了完成乡村振兴目标任务，不惜以占用耕地换取柑橘产业发展。已经占用的耕地应有序、稳步退出，坚持柑橘产业"不与粮争地"的底线原则。同时，政府须减少对直接从事柑橘种植企业的扶持，重点扶持柑橘的产前、产中和产后等经营性服务领域的企业。尤其对于"房

地产商投身柑橘产业"现象应加强审核与加大日常监管力度，避免"资本逃离"引发群体性事件，从制度上杜绝腐败发生的可能。

7.1.1.2 加强组织领导

省直部门应按照职责分工，强化配合协作，形成工作合力，共同研究解决四川柑橘产业改革发展中的突出问题，及时总结推广典型经验，协同推进产业有效改革及持续健康发展。重点市（州）、县（市、区）应强化规划引领，把柑橘产业作为农业农村现代化、乡村振兴的优先发展产业，加强统筹安排，健全工作机制，有效组织实施。

7.1.1.3 强化多元投入

建立完善投入保障机制，整合用好涉柑橘资金，精准加大柑橘产业投入力度。充分利用财政政策与金融政策、招商政策，发挥财政资金杠杆作用，创新投入融资机制，通过以奖代补和财政贴息等扶持方式，撬动更多金融和社会资本投入四川柑橘产业发展。加大招商引资力度，通过落实税费减免政策、基础设施配套和公共服务等举措，吸引有实力的柑橘加工企业落户，带动产业提档升级。

7.1.1.4 强化政策保障

落实四川柑橘产业基地设施用地按农用地管理政策，禁止占用永久性基本农田，建设用地按"点状用地"政策办理用地手续，加快柑橘基地建设用地审批流程。在符合土地利用总体规划前提下，通过村庄整理、农村宅基地和空闲建设用地整理等方式调整优化区域建设用地布局，支持标准化基地、产地加工、冷链物流等设施建设。加快制定四川柑橘产业保险扶持政策，支持保险机构创新保险品种，扩大保险范围，降低生产风险，适当弥补橘农因旱、涝、震、疫等不可抗力产生的生产损失。探索支持开展"农业保险+"，推进农业保险与担保、贴息等政策联动。

7.1.1.5 强化目标考核

健全监督考核机制，定期开展考评，将四川柑橘产业改革发展纳入现代农业园区建设和乡村振兴考核范畴，考核结果作为相关市（州）政府主要负责同志和领导班子绩效考评组成部分，作为涉农项目资金分配因子。重点市（州）、县（市、区）政府应制定出台本地柑橘产业建设推进方案，明确目标任务、建设标准、政策措施、推进进度，调动柑橘产业供给侧结构性改革的积极性。

7.1.2 推进良繁体系建设工程，确保产业安全

7.1.2.1 健全良种繁育体系

建立健全国、省、市、县四级良种繁育体系，以国家区域性良繁基地和省级现代种业园区建设为依托，加快建设一批设施设备先进、管理机制完善、育苗能力强、品质品牌有保障的柑橘区域性大品种良种繁育基地。鼓励、支持优势产区因地制宜建设一批特色柑橘专业化良种繁育基地，提高优质种苗繁育能力，满足柑橘产业改革发展需求。

7.1.2.2 提升种苗繁育水平

科学配置母本园、品比园、砧木采种园等基础设施，强化国内外柑橘新品种的引进选育和新技术的集成运用。着力推广柑橘无病毒苗木的运用。开展抗旱、抗涝、抗病、矮化、耐盐碱、长势好的砧穗组合研究，逐步向国内市场推广一批成熟的柑橘良种及新品种嫁接大苗。

7.1.2.3 加强种子种苗监管

坚决守住四川柑橘没有"黄龙病"的底线，探索、制定一套柑橘果树种子种苗管理办法、种苗生产标准，强化砧木、种子、种苗、穗条等繁殖材料生产、经营和流通监管，规范种苗调运，严防检疫性、危险性病虫害随繁殖材料传播、扩散，杜绝类似广元"大实蝇"事件的发生。

7.1.3 支持培育新型主体，提升产业水平

7.1.3.1 壮大龙头企业

引进一批国内外有影响力的柑橘生产及加工龙头企业，带动四川柑橘产业改革发展。通过债务融资、增资扩股、收购兼并、战略重组等方式，培育一批国内领先、国际知名的四川柑橘产业大企业、大集团。实施"专精特新"工程，加快四川柑橘产业中小微企业梯度培育，培育一批"小巨人"企业，夯实产业递进发展基础。支持企业开展技术改造、基地建设、产品加工、品牌打造。

7.1.3.2 培育新型主体

以管理规范化、生产标准化、经营产业化和产品品牌化为目标，规范柑橘类农民合作社、家庭农场设立登记、组织运行、财务管理、经营服务等工作，清理一批"空壳社""僵尸社"。扎实开展柑橘家庭农场主和新型职业农民培训，造就一批有文化、懂技术、善经营、会管理的橘农人才队伍。建立

健全新型职业橘农社会保障、退休养老等制度，实现橘农职业化发展。

7.1.3.3 健全联结机制

探索建立集农技指导、信用评价等于一体的柑橘综合性公共服务组织。支持供销、邮政等把服务网点延伸到柑橘产业基地。大力培育覆盖种养、加工、销售、科技、金融等各环节的社会化服务实体。支持柑橘龙头企业与农民合作社、家庭农场组建产业化联合体，引导柑橘小农户以产权、资金、技术、产品等与新型农业经营主体开展合作，让橘农分享三次产业增值收益。

7.1.4 强化科技创新体系建设和推广，延伸产业链条

7.1.4.1 提升研发创新能力

实施四川柑橘创新体系建设工程，发挥国家现代农业产业技术体系作用，强化四川柑橘创新团队建设，逐步建立以农业科研院校为支撑、企业为主体的科技创新体系。实施柑橘产业瓶颈技术创新工程，力争突破机械化生产采收、优质高抗品种选育、重大病虫害防控、采后处理与精深加工等一批制约四川柑橘产业发展的关键共性技术。

7.1.4.2 加强先进适用技术推广

开展重大技术协同推广计划，建立完善"农—科—教"协同、"省—市—县—乡"联动的柑橘农技推广体系，着力解决科技"最后一公里"问题。设立柑橘产业技术研究机构、专家大院、科技特派员工作站、星创天地等科技推广转化平台，强化柑橘科技成果转化。完善"互联网+农业+科技人才"新型柑橘科技服务体系。

7.1.4.3 加强创新人才培养

支持柑橘科技人员以科技成果入股农业企业。建立健全柑橘科研人员校企、院企共建双聘机制。建立高等院校、科研院所等事业单位柑橘专业技术人员到相关乡村和企业挂职、兼职和离岗创新创业制度。推行岗编适度分离，引导柑橘专业技术人才和大专院校相关专业毕业生到基层农技推广机构工作。加大橘农技能培训力度，打造一批乡土专家。

7.1.5 实施品牌培育市场拓展工程，激活产品流通

7.1.5.1 强化质量安全监管

在柑橘基地乡镇建立果品质检中心等农产品质量监测体系，建立基地准出制度，建立生产台账，实现产地准出与市场准入有效衔接，确保柑橘

果品生产、运输全程可查询、可追踪，规范完善电子商务产品注册安全二维码等特定识别追溯码。强化农业投入品监管，继续实施农药化肥使用量零增长行动，严禁高毒、高残留农药进入生产环节。不断提高柑橘的检验检疫标准，努力打开欧美市场，扩大销路。在柑橘批发市场设立专门的投诉与纠纷处置站点，对以自重较重（浸泡过水泥）的包装纸盒增大盒装柑橘重量、表面展示好果而包装盒或包装袋中下部为次果甚至烂果、套袋柑橘霉变或溃烂等欺骗消费者行为，经认定确实存在的销售者予以重罚，3个月甚至更长的时间不得从事柑橘销售，以正四川柑橘高质价优之风。

7.1.5.2 加大品牌打造力度

加大品牌培育力度，着力打造"消费者口碑名牌""产地名牌"等柑橘品牌，将晚熟柑橘、安岳柠檬等优势特色产业打造成四川印记鲜明的大品牌。整合资源，以四川柑橘优势品种为基础，针对多元化、多层次的柑橘消费市场，开发不同的鲜果及加工品，使不同收入、不同需求的消费者都能找到适合自己的四川柑橘产品。支持重点市州积极打造区域公共品牌和企业品牌，引导和鼓励各类农业经营主体积极申报绿色、有机产品食品，加大品牌监管力度，形成品牌监管体系，营造品牌良好氛围。由省、市、县三级政府组织专业团队在省外开展各种形式的区域品牌宣介活动，增强消费者对四川柑橘品牌的了解。

7.1.5.3 强化国内外市场开拓

抓住"四向拓展、全域开放"的历史机遇，整合资源渠道，积极拓展国内外市场。充分利用"蓉欧快铁"交通优势，积极开拓欧洲市场、东南亚市场。借助"万企出国门""千企行丝路"等活动，鼓励柑橘企业参加各类国际展销、展示活动，推动四川柑橘出国门。选择优势品种，针对目标市场，支持重点县在省外开展柑橘推荐活动，逐步覆盖全国市场。

7.1.5.4 加强市场体系建设

按照"建立大市场，发展大贸易，搞活大流通"战略，在柑橘重点县建设一批集散交易中心。推进"互联网+"智慧型农业运用，积极发展电子商务，抓好线上线下两个市场。强化与京东、阿里等知名电商平台及抖音、快手等知名短视频平台合作，将四川柑橘产品销往国内外。

7.2 推进四川柑橘产业供给侧结构性改革的具体路径

推进四川柑橘产业供给侧结构性改革的具体路径分为以下 5 个方面。

7.2.1 以特早熟和晚熟品种为重点加强柑橘生产基地建设

7.2.1.1 调整产区布局

以最适生态为原则,支持柑橘产业逐步向优势市州集中,鼓励自然资源条件不适宜或极端气象灾害频发市州逐步退出柑橘种植或改种其他园林水果。分析市场需求和发展潜力,引导还有提升空间的特早熟柑橘、特晚熟柑橘等特色品种在优势市州的产业化发展壮大。引导非优势市州逐步减少春见、不知火等晚熟柑橘,爱媛 38 等中熟柑橘等品种种植面积,减小不必要的同质化竞争压力。同时,加大中高端果品供给力度,满足市场多样性需求。

7.2.1.2 调优产品结构

改产品寻市场的扶持模式为市场定产品的模式,根据市场需求变化安排柑橘生产,如果改良效果不佳则适当淘汰已经不满足消费者喜好的柑橘品种(如黄果柑),开发符合市场需求的柑橘新品种,不断提高产品附加值。适当在优势市州扩大特早熟和特晚熟品种的种植面积,逐步减少传统且长期售价过低的中熟品种的种植面积,推进特早熟、早熟、一般中熟、中熟晚采、晚熟、特晚熟柑橘品种的合理搭配,稳步扩大四川作为全国内陆最大晚熟柑橘产区的优势,实现更为均衡的周年供果和均衡上市。

7.2.1.3 提升基地建设水平

实施高标准农田、农田水利建设等工程,推动柑橘产业基地"五网"配套、"三化"联动。加快老旧果园改造,推出一批适宜市场需求的优新品种,淘汰一批产销不对路、效益低下的品种。推进种养循环发展,实行以种定养、以养促种,实施畜禽粪污资源综合化利用。实施有机肥替代化肥行动,通过深翻改土、增施有机肥绿肥等措施,提高有机质含量。配套建设水肥一化体、物联网、山地轨道等现代化、省力化、智能化设施设备,推广一批适宜不同地形地貌、先进适用的现代柑橘产业农机具,实施老旧果园宜机化改造,推进农机农艺融合。

7.2.1.4 推进园区建设

在重点市州推进以柑橘为主导产业的现代农业园区建设，打造柑橘产业高质量发展示范基地和学习平台。引导各类要素向园区聚集，对标建设，补齐短板。大力推进柑橘产品加工园区建设，引导有实力、带动能力强的柑橘加工企业进驻园区，开展商品化处理和加工。因地制宜推动园区与柑橘文化、教育、科技、康养等产业深度融合。

7.2.2 以冷藏加工为重点加快提升龙头企业发展能力

7.2.2.1 推进柑橘冷藏保鲜体系建设

在新冠疫情的影响下，主推"鲜销"模式的四川柑橘产业面临明显的发展短板，减弱了柑橘产业的市场适应力。因此，改革应在流通和加工企业中推广光电分级等智能化果品处理技术，将柑橘产业扶持资金进行合理切块，为柑橘储藏及加工项目提供更多的资金保障。技术部门应制定打蜡包装技术规程，指导企业加强预冷和冷藏设施建设。通过以奖代补、财政贴息、减免税费等方式，支持大村、大厂、大场、大社建设贮藏保鲜库或简易贮藏库，并引导农户自发对柑橘果品进行保鲜处理。在县一级建设或改造一批柑橘储存、加工、集散冷链物流中心。支持建设冷链设施设备，发展冷链运输，加强柑橘全程冷链与物联网远程监控等信息技术集成应用，实现从田间到餐桌全程精准控制。

7.2.2.2 扶持柑橘加工企业

鼓励支持新型经营主体就地就近建设果品产地初加工和商品化处理设施设备，推动清洗、分级、包装、预冷、冷藏等产地初加工发展。加大招商引资力度，积极引进一批柑橘深加工企业和营销企业，实行政府支持、自主经营的市场化运行机制，大力培育柑橘产业加工龙头企业，对现有龙头企业的扶持由种植环节转向加工环节，支持企业开展智能化、数字化、绿色化技术改造，提升加工水平和能力。鼓励支持加工企业重点发展四川原有优势的柑橘果汁生产和柑橘罐头工业，创新发展柑橘果酒、果醋、果脯、果胶、果面膜、果精油生产加工及柑橘形状陶瓷瓶罐等体现市州特色的柑橘文创产品研发，综合发展干果产品和皮渣利用，建设完备的柑橘加工链条。按照差异化、特色化、集群化发展要求建设柑橘加工园区，引导柑橘加工企业入园集聚发展。

7.2.2.3 重建四川柑橘罐头、果汁工业

鉴于当前四川柑橘有约十分之一的产量过剩的实际，下一步改革进程

中应着力支持现有柑橘罐头生产企业提高质量，扩大生产规模，引进或新建一批柑橘罐头企业，鼓励企业引进先进生产线，以高新技术和先进适用技术改造现有的罐头加工技术，在保持口感和外观的同时，优先选择当地品种或虽名优但已不符合当前消费需求且售价常年较低的本省品种（如黄果柑），降低生产及运输成本，加快高新技术的成果转化，促进产业的科技创新及科技成果向生产力转化，提升四川柑橘罐头工业的竞争力。大力鼓励现有及引进企业发展柑橘果汁加工工业，组织企业到水平领先的企业学习，重建或引进柑橘果汁生产线，依托全省柑橘资源优势，建设柑橘果汁开发生产基地，将榨汁品种覆盖省内早熟、中熟全部品种，晚熟部分品种，柠檬及柚类全部品种。在柑橘果汁的精深加工方面，引导企业涉足全汁发酵的系列柑橘果酒、柑橘果醋（调味及饮料醋）、柑橘精油等领域。

7.2.2.4　开发柑橘皮渣工业

目前，除极少量皮渣用于陈皮等加工外，柑橘类果皮利用仍处于起步阶段，资源浪费较严重。面对此机遇，四川应大力扶持企业发展这一国内空白领域，从资金、税收、信贷政策上给予实际支持，鼓励企业从欧美国家和日本等引进先进生产线，提高原料综合利用率，降低成本，提高产品的附加值，实现四川柑橘加工工业创新发展的改革目标。

7.2.3　以农民合作组织为重点提高柑橘产业的组织化程度

7.2.3.1　营造合作经济组织的良好发展环境

按照消除两极分化，致力共同富裕的要求，积极引导橘农成立柑橘专业合作社、家庭农场，对现有柑橘合作组织进行规范和改造，清理"空壳社""僵尸场"，支持建立不同层次的柑橘协会、联合会等中介组织。建立完善企业与橘农之间的利益共享及风险分担机制，提高柑橘产业的组织化程度，实现柑橘产业适度规模化、标准化经营。在引导外来资本和企业进入柑橘领域方面，减少对直接从事柑橘种植企业的扶持，重点扶持从事柑橘的产前、产中和产后等经营性服务的企业。为合理合法的柑橘合作经济组织开通"绿色通道"，在财政上给予扶持，在信贷上给予帮助，在税收上给予减免，积极为新型经济组织提供国内外市场信息。同时，应坚持农户自愿的底线原则，避免政府干预过多，发挥橘农合作经济组织的辐射作用和带动作用。

7.2.3.2　探索多种模式的合作经济组织发展路径

鼓励能人、大户及柑橘技术人员参与成立合作经济组织，并帮助其完善与企业、果农的利益联结机制和自身的管理机制。市县两级政府应根据本地实际情况,因地制宜支持建立不同层次的果农协会、运销协会和柑橘出口企业联合会等中介组织,充分尊重橘农的首创精神,允许各种形式的创新,允许不同类型、不同主体、不同区域的合作组织的创办。对绩效良好、带动作用显著的合作组织,省市县三级政府应积极推广,及时总结经验,变少数橘农的自发行为为广大橘农的自觉行动。

7.2.4 以生产和销售为重点推进柑橘社会化服务体系建设

7.2.4.1 提高科技服务水平

针对四川柑橘单产落后于全国其他柑橘主产区及确保耕地红线的实际,四川柑橘产业供给侧结构性改革的技术研发应在保证产品质量的前提下向提高单产方面倾斜。针对国内柑橘鲜食好甜恶酸、重色形、惰吐剥等需求,需在柑橘鲜果提糖降酸、外形美观、果肉紧实、去籽、易剥皮等关键技术方面加大科研投入。加强农业科研推广体系建设,加强人才培养与技术培训,培育和推广科技大户,组织橘农参加柑橘栽培技术学习班,提高橘农的技术水平,推广优良品种,积极推行柑橘标准化生产和适度规模化经营。依托农民专业合作经济组织等重要载体,广泛运用线上直播、短视频、电视节目以及不定期请专家现场授课等方式,对广大成员开展技术培训和普及科技知识。加快县级及以下农业信息服务网络建设,及时、准确地为橘农、合作社、生产企业等提供产业化经营所需的各种信息,避免信息传播不畅导致的滞销、惜售、抛售等现象。

7.2.4.2 加快发展柑橘电子商务

推进"互联网+"智慧型农业运用,积极发展电子商务,支持建立龙头型农产品电子商务平台,及时收集发布新品种、新技术、供求、价格、预测等信息,引导橘农紧密跟随市场变化调整柑橘生产规划,合理安排销售时期,避免橘农成规模惜售或抛售。加快推进产地柑橘鲜果及加工品的网上交易和在线电子支付,建立健全产地柑橘物流配送体系。以营销合作社、农村经纪人为节点,建立和完善柑橘生产资料现代经营服务网络,铺设农副产品现代购销网络,加强监管体系建设,减少农业生产资料市场销售假冒伪劣产品的行为,形成新型农村商品流通服务体系。

7.2.4.3 大力发展柑橘线上带货

四川绝大多数柑橘品种均适合线上直播及短视频带货。分析抖音、快手等短视频平台以及淘宝等购物平台数据发现，四川爱媛38、春见、不知火、沃柑受消费者青睐，但线上带货模式局限于"素人"主播在产地直播带货、"腰部网红"远程直播间推荐+产地直发、"头部网红"鲜有带货、政府官员偶发性直播带货等模式，除政府官员带货免费外，其余方式均须橘农或企业支付数额不等的"主播佣金"或"坑位费"，与中间商赚取利润方式相似，且价格逐年攀高。鉴于此，四川推进柑橘产业供给侧结构性改革应学习浙江等地"一村一主播"的先进经验，从返乡创业就业农民工、企业员工中挖掘、打造一批能够担任短视频主角及直播带货主播的"带货能人"，通过产地第一视角视频带货、产地或基地现场试吃直播带货等方式有效减少带货的中间环节，既让消费者得实惠，充分了解四川柑橘生产的标准化、规模化、科技化，提升四川柑橘品牌效应，又能培育带货"自己人"，掌握四川柑橘线上带货话语权与主动权，有效拓宽四川柑橘销售渠道，实现橘农实际增收。

7.2.4.4　健全柑橘鲜果及加工品营销网络

完善农村市场体系，在重点市州及重点县加快建设产地专业批发市场，鼓励专业运销大户的发展，支持合作组织培养专业线上及线下柑橘营销人才，建设营销团队。省市两级政府应引导柑橘种植户成立产销协会、生产流通协会等合作经济组织，搭建营销平台，召开营销论坛，开通微信公众号，及时并多渠道传递柑橘产业的生产管理、市场行情及销售信息，持续提高四川柑橘产业的组织化程度，引导市场有序竞争，减弱同质化竞争压力，促进本地柑橘产业良性发展。

7.2.5　以利益共享和风险分担为重点构建产业化经营机制

7.2.5.1　加大财政和金融支持力度

加大对龙头企业的资金扶持力度，增加政府财政扶持（贴息）资金数量，设立柑橘生产风险基金，以降低不可预见的自然灾害和市场变化对柑橘生产者造成的损失。政府可引导金融机构加大资金投放力度，改变层层申报和多部门审批制度，建立适合的项目申报和专家评审制度，整合各部门对柑橘产业各类支持的专项资金，选择最适宜的企业、项目和区域进行扶持。

7.2.5.2　推进信贷产品和服务方式创新

加大金融信贷投入力度，积极为柑橘龙头企业和规模较大的合作社提供技改贷款和流动资金贷款，并在利率上给予优惠。对信用良好的企业和合作社，可以提高核定授信额度。同时，扶持中小企业发展，省级政策性担保平台要加强柑橘企业和合作社的贷款担保服务。鼓励银行和农信社允许企业用土地、果苗、加工厂房、设备等进行抵押贷款，对信用良好的龙头企业和有实力的合作社进一步放宽贷款条件。对季节性收购资金贷款，银行可特事特批，保证柑橘收购。

7.2.5.3 完善产业化利益联结机制

各级政府应树立服务意识，积极提供政策服务、法律服务等，为龙头企业与橘农的利益联结机制创造条件，以减轻橘农投资风险与负担，确保橘农收入增加，使橘农共享乡村振兴及产业改革发展成果，着力推进共同富裕。推行和完善"公司+基地+农户""公司+行业协会+农户"等多种产业化经营模式，使橘农与龙头企业结成更有效、更紧密的利益共同体。积极推进龙头企业与橘农或合作组织之间通过签订农产品产销合同的形式实现联结，通过规定交售农产品的品种、质量、时间、收购价格及企业承诺的服务内容和项目等实现利益的分享，实现企业与橘农互利双赢、产业高质量发展等目标。

7.2.5.4 创新中介组织发展模式

引导农户通过组建合作社、行业协会或其他合作组织，以团体的形式参与柑橘产业化经营，实现提高自身收益、掌握谈判话语权、增强合力影响力等目的。探索橘农与企业利润分享新方式，在利益分配上实行多层次的"二次返利"。使加入合作组织的橘农通过共享合作社的年终分红分享流通加工环节的利润，在此基础上，可试点40%的年终盈余按橘农加入合作社的股金进行返利，60%的年终盈余按橘农与合作社的最终交易量进行返利，从而使橘农能够更充分地分享合作组织的利润，共享合作组织的效益。

7.3 本章小结

本章依据第3章至第6章四川柑橘产业供给侧结构性改革绩效实证分析得出的结果，从总体思路、具体路径两个维度提出推进四川柑橘产业供给侧结构性改革的路径建议。总体思路方面的建议如下：①加强柑橘产业供给侧结构性改革的组织领导，重视产业改革绩效。避免政府越位干预柑橘生产和投资行为，加强组织领导，强化多元投入，强化政策保障，强化目标考核。②推进良繁体系建设工程，确保产业安全。健全良种繁育体系，提升种苗繁育水平，加强种子种苗监管。③支持培育新型主体，提升产业水平。壮大龙头企业，培育新型主体，健全联结机制。④强化科技创新体系建设和推广，延伸产业链条。提升研发创新能力，加强先进适用技术推广，加强创新人才培养。⑤实施品牌培育市场拓展工程，激活产品流通。强化质量安全监管，加大品牌打造力度，强化国内外市场开拓，加强市场体系建设。具体路径方面：①以特早熟和晚熟品种为重点加强柑橘生产基地建设。调整产区布局，调优产品结构，提升基地建设水平，推进园区建设。②以冷藏加工为重点加快提升龙头企业发展能力。推进柑橘冷藏保鲜体系建设，扶持柑橘加工企业，重建四川柑橘罐头、果汁工业，开发柑橘皮渣工业。③以农民合作组织为重点提高柑橘产业的组织化程度。营造合作经济组织的良好发展环境，探索多种模式的合作经济组织发展路径。④以生产和销售为重点推进柑橘社会化服务体系建设。提高科技服务水平，加快发展柑橘电子商务，大力发展柑橘线上带货，健全柑橘鲜果及加工品营销网络。⑤以利益共享和风险分担为重点构建产业化经营机制。加大财政和金融支持力度，推进信贷产品和服务方式创新，完善产业化利益联结机制，创新中介组织发展模式。

8 研究结论、研究局限与研究展望

8.1 研究结论

  本书在梳理国内外相关研究文献的基础上，对柑橘与柑橘产业、柑橘供给与需求、柑橘产业供给侧结构性改革、柑橘产业供给侧结构性改革绩效及绩效评价等概念进行了科学界定，以新供给经济学、新结构经济学、政府绩效评价理论、公共政策绩效评价理论、农业比较优势理论等作为理论基础，尝试构建了理论分析框架；利用 2010—2020 年的面板数据构建计量模型，定量分析全国及四川柑橘生产的供给与需求匹配程度；在此基础上梳理了四川柑橘产业供给侧结构性改革的政策框架，从四川与全国其他柑橘主产区比较、四川 20 个柑橘种植市州比较两个方面入手，在检验资源禀赋的基础上，选取规模、效率、结构、质量 4 个维度，对四川柑橘产业比较优势进行分析；基于柑橘产业供给侧结构性改革绩效评价相关理念，提出了绩效评价的主要思路、指标体系构建原则、主要评价目标、主要评价方法，从效率、效应双重维度，分别提出各自的评价指标和方法，系统性提出柑橘产业供给侧结构性改革绩效评价的指标体系。

  本书重点研究四川柑橘产业供给侧结构性改革绩效问题。在比较分析双重差分法、断点回归法、数据包络分析法等当前热门的绩效评价方法适用性基础上，首先选定 DEA – Malmquist 为效率评价方法，在整理分析 2010—2020 年全国柑橘九大产区及四川 20 个柑橘种植市州柑橘生产的面板数据的基础上，测算各地柑橘全要素生产率，并分析柑橘全要素生产率的动态演进特点，比较柑橘全要素生产率的区域差异。基于测算结果，采用 DEA 投入法，进一步分析在既定的产出水平下如何调整投入要素使得生产达到最优状态，得出投入产出调整值。其次选定 DID 为效应评价方法，以四川 11 个柑橘产业重点扶持市州为实验组，以 9 个非重点扶持市为对照组，以柑橘全要素生产率为被解释变量，评价了农业供给侧结构性改革政策的有效性，进行了基准回归和反事实及安慰剂检验等稳健性检验，进一步分析农业供给侧结构性改革对柑橘全要素生产率的影响效应。最后在总结分析绩效评价结果的基础上，从总体思路和具体路径两个维度提出有针对性的路径建议，以期为四川柑橘产业供给侧结构性改革政策的完善和执行提供意见参考。本书主要的研究结论如下：

（1）四川柑橘产业面临总量过剩、结构性过剩、低品质类型过剩等供需错配问题。

从总量来看，四川历年柑橘产业供需结构偏离度均明显高于全国。改革前，四川柑橘产业供需结构偏离度均值 7.73%，高出全国水平 92.77%；改革后均值 9.36%，高出全国水平 573.38%；除 2018 年、2019 年外，改革后四川柑橘产业供需结构偏离度均高于改革前。这反映出四川柑橘产业在改革中并未实现供需平衡的目标，供过于求矛盾加剧，并由此导致四川柑橘价格逐年下跌。从结构来看，过剩的产能主要集中在鲜果供给方面，加工业持续萎缩。改革前，四川柑橘（橘瓣）罐头原果年均需求量为 2 520.62 吨，改革后下降为 2 245.07 吨。改革前，四川橙汁原果年均需求量为 310.44 吨，改革后下降为 108.57 吨。由于晚熟柑橘鲜销市场潜力大，售价高，原有加工品种柑橘基本无人种植，现有加工品种柑橘收购价格高于 1 元/千克，在罐头及橙汁加工企业原料供给市场缺乏竞争力，造成柑橘加工企业缺乏本地原料果。从品质来看，四川柑橘国内鲜食需求量在改革前年均增加 11.44 万吨，改革后年均增加 15.26 万吨，改革以来一直保持 300 万吨以上的年需求量。但四川柑橘鲜果出口占比较小且不稳定。改革前，年均鲜果出口 1 311.78 吨，改革后年均鲜果出口 2 093.47 吨，通过改革，出口量明显提升，但占全省总供给量的比重仍不足 1%，在全国九大柑橘主产区中倒数第二，主要原因在于四川柑橘鲜果未达到国外防控有害生物的检疫要求，难以获得植物保护部门签发的植物健康证书，出口受限，在国际竞争中已明显落后于江西等国内其他柑橘主产区。

（2）四川柑橘产业在资源禀赋、规模、效率、结构方面不具比较优势，未达到预期改革目标。

四川柑橘产业在产量、早中晚熟品种比例、优果率、加工率、基地建设、信息平台建设等方面均未实现预期改革目标。从省级层面的比较来看，考察期内，四川柑橘产业的资源禀赋系数均值低于 2.0，规模比较优势指数均值大于 2.0，效率比较优势指数、区位商均值均大于 1.0，在全国九大柑橘主产区中分别位列第九位、第五位、第五位、第九位，处于中等或末位水平，未能体现出明显优势。农业供给侧结构性改革以来，四川柑橘产业在国家级柑橘基地建设和"三品一标"等柑橘品牌建设方面成果显著，但优果率不足 30%，远未达到改革目标；同时，规模比较优势指数波动下降，效率比较优势指数和区位商逐年下降，且多数年份低于改革前水平。从市州层面的比较来看，考察期内，超过半数的四川柑橘种植市州柑橘产业资源禀赋系数、规模比较优势指数、效率比较优势指数和区位商均值均小于 1.0，在产业资源禀赋、规模、效率、结构等方面不具有比较优势。11 个重点市州通过农业供给侧结构性改革不同程度地提升了规模比较优势和区位商，但效率比较优势明显下降，9 个非重点市州在产业集聚和专业化程度方面常年处于低位水平，在柑橘基地和品牌建设方面常年无效，拉大了同重点市州的差距。

（3）农业供给侧结构性改革促进了四川柑橘技术进步，但没有促进四川柑橘管理和要素投入的改善。

改革前，四川柑橘全要素生产率指数仅有 1 年大于 1.0，改革后，四川柑橘全要素生产率指数均值为 0.999，仅有 2 年全要素生产率指数低于 1.0，且均在 0.95 以上；改革后四川柑橘 effch 均值 0.946，较之改革前均值下降 0.037；tech 均值 1.103，较之改革前上升了 0.175。这表明通过改革，四川柑橘技术效率并未提高还略微下降，但取得了较大的技术进步，从而提高了全要素生产率。改革后，四川柑橘 pech 均值和 sech 均值较之改革前均出现下降，2020 年 pech 快速下降为考察期内最低值，2017 年 sech 快速下降为考察期内最低值，反映出改革过程中四川柑橘生产管理不善，要素投入与产出的比例不匹配，生产力下降。考察期内，仅眉山柑橘全要素生产率指数均值大于 1.0，除绵阳、广元、广安、甘孜 4 个市州外，其余 15 个市州柑橘全要素生产率指数均值均大于 0.90 但不足 1.0。改革前，20 个市州柑橘全要素生产率指数均值小于 1.0；改革后，12 个市州柑橘全要素生产率指数均值大于 1.0。

（4）四川柑橘生产存在投入过量、产出不足的问题，人工、土地、资金等生产要素投入未达到最优组合且波动较大。

20 个市州中，除南充、眉山、雅安、甘孜外，其余 16 个市州均在人工、土地、资金 3 种要素上存在投入过量现象。其中，成都、绵阳、遂宁分别在人工成本、土地成本、物质与服务费方面居全省最高冗余量。广元、内江、达州、巴中、凉山 5 个市州在人工成本方面，广元、广安、达州、巴中、资阳、凉山 6 个市州在土地成本方面，广元、广安、达州、资阳、凉山 5 个市州在物质与服务费方面需要减少的投入数额低于全省平均水平。除地方经济发展水平较高必然拉高人工、土地成本的因素外，无必要套袋耗费大量人工，等流转大量土地甚至是耕地用作柑橘种植，同质化竞争加剧滥施农药和化肥，等等，是四川 20 个市州柑橘生产投入过量的主要原因，在相当程度上制约了四川柑橘生产效率的提升。

（5）农业供给侧结构性改革能够促进四川柑橘全要素生产率的提高。

本书使用 DID 检验农业供给侧结构性改革对四川 20 个市州柑橘全要素生产率的影响，treat×time 的系数在基本回归过程中，各回归计算结果均通过显著性水平检验。其中，加入控制变量前，treat×time 系数通过了 5% 的显著性水平检验，实验组比对照组的柑橘全要素生产率指数上升了 0.130 个百分点；加入控制变量后，treat×time 系数通过了 10% 的显著性水平检验，实验组比对照组的柑橘全要素生产率指数上升了 0.123 个百分点，表明相对于非重点市州，农业供给侧结构性改革政策的实施提升了重点市州的柑橘全要素生产率。5 个控制变量中，财政支持水平通过 5% 显著性水平检验，柑橘产业结构系数为正，通过 1% 显著性水平检验，表明以上控制变量与农业供给侧结构性改革政策效应有较强关联，其他控制变量与四川 20 个市州柑橘全要素生产率关系不大。稳健性检验主要从反事实、安慰剂两个方面进行，通过改变政策实施窗期来进行反事实检验，将政策实施时间设定在 2013 年或 2014 年，交互项系数均不显著，可以排除其他潜在的不可观测因素对估计结果的影响；通过随机抽取享受重点扶持政策市州并随机产生改革政策实施时间进行安慰剂检验，结果发现估计系数集中分布在 0 附近，且 88% 的估计值的 p 值大于 0.1。这表明农业供给侧结构性改革政策能提高四川柑橘全要素生产率，核心结论具有稳健性。

基于以上研究，本书对推进四川柑橘产业供给侧结构性改革提出建议。总体思路方面：①加强柑橘产业供给侧结构性改革的组织领导，重视产业改革绩效；②推进良繁体系建设工程，确保产业安全；③支持培育新型主体，提升产业水平；④强化科技创新体系建设和推广，延伸产业链条；⑤实施品牌培育市场拓展工程，激活产品流通。具体路径方面：①以特早熟和晚熟品种为重点加强柑橘生产基地建设；②以冷藏加工为重点加快提升龙头企业发展能力；③以农民合作组织为重点提高柑橘产业的组织化程度；④以生产和销售为重点推进柑橘社会化服务体系建设；⑤以利益共享和风险分担为重点构建产业化经营机制。

8.2 研究局限

（1）在数据的时间范围方面，未能包括 2021 年及以后的数据。本书主要利用统计数据进行分析计算，笔者收集的公开可查的统计数据截止到 2020 年，造成用于绩效评价的数据未包含 2021 年及以后的数据，这是本书的一大遗憾。

（2）在研究数据方面，准确性有待提高。在数据统计过程中，因国、省、市级统计年鉴中统计口径不同，数据值不统一，对一些数据的准确性有一定的影响。多个市州柑橘种植面积未有公开的统计数据或数据有较多年份缺失，本书获取的数据为四川省农业农村厅单向公开的数据，但调研发现，南充、乐山、内江等地的柑橘实际种植面积远高于统计数值，未投产的柑橘果园面积没有纳入统计数值中，对绩效评价的准确性有不利影响。

（3）在评价指标选择方面，四川 20 个柑橘种植市州早中晚熟柑橘准确比例、柑橘电商业务开展情况、橘农文化水平等关键指标无法通过统计数据渠道获取，同时通过调研获取的上述数据在样本区域范围和样本数量上均无法全面反映实际情况，未能达到绩效评价要求，只能放弃，在一定程度上减弱了绩效评价的全面性和深入性，这是一个明显的不足。

总之，本书对柑橘产业供给侧结构性改革绩效评价的研究还存在一些不足。下一步，应结合改革目标，科学系统地完善相关基础性工作。在数据库建设上，完善省级和市州层面柑橘产业的统计工作和改革政策执行的监测工作，加速柑橘产业供给侧结构性改革信息公开和数据共享，建立四川柑橘产业大数据平台；在研究方法上，再以 RDD 方法进行比较测算，在认识论和方法论上体现综合性和完整性；在研究领域上，更多关注电子商务等其他类型的改革政策绩效，全面深入地探讨柑橘产业供给侧结构性改革政策的绩效和作用机理。

8.3 研究展望

本书的研究展望如下：

（1）深入分析四川及 20 个柑橘种植市州早中晚熟柑橘布局对改革绩效的影响。通过摸清各市州早中晚熟柑橘的实际种植分布情况，获取市州层面早中晚熟柑橘种植面积和产量的准确数据，在绩效评价指标中予以补充，进一步测算改革绩效，据此为 20 个市州早中晚熟柑橘比例调整提供科学依据。

（2）丰富绩效评价方法。基于所获数据特点及研究目标，本书采用数据包络分析法、双重差分法进行绩效评价，未来可以继续对数据进行分组或取舍，选取适当的考察期，采用断点回归法（RDD）等方法再进行绩效评价，并对不同方法的绩效评价结果进行比较分析，进一步丰富和完善柑橘产业供给侧结构性改革绩效评价的方法。

参考文献

［1］习近平. 论坚持全面深化改革［M］. 北京：中央文献出版社，2018.

［2］中共中央文献研究室. 习近平关于社会主义经济建设论述摘编［M］. 北京：中央文献出版社，2017.

［3］习近平. 习近平关于"三农"工作论述摘编［M］. 北京：中央文献出版社，2019.

［4］孔祥智. 实施乡村振兴战略的进展、问题与趋势［J］. 中国特色社会主义研究，2019（1）：10.

［5］邓秀新，彭抒昂. 柑橘学［M］. 北京：中国农业出版社，2019.

［6］邓秀新. 中国水果产业供给侧改革发展与发展趋势［J］. 现代农业装备，2018（4）：13-16.

［7］邓秀新，项朝阳，李崇光. 我国园艺产业可持续发展战略研究［J］. 中国工程科学，2016，18（1）：34-41.

［8］施青军. 政府绩效评价概念、方法与结果运用［M］. 北京：北京大学出版社，2016.

［9］孔祥智. 农业供给侧结构性改革的基本内涵与政策建议［J］. 改革，2016（2）：104-115.

［10］赵宇. 供给侧结构性改革的科学内涵和实践要求［J］. 党的文献，2017（1）：50-57.

［11］韩一军，姜楠，赵霞，等. 我国农业供给侧结构性改革的内涵、理论架构及实现路径［J］. 新疆师范大学学报（哲学社会科学版），2017，38（5）：34-40.

［12］张社梅，李冬梅. 农业供给侧结构性改革的内在逻辑及推进路径［J］. 农业经济问题，2017，38（8）：59-65.

［13］万忠，马华明，方伟. 农业供给侧结构性改革的逻辑解析［J］.

广东社会科学，2017（5）：30-34.

［14］黄祖辉，傅琳琳，李海涛．我国农业供给侧结构调整：历史回顾、问题实质与改革重点［J］．南京农业大学学报（社会科学版），2016，16（6）：1-5.

［15］姜长云．关于推进农业供给侧结构性改革的思考［J］．南京农业大学学报（社会科学版），2017，17（1）：1-10.

［16］陈锡文．论农业供给侧结构性改革［J］．中国农业大学学报（社会科学版），2017，34（2）：5-13.

［17］祝卫东．关于推进农业供给侧结构性改革的几个问题［J］．行政管理改革，2016（7）：57-62.

［18］黄季焜．农业供给侧结构性改革的关键问题：政府职能和市场作用［J］．中国农村经济，2018（2）：2-14.

［19］祁春节．农业供给侧结构性改革：理论逻辑和决策思路［J］．华中农业大学学报，2018（4）：89-98.

［20］刘守英，王宝锦，程果．农业要素组合与农业供给侧结构性改革［J］．社会科学战线，2021（10）：56-63.

［21］翁鸣．农业供给侧结构性改革理论与实践探索：深入推进农业供给侧结构性改革研讨会综述［J］．中国农村经济，2017（8）：91-96.

［22］STEVENSON M，LEE H. Indicators of sustainability as a tool in agricultural development：partitioning scientific and participatory processes［J］. International Journal of Sustainable Development and World Ecology，2001，8（1）：57-65.

［23］黄祖辉，林本喜．基于资源利用效率的现代农业评价体系研究：兼论浙江高效生态现代农业评价指标构建［J］．农业经济问题，2009（11）：20-27.

［24］王平，王琴梅．农业"悖论"下供给侧改革能力评价［J］．经济体制改革，2018（1）：81-86.

［25］李娟伟，刚翠翠．新时代中国省域供给侧结构性改革绩效评价与影响因素研究［J］．财经理论研究，2021（1）：24-37.

［26］邸菲，胡志全．我国农业现代化评价指标体系的构建与应用［J］．中国农业资源与区划，2020，41（6）：46-56.

［27］刘英，金龙新，彭清辉，等．基于供给过程视角的湖南省农业供

给体系供给质量评价［J］. 天津农业科学，2017，23（9）：59-77.

［28］徐海燕. 扬州市农业供给侧结构性改革成效分析［J］. 中国农业资源与区划，2018，39（4）：162-199.

［29］曹玲玲，姜丽丽，刘彬斌. 江苏省农业供给侧结构性改革效用评价及优化机制［J］. 江苏农业科学，2017，45（19）：103-107.

［30］鲁春阳，文枫，张宏敏，等. 基于改进 TOPSIS 法的河南省农业现代化发展水平评价［J］. 中国农业资源与区划，2020，41（1）：92-97.

［31］张蕾. 供给侧改革背景下吉林省农业产业结构评价［D］. 长春：吉林大学，2019.

［32］秦茂倩，范成方. 山东粮食产业供给侧结构性改革能力评价研究［J］. 当代经济，2021（4）：96-104.

［33］符华平. 基于生产要素视角的四川农业供给侧结构性改革研究［D］. 成都：四川师范大学，2018.

［34］蔡文春，沈兴菊. 基于供给侧结构性改革的四川省农业现代化水平综合评价［J］. 安徽农业科学，2017，45（26）：234-239.

［35］WILLIAM N DUNN. 公共政策分析导论［M］. 2 版. 北京：中国人民大学出版社，2002.

［36］NICHOLAS HENY. Public administration and public affairs［M］. 10 版. 北京：中国人民大学出版社，2002.

［37］蔡立辉. 政府绩效评估［M］. 北京：中国人民大学出版社，2012.

［38］王爱学. 公共产品政府供给绩效评估理论与实证分析［D］. 合肥：中国科学技术大学，2008.

［39］周志忍. 政府管理的行与知［M］. 北京：北京大学出版社，2008.

［40］AIDEMARK L G. The meaning of balanced scorecards health care organization［J］. Financial Accountability &Management，2001，17（1）：23-40.

［41］夏书章. 行政管理学［M］. 4 版. 北京：高等教育出版社，2008.

［42］POISTER T H. Measuring performance in public and nonprofit organizations［M］. San Francisco：Jossey-bass，2003.

［43］付航，文冬妮.广西非物质文化遗产助力精准扶贫绩效评价指标体系构建［J］.产业创新研究，2021（24）：85-87.

［44］杨倩文，杨硕，王家合.政府购买机构养老服务绩效评价指标体系构建与实证应用［J］.社会保障研究，2021（5）：60-71.

［45］张广钦，李剑.基于平衡记分卡的公共文化机构绩效评价统一指标体系研究［J］.图书馆建设，2021（9）：26-31.

［46］顾效瑜，朱学义.基于高校财务绩效视角的科技绩效评价研究［J］.会计之友，2021（23）：112-118.

［47］彭湘君等.中国信息化发展绩效评价及其区域发展阶段测算［J］.经济地理，2016，36（10）：102-109.

［48］J D ANGRIST，JORN STEFFEN PISCHKE. Mostly harmless econometrics：an empiricist's companion［M］. Princeton：Princeton University Press，2013.

［49］齐良书，赵俊超.营养干预与贫困地区寄宿生人力资本发展：基于对照实验项目的研究［J］.管理世界，2012（2）：52-61.

［50］郑新业，王晗，赵益卓."省直管县"能促进经济增长吗：双重差分方法［J］.管理世界，2011（8）：34-44，65.

［51］肖建华，陈楠.基于双重差分法的"省直管县"政策的效应分析：以江西省为例［J］.财经理论与实践，2017（5）：97-103.

［52］张成，周波，吕慕彦，等.西部大开发是否导致了"污染避难所"？［J］.中国人口·资源与环境，2017（4）：95-101.

［53］朱晓俊，丁家鹏.兴边富民行动20年政策效果评价及展望：以内蒙古样本为例［J］.黑龙江民族丛刊，2021，4（183）：75-84.

［54］吕岩威，戈亚慧，耿涌.水资源税改革是否提升了水资源绿色效率？［J］.干旱区资源与环境，2022，36（8）：77-83.

［55］刘生龙，周绍杰，胡鞍钢.义务教育法与中国城镇教育回报率：基于断点回归设计［J］.经济研究，2016（2）：154-167.

［56］席建成，孙早.劳动力成本上升是否推动了产业升级：基于中国工业断点回归设计的经验证据［J］.山西财经大学学报，2017（5）：39-53.

［57］邹红，喻开志.退休与城镇家庭消费：基于断点回归设计的经验证据［J］.经济研究，2015（1）：124-139.

［58］李江一，李涵. 新型农村社会养老保险对老年人劳动参与的影响：来自断点回归的经验证据［J］. 经济学动态，2017（3）：62-73.

［59］黄新飞，陈珊珊，李腾. 价格差异、市场分割与边界效应：基于长三角15个城市的实证研究［J］. 经济研究，2014（12）：18-32.

［60］童锦治，温馨，邱荣富. 环境保护税的开征能否有效治理空气污染吗？［J］. 税务研究，2022（8）：94-100.

［61］张满银，卞小艺. 基于断点回归的京津冀区域协同发展政策临界效应评估及政策建议［J］. 区域经济评论，2022（4）：45-52.

［62］CHARNES A，COOPER W，RHODES E. Measuring the efficiency of decision making units［J］. European Journal of Operational Research，1979，2（6）：429-444.

［63］NIN A，ARNDT C，PRECKEL P V，et al. Is agricultural productivity in developing countries really shrinking? New evidence using a modified nonparametric approach［J］. Journal of Development Economics，2003，71（2）：395-415.

［64］COELLI T，RAO D S. Total factor productivity growth in agriculture：a Malmquist index analysis of 93 countries，1980-2000［J］. Agricultural Economics，2005，32（1）：115-134.

［65］SUHARIYANTO K，THIRTLE C. Asian agricultural productivity and convergence［J］. Journal of Agriculture Economics，2009，52（3）：96-110.

［66］ALENE A D. Productivity growth and the effects of R&D in Afican agriculture［J］. Agricultural Economics，2010，41（3-4）：223-238.

［67］唐德才，李志江. DEA方法在可持续发展评价中的应用综述［J］. 生态经济，2019，35（7）：56-62.

［68］东梅，王满旺，马荣，等. 陕青宁六盘山集中连片特困地区精准扶贫绩效评价及其影响因素研究［J］. 软科学，2020，34（9）：72-78.

［69］王岚，李聪. 基于DEA模型的农村集体资产产权制度改革试点绩效研究［J］. 经济问题探索，2020（6）：43-52.

［70］李秋. 辽宁省财政支农绩效：评价、影响因素及提升对策研究［M］. 北京：中国石化出版社，2019.

［71］崔元锋，严立冬. 基于DEA的财政农业支出资金绩效评价［J］. 会计之友，2012（9）：37-40.

［72］张美诚. 农业上市公司绩效指标构建及其评价研究［D］. 长沙：湖南农业大学，2013.

［73］王平，王琴梅. 农业供给侧结构性改革的区域能力差异及其改善［J］. 经济学家，2017（4）：89-96.

［74］徐海燕. 扬州市农业供给侧结构性改革成效分析［J］. 中国农业资源与区划，2018，39（4）：162-166，199.

［75］王博文. 陕西省秦巴山区精准扶贫项目绩效研究［D］. 咸阳：西北农林科技大学，2020.

［76］李佳. 农民专业合作社绩效评价及影响因素研究［D］. 咸阳：西北农林科技大学，2020.

［77］李娟伟，刚翠翠. 新时代中国省域供给侧结构性改革绩效评价与影响因素研究：基于习近平新时代中国特色社会主义经济思想视角［J］. 财经理论研究，2021（1）：24-37.

［78］祁春节，顾雨檬，曾彦. 我国柑橘产业经济研究进展［J］. 华中农业大学学报，2021，40（1）：58-69.

［79］苏航，谢金峰. 我国柑橘产业比较优势分析［J］. 生态经济，2004（S1）：153-156.

［80］韩绍凤，杨阳，向国成. 我国柑橘产业链的纵向组织协调研究：以湖南省为例［J］. 湖南科技大学学报（社会科学版），2013，16（1）：105-110.

［81］何望，祁春节. 农业供给侧改革下赣南脐橙产业转型升级的财政支持研究［J］. 经济研究参考，2016（29）：83-86.

［82］沈和平，熊宁. 产业结构调整背景下柑橘产业发展探索：以毕节市七星关区大河村为例［J］. 经济研究参考，2016（29）：83-86.

［83］禹建政，徐杨玉，刘卫军，等. 广东省柑橘产业发展现状及产业调整策略［J］. 江西农业，2019（18）：132-133.

［84］祁春节. 中国柑橘产业经济分析及对策研究［D］. 武汉：华中农业大学，2001.

［85］李道和，郭锦墉，朱述斌. 中国柑橘产业的全要素生产率、技术进步与效率变化［J］. 江西农业大学学报（社会科学版），2010，9（1）：43-47.

［86］熊巍，祁春节. 湖北省柑橘产业生产效率的 DEA 分析［J］. 华

中农业大学学报（社会科学版），2012（5）：36-40.

[87] 张炳亮. 我国柑橘产业投入产出效率测算、趋势及改进 [J]. 广东农业科学，2014，41（14）：219-223.

[88] 徐霄，杨锦秀. 我国柑橘全要素生产率变化分析 [J]. 浙江农业学报，2018，30（3）：470-478.

[89] 曾令果，王钊. 农业生产和农户经营的适度规模区间：目标差异及形成机制：来自重庆柑橘产业的验证 [J]. 西部论坛，2019，29（2）：64-72.

[90] 李丹，曾光，陈城. 中国柑橘全要素生产率演进及影响因素研究：基于 Malmquist-Tobit 模型的实证 [J]. 四川农业大学学报，2018，36（1）：118-124.

[91] 方国柱，祁春节，雷权勇. 我国柑橘全要素生产率测算与区域差异分析：基于 DEA-Malmquist 指数法 [J]. 中国农业资源与区划，2019，40（3）：29-34.

[92] 蔡派. 联合国粮农组织第 12 次政府间柑橘类水果会议 [J]. 世界农业，1999（2）.

[93] 余学军. 中国柑橘产业国际竞争力研究：基于"钻石"模型的分析. [J]. 惠州学院学报（社会科学版），2006，26（4）.

[94] 胡友，祁春节. 我国柑橘国际竞争力动态演变及其影响因素实证研究 [J]. 华中农业大学学报（社会科学版），2013（6）：33-38.

[95] 李道和，康小兰. 江西省柑橘产业竞争力实证分析 [J]. 江西农业大学学报（社会科学版），2010，9（3）：53-55.

[96] 耿学燕，杨锦秀. 四川柑橘产业发展竞争力简析 [J]. 农村经济，2013（1）：60-64.

[97] 王图展，高静. 重庆市柑橘产业竞争力及存在问题分析 [J]. 西南农业大学学报（社会科学版），2008，6（6）：22-25.

[98] 翁水珍. 关于加快推进柑橘产业供给侧结构性改革的建议 [J]. 农业科技通讯，2019（9）：22-23.

[99] 周常勇. 我国柑橘产业发展面临的形势及对策 [J]. 中国果业信息，2017，34（1）：1-2.

[100] 沈兆敏. 二十年来我国柑橘产业的十大变化 [J]. 果农之友，2021（6）：1-3.

［101］沈兆敏. 我国柑橘生产销售现状及发展趋势［J］. 果农之友，2021（3）：1-4.

［102］向云，祁春节，王伟新. 柑橘生产的要素替代关系及增长路径研究：基于主产区面板数据的实证分析［J］. 中国农业大学学报，2017，22（7）：200-209.

［103］向云，祁春节. 湖北省柑橘生产的区域比较优势及其影响因素研究［J］. 经济地理，2014，34（11）：134-139，192.

［104］向云，梁小丽，陆倩. 广西柑橘生产的区域比较优势及其影响因素：基于 29 个主产县区的实证［J］. 热带农业科学，2020，40（11）：126-134.

［105］王刘坤，祁春节. 中国柑橘主产区的区域比较优势及其影响因素研究：基于省级面板数据的实证分析［J］. 中国农业资源与区划，2018，39（11）：121-128.

［106］李珍，高兴，韦丽兰，等. 广西晚熟柑桔滞销现象产生的原因及出路探析［J］. 中国南方果树，2021，50（3）：185-193.

［107］彭廷海. 关于四川柑橘持续稳定协调发展及其对策［J］. 四川果树科技，1991，19（2）：36-38.

［108］彭廷海. 关于四川柑橘持续稳定协调发展及其对策（续）［J］. 四川果树科技，1992，20（1）：48-51.

［109］刘建军，陈克玲. 四川柑橘生产现状与发展对策［J］. 西南农业学报，1998（S1）：139-143.

［110］王迅，汪志辉，李启权，等. 四川省晚熟柑橘生态气候适宜性区划研究［J］. 中国农学通报，2021，37（13）：94-101.

［111］林正雨，邓良基，陈强，等. 四川省柑橘生产格局变化及驱动因素［J］. 西南农业学报，2020，33（11）：2591-2604.

［112］郭晓鸣. 四川柑橘产业市场培育及品牌建设的四点建议［J］. 决策咨询，2011（1）：34-35.

［113］王蔷. 四川柑橘产业发展面临的主要挑战与发展选择［J］. 农村经济，2015（8）：38-41.

［114］赵丹，杨肖华，胡晶晶，等. 四川 热潮之下更需冷思考［J］. 营销界，2019（31）：41-46.

［115］杨红，伍小雨，全津莹，等. 四川柑橘产业发展现状与对策建

议 [J]. 南方园艺, 2021, 32 (4): 68-71.

[116] 王孝国, 王小华. 眉山市晚熟柑桔产业发展现状、问题与对策 [J]. 中国果业信息, 2018, 35 (10): 17-19.

[117] 王颖. 打造产业集群, 四川柑橘破解"盛产"危机 [J]. 营销界, 2020 (32): 26-30.

[118] 何震, 唐以林, 蒲雪荔, 等. 南充市发展晚熟柑橘的优势和对策探讨 [J]. 中国果业信息, 2017, 34 (12): 14-16.

[119] 王颖. 南充离"中国晚熟柑橘之乡"还有多远? [J]. 营销界, 2020 (32): 31-36.

[120] 周常勇. 中国果树科学与实践: 柑橘 [M]. 陕西: 陕西科学技术出版社, 2020.

[121] 郭晓鸣. 四川柑橘产业发展及相关政策研究 [M]. 成都: 四川科学技术出版社, 2014.

[122] 韩一军, 姜楠, 赵霞, 等. 我国农业供给侧结构性改革的内涵、理论架构及实现路径 [J]. 新疆师范大学学报 (哲学社会科学版), 2017, 38 (5): 34-40.

[123] 吕小柏, 吴友军. 绩效评价与管理 [M]. 北京: 北京大学出版社, 2019.

[124] 贾康, 苏京春. 供给侧改革: 新供给简明读本 [M]. 北京: 中信出版社, 2016.

[125] 人民日报社经济社会部. 七问供给侧结构性改革: 权威人士谈当前经济怎么看怎么干 [M]. 北京: 人民出版社, 2016.

[126] 张培丽. 以供给侧结构性改革为主线扩大内需的理论与实践逻辑 [N] 光明日报, 2021-06-01 (11).

[127] 中共中央党校. 习近平新时代中国特色社会主义思想基本问题 [M]. 北京: 人民出版社, 中共中央党校出版社, 2020.

[128] 国家行政学院经济学教研部. 中国供给侧结构性改革 [M]. 北京: 人民出版社, 2016.

[129] 林毅夫. 如何做新结构经济学的研究 [J]. 上海大学学报 (社会科学版), 2020 (2): 2-7.

[130] 付才辉. 简析马克思主义与新结构经济学: 兼与方兴起和高冠中商榷 [J]. 当代经济研究, 2020 (11): 71-75.

［131］林毅夫. 经济结构转型与"十四五"期间各地的高质量发展：新结构经济学的视角［J］. 企业观察家，2021（1）：3-5.

［132］余斌. 新结构经济学批判［J］. 当代经济研究，2021（1）：74-78.

［133］WOODROW WILSON. The study of administraion［J］. Political Science Quarterly，1987：3-6.

［134］江维国. 我国农业供给侧结构性改革研究［J］. 现代经济探讨，2016（4）：15-19.

［135］来丽锋. 公共政策过程与绩效评估研究［M］. 长春：吉林出版集团股份有限公司，2020.

［136］郭翔宇，刘宏曼. 比较优势与农业结构优化［M］. 北京：中国农业出版社，2005.

［137］林正雨，陈强，邓良基，等. 四川柑橘适宜分布及其对气候变化的响应研究［J］. 中国生态农业学报（中英文），2019，27（6）：845-859.

［138］汪君，杜兴瑞. 四川柑橘产业发展形势与建议［J］. 四川农业科技，2022（7）：62- 65，69.

［139］祁春节，宋金田. 2008 年我国柑桔产销形势分析［J］. 中国果业信息，2008，25（12）：1-5，11.

［140］朱亦赤，李娜，李大志，等. 影响柑桔生产者价格变动的主要因素分析［J］. 中国南方果树，2021，50（2）：177-184，190.

［141］张力小，梁竞. 区域资源禀赋对资源利用效率影响研究［J］. 自然资源学报，2010（8）：1237-1247.

［142］吕秀兰，王进，汪志辉，等. 2020 年四川省六大水果产业灾情分析与解决对策［J］. 四川农业与农机，2020（5）：14-18.

［143］马惠兰. 我国棉花生产比较优势与出口竞争力的区域差异分析［J］. 国际贸易问题，2007（7）：61-65.

［144］程玉桂. 江西农产品加工产业集群的识别与优劣势分析：基于区位商（LQ）理论的研究［J］. 江西社会科学，2009（7）：218-221.

［145］王军锋，邱野，关丽斯. 中国环境政策与社会经济影响评估：评估内容与评估框架的思考［J］. 未来与发展，2017，41（2）：1-8.

［146］曲超. 生态补偿绩效评价研究：以长江经济带为例［D］. 北京：

中国社会科学院大学，2020.

[147] SEIFORD L M. Data envelopment analysis: the evolution of state of the art (1978-1995)[J]. Journal of Production Analysis, 1996, 7: 99-137.

[148] 陈林，伍海军. 国内双重差分方法的研究现状与潜在问题 [J]. 数量经济技术经济，2015 (7): 133-148.

[149] 陈强. 高级计量经济学及 Stata 应用 [M]. 2 版. 北京：高等教育出版社，2014.

[150] 吴滨. 政策评价方法综述 [J]. 统计理论与实践，2021 (6): 15-22.

[151] 杨福霞，郑凡，杨冕. 中国种植业劳动生产率区域差异的动态演进及驱动机制 [J]. 资源科学，2019，41 (8): 1563-1575.

[152] 朱晓俊，丁家鹏. 兴边富民行动 20 年政策效果评价及展望：以内蒙古样本为例 [J]. 黑龙江民族丛刊，2021，4 (183): 75-84.

[153] CHARNES A, COOPER W W, RHODES E. Measuring the efficiency of decision making units [J]. European Journal of Operational Research, 1978, 2 (6): 429-444.

[154] SHERMAN H D, ZHU J. Analyzing performance in service organizations [J]. Sloan Management Review, 2013, 54 (4): 36-42.

[155] SEIFORD L M, THRALL R M. Recent development in DEA: the mathematical programing approach to frontier analysis [J]. Journal of Econometrics, 1990, 46 (1): 7-38.

[156] MALMQUIST S. Index numbers and indifference surfaces [J]. Trabajos De Estadistica, 1953, 4 (2): 209-242.

[157] YU G, WEI Q L, BROCKETT P. A Generalized data envelopment analysis model [J]. Annals of Operations Research, 1996, 66: 47-89.

[158] YAN H, WEI Q L. A method of transferring cones of intersection-form to cones of sum-form and its applications in DEA models [J]. International Journal of System Science, 31, 2000 (5): 629-638.

[159] ASHENFEITER ORLEY C, DAVID CARD. Using the longitudinal structure of earnings to esti? Mate the effect of training programs [J]. Review of Economics and Statistics, 1985, 67 (4): 648-660.

[160] COLE M B, QIN Q Y, SHELDRICK R C, et al. The effects of in-

tegrating behavioral health into primary care for low – income children ［J］. Health Services Research, 2019, 54 (6): 1203–1213.

［161］GRAFOVA I B, FREEDMAN V A, LURIE N, et al. The difference–in–difference method: assessing the selection bias in the effects of neighborhood environment on health ［J］. Economics & Human Biology, 2014, 13: 20–33.

［162］PIPPEL G, SEEFELD V. R&D cooperation with scientific institutions: a difference–in–difference approach ［J］. Economics of Innovation and New Technology, 2016, 25 (5): 455–469.

［163］THORSTEN B, ROSS L, ALEXEY L. Big bad banks? The winners and losers frombank deregulation in the United States ［J］. The Journal of Finance, 2010, 65 (5): 1637–1667.

［164］周黎安, 陈烨. 中国农村税费改革的政策效果: 基于双重差分模型的估计 ［J］. 经济研究, 2005 (8): 44–53.

［165］MEYER BRUCE D, W KIP VISCUSI, DAVID L DURBIN. Workers' compensation and injury duration: evidence from a natural experiment ［J］. American Economic Review, 1995, 85 (3): 322–340.

［166］MEYER BRUCE D. Natural and quasi–experiments in economics ［J］. Journal of Business and Economy Statistics, 1995, 13 (2): 151–161.

［167］BECK T, LEVINE R, LEVKOV A. Big bad banks? the winners and losers from bank deregulation in the United States ［J］. The Journal of Finance, 2010, 65 (5): 1637–1667.

［168］FERRARO P J, HANAUER M M. Quantifying causal mechanisms to determine how protected areas affect poverty through changes in ecosystem services and infrastructure ［J］. Proceedings of the National Academy of Sciences, 2014, 111 (11): 4332–4337.

［169］FABRICE D, JANE C, CRISTINA M, et al. The role of ecological theory and practice in poverty alleviation and environmental conservation ［J］. The Ecological Society of America, 2006, 4 (10): 533–540.

［170］FARLEY J, COSTANZA R. Payments for ecosystem services: from local to global ［J］. Ecological Economics, 2010, 69: 2060–2068.

［171］PATTANAYAK S K, WUNDER S, FERRARO P J. Show me the

money: do payments supply environmental services in developing countries [J]. Review of Environmental Economics and Policy, 2010, 4 (2): 254-274.

[172] 吕越，陆毅，吴嵩博，等."一带一路"倡议的对外投资促进效应：基于2005—2016年中国企业绿地投资的双重差分检验 [J]. 经济研究，2019，54 (9)：187-202.

[173] 卢盛峰，董如玉，叶初升."一带一路"倡议促进了中国高质量出口吗：来自微观企业的证据 [J]. 中国工业经济，2021 (3)：80-98.